高职高专规划教材
校企合作开发课程教材

市场营销

主 编 陈志杰

浙江工商大学出版社
ZHEJIANG GONGSHANG UNIVERSITY PRESS

图书在版编目(CIP)数据

市场营销/陈志杰主编. —杭州 ：浙江工商大学出版社，2015.9

ISBN 978-7-5178-1081-0

Ⅰ. ①市… Ⅱ. ①陈… Ⅲ. ①市场营销学—高等职业教育—教材 Ⅳ. ①F713.50

中国版本图书馆 CIP 数据核字(2015)第 103539 号

市场营销

陈志杰　主　编

责任编辑　梁春晓　何海峰
封面设计　张　庆
责任印制　包建辉
出版发行　浙江工商大学出版社
(杭州市教工路 198 号　邮政编码 310012)
(E-mail:zjgsupress@163.com)
(网址:http://www.zjgsupress.com)
电话:0571-88904980,88831806(传真)
排　　版　杭州朝曦图文设计有限公司
印　　刷　杭州恒力通印务有限公司
开　　本　787mm×1092mm　1/16
印　　张　14
字　　数　323 千
版 印 次　2015 年 9 月第 1 版　2015 年 9 月第 1 次印刷
书　　号　ISBN 978-7-5178-1081-0
定　　价　45.00 元

浙江工商大学出版社营销部邮购电话　0571-88904970

前言 Foreword

市场营销专业是近些年中国最热门的专业之一。在每年各类社会紧缺人才的统计排名中,市场营销人才的需求都名列前茅。目前,国内大多数院校都开设了市场营销专业,市场营销专业领域的研究与著述也是浩如烟海,这极大地促进了市场营销理论在国内的传播与发展,也直接推动了市场营销实践领域的不断拓展与创新。可以说,市场营销学已成为现代市场经济条件下,在竞争性领域求得生存和持续发展的一门学问。

在多年市场营销专业的教学与实践中,我们一直在探索一种适合高职院校学生的专业人才培养方案,在此基础上,结合专业教学改革的需要,我们组织编写了这本《市场营销》。

作为一本"以能力为本位"的新型市场营销教材,我们在编写的立项和组织过程中经过多次全面的讨论和系统的设计与思考,将内容划分为认识市场营销、市场营销环境的分析、消费者行为分析、目标市场营销模式、产品策略、价格策略、渠道策略、促销策略、网络营销 9 个项目。

教材主要体现以下特点:

(1)紧紧围绕学生"市场营销职业能力形成"这一主线,理论内容突出"够用""实用"和"服从于能力训练"的原则,技能训练内容强调将专业基础素质训练和专业技能训练结合进行,充分体现理论实践一体化的课程改革思想。

(2)创新教学内容的组织方式,通过开篇案例、资料研读、第二课堂、案例分析等形式使理论内容更加通俗易懂。

(3)在内容和相关参考资料的选择上,注意结合国内市场的特点,体现本土化思想,以使教材更加贴合中国实际。

(4)教材注重体现课内教学与课外实践相结合的理念,体现教师从主导者向引导者角色转变的要求,体现学生参与性学习、自主性学习的思想。

本教材由陈志杰担任主编,具体编写分工为:浙江衢州职业技术学院柯彤萍编写项目 1 和项目 2,李凌编写项目 3 和项目 4,夏静波编写项目 5 和项目 6,许妍谢编写项目 7 和项目 8,陈志杰编写项目 9,全书由陈志杰统稿、定稿。

由于本书编者水平有限,在编写的过程中又试图依照高职教育的需要对教学内容及教学方式的改革进行尝试,因此在体系和内容等方面还存在一些不足,恳请读者批评指正。

编 者

2015 年 3 月

目录
Content

项目1 认识市场营销

【知识目标】

(1)掌握市场营销相关概念的科学内涵。

(2)理解不同企业经营理念的基本特征及其产生和发展的历史背景。

(3)知晓市场营销组合及其新变化。

(4)理解市场营销理论对中国经济改革与发展的重要意义。

(5)了解营销人员应该具备的基本素质及能力。

【能力目标】

(1)通过基础素质训练,提高对市场营销重要性的认识,锻炼思维能力与理解能力。

(2)通过情景模拟训练,提高对市场营销相关角色的认知水平。

(3)通过讨论、竞争性发言,提高语言表达能力。

(4)通过营销游戏,增强团队沟通与协作能力。

【开篇案例】

这里没有市场

美国一个制鞋公司要寻找国外市场,公司派了一名业务员去非洲一个岛国,让他了解一下能否将本公司的鞋销给他们。这个业务员到非洲后待了一天发回一封电报:“这里的人不穿鞋,没有市场。我即刻返回。”公司又派出了一名业务员,第二个人在非洲待了一个星期,发回一封电报:“这里的人不穿鞋,鞋的市场很大,我准备把本公司生产的鞋卖给他们。”公司总裁得到两种不同的结果后,为了解到更真实的情况,于是又派去了第三个人,该人到非洲后待了三个星期,发回一封电报:“这里的人不穿鞋,原因是他们脚上长有脚疾,我们公司生产的鞋太窄,他们没法穿,其实他们也想穿鞋。我们只有生产宽鞋,才能适应他们对鞋的需求。另外这里的部落首领不让我们做买卖,除非我们借助政府的力量和公关活动搞大市场营销。我们打开这个市场需要投入大约1.5万美元。这样我们每年能卖大约2万双鞋,故在这里卖鞋可以赚钱,投资收益率约为15%。”

【案例点评】

市场营销与推销不同,推销是以企业自身生产经营为出发点,通过促销宣传影响消费者,引导消费者购买其产品;而市场营销则是以消费者的需求为生产经营的出发点,满足消费者的需求,综合运用各种科学的市场经营手段,把商品和服务整体地销售给消费者,以促进并引导企业不断发展。

任务1.1 认识市场营销的核心概念

一个企业成功经营的原因是什么?这是国内外企业界及学术界普遍关注的问题。国内有几家电冰箱厂同国外某企业合资生产，国内消费者对电冰箱的爱好、生产冰箱所耗费的原材料成本以及销售价格差异不大，但个别电冰箱厂销售量低，经济效益差，另外一些电冰箱厂则销售量较高，经济效益好。原因何在？经调研发现，根本差异在于市场营销观念及相应的市场营销组合策略。成功的企业有一套明智的经营原则，即有强烈的顾客意识（持久不懈地接近顾客）、强烈的市场意识及推动广大职工为顾客生产优质产品的措施。美国著名的IBM公司是巧妙应用市场营销观念及营销策略的成功典范。IBM公司总经理罗杰斯说过："在IBM公司，每个员工都在推销……当你走进纽约IBM大厦或世界各地办事处时，你都会产生这种印象。"有人问，IBM销售什么产品？他回答："IBM公司不出售产品，而是出售解决方法。"市场营销虽然不是企业成功的唯一因素，但它是关键因素。美国著名管理学家德鲁克曾指出："市场营销是企业的基础，不能把它看作单独的职能。从营销的最终成果，即从顾客的观点看，市场营销就是整个企业……企业经营的成功不是取决于生产者，而是取决于顾客。"当今，市场营销已成为企业经营活动要考虑的第一任务，这一点在市场经济发达的国家尤为突出。有关人士对美国250家主要公司的高级管理人员进行调查后发现，公司的第一任务是发展、改进及执行竞争性的市场营销策略，第二任务是控制成本，第三任务是改善人力资源。大部分企业的高级管理人员都来自市场营销部门，如美国克莱斯勒汽车公司总裁艾柯卡。

1.1.1 市场营销的含义

市场营销（Marketing）可以理解为一门学科名称，也可以作为一种经济活动。

当理解为一门学科名称时，市场营销学又称市场学、行销学等，是一门研究以满足消费者需求为中心的企业经营活动及管理过程的实用性很强的应用学科。它发源于20世纪的美国，近一个世纪以来迅速发展和传播，影响深广，受到世界各国的普遍重视。

1）市场营销的定义

美国著名的营销学者菲利浦·科特勒（Philip Kotler）对市场营销的核心定义做了如下描述："市场营销是个人或集体通过创造、提供并同他人交换有价值的产品，以满足其需求和欲望的一种社会和管理的过程。"市场营销核心定义有如下四个基本点：

（1）市场营销的核心功能是交换。交换是以提供某种价值作为回报而与他人换取所需价值的行为，交换活动存在于市场经济条件下的任何社会经济生活当中。

（2）市场交换活动的基本动因是满足交换双方的需求和欲望。依据市场营销的观点，顾客购买的是对某种需求和欲望的"满足"，企业产出的是能使顾客的这种需求和欲望"满足"的方法或手段。

（3）市场营销是一种创造性的行为。市场营销不仅要寻找已经存在的需要并满足它，而且要激发和解决顾客并没有提出或意识到的潜在需要，使他们热烈响应企业的营销行为。

（4）市场营销是一个系统的管理过程。它不仅包括生产、经营之前的具体经济活动，而且还包括生产过程完成之后进入销售过程的一系列具体的经济活动，是一个远远超出流通范围而涉及生产、分配、交换和消费的总循环过程。

2)市场营销的基本核心要素

在市场经济条件下,市场营销是一个很宽泛的经济术语。从服务到制造,从信息到渠道,从个人到组织,甚至从政治到社会,都可以有自己特定的市场营销含义。然而,需要、欲望、需求、商品和服务、效用、交换和营销管理等,始终是构成市场营销的基本核心要素。

3)市场营销在现代社会中的重要作用

麦肯锡咨询公司认为,在生产企业和消费者之间至少存在 7 个方面的分离:

(1)空间上的分离。生产商往往按行业集中在某些地区,而消费者则通常分散各地。

(2)时间上的分离。许多农产品生产是季节性的,但消费者可能常年需要这些产品。

(3)信息的分离。生产者不知道谁、何时、何地需要什么产品,消费者正好不知道谁、何时、何地能提供自己需要的产品以及何种价格水平。

(4)对产品价值估计上的分离。生产者是按成本和竞争价格来估计产品或服务的价值,而消费者则是按其经济效用和支付能力估计价值。

(5)产品占有权的分离与对立。

(6)产品数量上的矛盾。生产者偏向大批量生产和销售产品,消费者通常是少量零星购买和消费。

(7)产品品种、花色、规格、型号方面的矛盾。生产者往往专门生产有限的几种产品,而消费者则需要各种各样的产品。

市场营销在解决以上这些矛盾方面具有如下基本功能:

(1)交换功能。通过销售(寻找客户、销售促进等决策)和购买(买什么、向谁买、买多少等),使得产品所有权发生转移。

(2)物流功能。主要包括商品的运输和储存,运输解决空间位置转移,储存则解决时间上的分离。

(3)便利功能。包括资金融通、信息沟通、产品标准化等,简化了交换过程。

1.1.2　市场营销的核心概念

1)需要、欲望和需求

(1)需要(Needs)。需要是指人们没有得到某些基本满足的感受状态。比如,人类为了生存,必然有对吃、穿、住、安全、归属、受人尊重的需要。这些需要都不是社会和营销者所能创造的,它们存在于人自身的生理结构和情感生活中。

(2)欲望(Wants)。欲望是指想得到上述需要的具体满足品的愿望,是个人受不同文化及社会环境影响而表现出来的对基本需要的特定追求。为满足某种需要的具体满足物可能有多种,如米饭、馒头、面包等都可以满足人们充饥的需要。市场营销者无法创造需要,但可以影响欲望,通过开发及销售特定的产品和服务来满足欲望。

(3)需求(Demand)。需求是指人们有能力购买并愿意购买某种具体商品的欲望。需求实际上也就是对某种特定产品及服务的市场需求,市场营销者总是通过各种营销手段来影响需求,并根据对需求的预测结果,决定是否进入某一产品(服务)市场。从这个意义上讲,营销管理实质上就是需求管理。

2)商品和服务

(1)商品。商品是指任何能满足人类某种需要或欲望而进行交换的物品。商品的价值不在于拥有它,而在于它给人们带来的对欲望的满足。商品实际上只是获得服务的载体或工具。

(2)服务。服务是指一方能够向另一方提供的任何一项活动或利益,它本质上是无形的,并且不产生对任何东西的所有权问题,它的产生可能与实际产品有关,也可能无关。市场营销者必须清醒地认识到,其创造的产品不管形态如何,一旦不能满足人们的需要和欲望,就必然会失败。

3)效用、费用、价值

(1)效用。效用是指顾客对商品和服务满足其需要的整体能力的评价。这种整体能力既包括满足消费者对其属性的需要,还包括一种顾客心理层次上的满足感,也就是满足顾客某种心理的能力。消费者通常根据这种对商品价值的主观评价和支付的费用来做出购买决定,效用的最大化是顾客选择产品的首要原则。

(2)费用。费用是指顾客用于购买商品及使用该商品的支出。支出中既包括购买商品所支付的成本,还包括使用成本,即顾客为了获得某种效用而必需的支出。

(3)价值。价值是指消费者对产品满足各种需要的能力评估,即消费者通过对产品效用和费用进行比较而得到的一种主观心理评判。

4)顾客让渡价值与满意度

顾客满意程度取决于顾客对某项产品所感知到的效用或利益与其期望值相比较的结果。所谓效用,是指产品满足人们欲望的能力,它来自人的主观评价。

顾客满意的理论基础是"顾客让渡价值"理论,它是指顾客总价值(Total Customer Value)与顾客总成本(Total Customer Cost)之间的差额。"顾客总价值"是指顾客购买某一产品与服务所期望获得的所有利益,它包括产品价值、服务价值、人员价值和形象价值。"顾客总成本"是指顾客为获得某一产品所花费的时间、精力以及所支付的货币等,因此包括货币成本、时间成本、体力成本和精神成本。

让渡价值=顾客总价值-顾客总成本

=(产品价值+服务价值+人员价值+形象价值)-(货币成本+时间成本+体力成本+精神成本)

企业要提高"让渡价值",可以从两个方面改进自己的工作:

(1)增加顾客购买的总价值。

(2)降低顾客购买的总成本。

5)交换与交易

(1)交换。交换是指从他人处取得所需之物,而以自己的某种物品作为回报的行为。人们对满足需求或欲望之物的取得可以有多种方式,如自产自用、强取豪夺、乞讨和交换等。然而,只有通过等价交换,买卖双方彼此获得所需的商品或服务,才能产生市场营销活动。可见,交换是市场营销的核心概念。交换的发生,必须具备五个条件:至少有交换双方,每一方都有对方所需要的有价值的物品，每一方都有沟通和运送货品的能力，每一方都可以自主地接受或拒绝，每一方都认为与对方交易是满意或合适的。

(2)交易。交易是交换的基本组成单位，是交换双方之间的价值交换。交换是一个过程，在这个过程中双方达成的一致协议被称为发生了交易。交易通常有两种方式：一是货币交易；二是非货币交易，包括以物易物、以服务易服务的交易等。一项交易通常要涉及至少两件有价值的物品，确定双方同意交易的条件、时间、地点，以及维护和迫使交易双方执行承诺的法律制度。

6)市场与目标市场

(1)市场。市场是商品经济发展的产物，市场的概念也随着商品经济的发展而发展。最初的市场，主要指商品交换的场所。随着人们对经济生活中商品交换关系的深入研究，市场又被赋予了新的内涵。狭义的市场是指买卖双方进行交换的场所；广义的市场是指那些有特定需要或欲望，愿意并能够通过交换来满足这种需要或欲望的全部顾客。市场营销学的市场是广义的市场(见图 1-1)。

图 1-1 营销学中的市场概念

那么，企业眼中的销售市场是什么呢？是摊位、店铺吗？显然不仅仅是这些，企业在认识销售市场时，首先看到的应该是人。但是，如果这些人没有购买力，没有钱，商品同样卖不出去。因此，有了人还要有钱，有钱的人才可能购买你的产品，才能实现你的销售愿望。除此之外还要考虑，有钱的人如果不买你的商品，那你还是卖不出去。因此，有人、有钱以后还要有购买的欲望。也就是说，想买你的商品的有钱人，才是你所面对的市场。这三个必要的因素结合在一起，企业眼中的市场就变成了实实在在的买主、顾客或者客户。

因此，市场是指由那些具有特定的需要或欲望，愿意并能够通过交换来满足这种需要或欲望的全部潜在顾客所组成。

(2)目标市场。目标市场是指企业在对整体市场和子市场进行分析评价的基础上，结合企业自身的条件和能力，确定的将满足其需要并提供相应服务的相似顾客群。目标市场营销包括市场细分、目标市场选择和市场定位。

7)营销活动与营销者

(1)营销活动。营销活动是指企业围绕满足消费者需要、为获取最大利润而开展的总体经营活动。营销活动的范围十分广泛，可以说涵盖了企业经营的全过程(见图 1-2)。

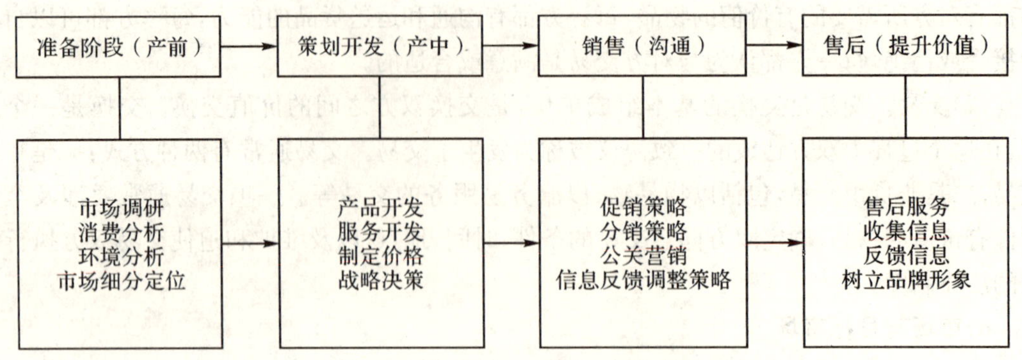

图 1-2 市场营销活动过程

(2)营销者。营销者是指希望从他人那里得到资源并愿意以某种有价之物作为交换的所有人。营销者可以是卖方,也可以是买方。

8)营销管理

营销管理是指为实现营销目标而对整个营销活动,包括营销计划的编制和执行,对营销手段、分销渠道、产品价格等进行的控制(见图 1-3)。营销管理是市场营销活动不可或缺的重要环节。

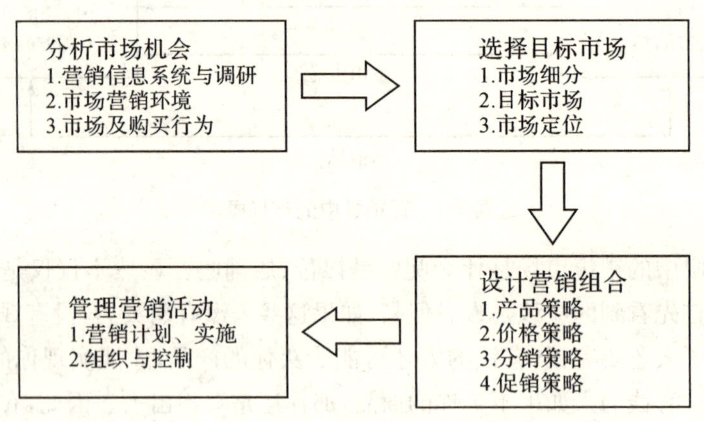

图 1-3 营销管理

9)市场营销学

市场营销学是一门研究市场营销活动及其规律的新兴学科,它研究企业如何识别、分析、评价、选择和利用市场机会,从满足目标市场顾客需求出发,有计划地组织企业的整体活动,通过交换,将产品从生产者手中转向消费者手中,以实现企业营销目标。

任务 1.2 正确把握市场营销观念

1.2.1 营销观念的演变

营销观念是指企业经营活动的指导思想,即如何看待顾客和社会的利益,也就是如何处理企业、顾客和社会三者之间的利益关系。无论是西方国家企业还是我国企业，经营观念都经历了由“以生产为中心”转变为“以顾客为中心”，从“以产定销”变为“以销定产”的演变过程。这一演变过程，既反映了社会生产力及市场趋势的发展，也反映了企业领导者对市场营销发展客观规律认识的深化结果。20世纪初期以来，随着世界经济和市场的发展，市场格局也在迅速发生变化，由此导致企业经营观念不断变革。

1）市场营销学的发展历史

（1）以生产为中心的阶段。该阶段先后出现了两种市场营销观念，即生产观念和产品观念。

①生产观念。生产观念指在整个社会产品不丰富、需求大于供给、消费者购买产品毫无选择余地的情况下，厂商把市场营销的重点放在如何有效利用生产资源及提高劳动效率，以获得最大产量和降低生产成本上。20世纪20年代以前，生产导向在西方国家占据主导地位。如福特“T”形车。

②产品观念。随着工业革命的完成，科技进步迅速，生产效率获得较大提高，整个社会产品不再像之前那么紧缺了，这时候，人们又提出了产品观念。产品观念就是认为消费者会欢迎质量最优、性能最好和特点最多的产品，企业把精力集中在制造最优良的产品上，并不断精益求精。产品观念导致“营销近视症”，即过分重视产品质量，看不到市场需求及其变动，只知责怪顾客不识货，而不反省自己是否根据需求提供了顾客真正想要的货。中华老字号王麻子剪刀厂的破产就是企业实施产品观念导致的结果。

（2）以销售为中心的阶段（20世纪30—40年代）：推销观念认为，除非公司大力开展销售和宣传推广活动，否则消费者将不会购买或者仅少量购买。于是形成了一种“高压式”的硬卖风气。

（3）以消费者为中心的阶段（20世纪50年代开始）：真正的市场营销阶段。企业逐渐意识到，要保证获得高额利润，使企业有良好的声誉，不能单靠硬卖的办法，必须以消费者为中心，将一切市场营销的活动建立在如何满足消费者需要的基础上。于是，形成了市场营销观念。

①市场营销观念：要达到企业目标，关键在于断定目标市场的需要，并且比竞争者更有效地满足顾客的需求。当然这一阶段的营销观念并没有停止发展，而是进一步发展。目前已经发展到社会营销观念。

②社会营销观念，是对营销观念的延伸，强调企业向市场提供的产品和劳务，不仅要满足消费者个别的、眼前的需要，而且要符合消费者总体和整个社会的长远利益。企业要正确处理消费者欲望、企业利润和社会整体利益之间的矛盾，统筹兼顾，求得三者之间的平衡与协调。

③大市场营销观念。进入20世纪80年代后，随着经济全球化的发展，国际市场上贸易保护主义出现，政府干预加强，从而使市场通道受阻，企业运用原有的市场营销组合手段已难以奏效。在这种背景下，企业为成功进入和占领某一特定市场，必须综合运用经济、心理、政治、公共关系等各方面的手段。因此，面向国际市场的营销组合除了传统的产品、价格、渠道、促销（4P）四要素外，还要加上权力和公共关系两大要素，如此才能更好地促进企业市场

营销工作，这就是大市场营销的观念。

2)现代 VS 传统

对比以上营销观念可以看出，生产观念、产品观念和推销观念属于传统营销观念，而市场营销观念、社会市场营销观念及大市场营销观念属于现代营销观念，两类观念有着本质的不同。需要指出的是，目前我国仍处于社会主义市场经济初级阶段，由于社会生产力发展程度及市场发展趋势、经济体制改革的状况及广大居民收入状况等因素的制约，我国企业经营观念仍处于以推销观念和营销观念为主、传统与现代营销观念并存的阶段(见表 1-1)。

表 1-1　传统与现代营销观念的对比

营销观念		市场特征	出发点	手　段	策　略	目　标
传统观念	生产观念	供不应求	生产	提高产量，降低成本	以产定销	增加生产，获得利润
	产品观念	供不应求	产品	提高产量，增加功能	以高质取胜	提高质量，获得利润
	推销观念	生产能力过剩	销售	推销与促销	以多销取胜	扩大销售，获得利润
现代观念	市场营销观念	买方市场	顾客需求	整体市场营销	以比竞争者更有效地满足顾客需求取胜	满足需要，获取利益
	社会市场营销观念	买方市场	顾客需求社会利益	整体市场营销	以满足顾客需要和社会利益取胜	满足顾客需要，增进社会利益，获得经济效益

1.2.2　企业经营观念的发展

企业市场营销管理哲学在经历了生产观念、产品观念、推销观念、市场营销观念、社会市场营销观念、大市场营销观念六个阶段之后，随着实践的发展而不断深化、丰富。代表性的有整体市场营销观念、顾客让渡价值理论、关系营销和绿色营销等。

1)整体市场营销观念

1992 年，市场营销学界的权威菲利普·科特勒提出了跨世纪的市场营销新观念——整体市场营销。他认为，从长远利益出发，公司的市场营销活动应囊括其内、外部环境的所有重要行为者，即供应商、分销商、最终顾客、职员、财务公司、政府、同盟者、竞争者、传媒和一般大众等。

整体营销是指企业在营销调研、把握目标顾客需求的基础上，运用整个营销组合，包括产品、渠道、促销和定价策略，通过企业内部各部门的协调配合，全面地满足目标顾客的需要，包括潜在需要。

因为营销观念强调企业的经营活动应以满足顾客需求为中心，所以企业应实行整体营销。这包括：第一，进行营销调研，选择特定的顾客群，包括潜在顾客群，将其作为自己的目标市场；第二，满足目标顾客对产品的整体需求，即不仅满足顾客对实体产品的需求，而且满足顾客对产品一系列的附加利益的需求；第三，选择好销售时间和地点，以便于目标顾客购买；第四，定价要恰当，以目标顾客能够并愿意接受为前提，既不能过高，也不能过低；第五，提供目标顾客希望得到的信息，帮助他们买到希望买到的产品；第六，企业的营销活动应取得企业所有部门和人员的支持和配合。

2)顾客让渡价值观念

菲利普·科特勒在1994年出版的《营销管理:分析、规划、执行和控制》(第8版)中，新增了"通过质量、服务和价值建立顾客满意"一章，提出了"顾客让渡价值"的新概念。这一概念的提出，是对市场营销理论的最新发展。

(1)顾客让渡价值的含义。

顾客让渡价值是指顾客总价值与顾客总成本之间的差额。顾客总价值是指顾客购买某一产品与服务所期望获得的一组利益，它包括产品价值、服务价值、人员价值和形象价值等，顾客总成本是指顾客为购买某一产品所耗费的时间、精力、体力以及所支付的货币资金等。因此，顾客总成本包括货币成本、时间成本、精神成本和体力成本等。

由于顾客在购买产品时，总希望把有关成本包括货币、时间、精神和体力等成本降到最低限度，同时又希望从产品中获得更多的实际利益，以使自己的需要得到最大限度的满足。因此，顾客在选购产品时，往往从价值与成本两个方面进行比较分析，从中选择出价值最高、成本最低，即顾客让渡价值最大的产品作为优先选购的对象。

企业要想在竞争中战胜对手，吸引更多的潜在顾客，就必须向顾客提供比竞争对手具有更多顾客让渡价值的产品。这样，才能使自己的产品为消费者所注意，进而使其购买本企业的产品。为此，企业可从两个方面改进自己的工作：一是通过改进产品、服务、人员与形象，提高产品的总价值；二是通过降低生产与销售成本，减少顾客购买产品的时间、精力与体力的耗费，从而降低货币与非货币成本。

(2)顾客购买的总价值。

使顾客获得更大顾客让渡价值的途径之一是增加顾客购买的总价值。产品价值、服务价值、人员价值和形象价值中每一项价值因素的变化均会对总价值产生影响。

①产品价值。产品价值是指由产品的功能、特性、品质、品种与式样等所产生的价值。它是顾客需要的中心内容，也是顾客选购产品的首要因素，因而在一般情况下，它是决定顾客购买总价值大小的关键和主要因素。在经济发展的不同时期，顾客对产品的需要有着不同的要求，构成产品价值的要素以及各种要素的相对重要程度也会有所不同。在经济发展的同一时期，不同类型的顾客对产品价值也会有不同的要求，在购买行为上显示出极强的个性特点和明显的需求差异性。因此，这就要求企业必须认真分析不同经济发展时期顾客需求的共同特点，以及同一发展时期不同类型顾客需求的个性特征，并据此进行产品的开发与设计，增强产品的适应性，从而为顾客创造更大的价值。

②服务价值。服务价值是指伴随产品实体的出售，企业向顾客提供的各种附加服务，包括产品介绍、送货、安装、调试、维修、技术培训、产品保证等所产生的价值。服务价值是构成顾客总价值的重要因素之一。在现代市场营销实践中，随着消费者收入水平的提高和消费观念的变化，消费者在选购产品时，不仅注重产品本身价值的高低，而且更加重视产品附加

价值的大小。特别是在同类产品质量与性质大体相同或类似的情况下，企业向顾客提供的附加服务越完备，产品的附加价值越大，顾客从中获得的实际利益就越大，从而购买的总价值也越大；反之，则越小。因此，在提供优质产品的同时，向消费者提供完善的服务，已成为现代企业市场竞争的新焦点。

③人员价值。人员价值是指企业员工的经营思想、知识水平、业务能力、工作效益与质量、经营作风和应变能力等因素所产生的价值。企业员工直接决定着企业为顾客提供的产后与服务的质量，决定着顾客购买总价值的大小。一个综合素质较高又具有顾客导向经营思想的工作人员，会比知识水平低、业务能力差、经营思想不端正的工作人员为顾客创造更高的价值，从而产生更多满意的顾客，进而为企业开拓市场。人员价值对企业和顾客的影响作用是巨大的，并且这种作用往往是潜移默化、不易度量的。因此，高度重视对企业人员综合素质与能力的培养，加强对员工日常工作的激励、监督与管理，使其始终保持较高的工作质量与水平就显得至关重要。

④形象价值。形象价值是指企业及其产品在社会公众中形成的总体形象所产生的价值，包括由企业的产品、技术、质量、包装、商标、工作场所等构成的有形形象所产生的价值，公司及其员工的职业道德行为、经营行为、服务态度、作风等行为形象所产生的价值，以及企业的价值观念、管理哲学等理念形象所产生的价值等。形象价值与产品价值、服务价值、人员价值密切相关，在很大程度上是上述三个方面价值综合作用的反映和结果。形象对于企业来说是宝贵的无形资产，良好的形象会对企业的产品产生巨大的支持作用，赋予产品较高的价值，从而带给顾客精神上和心理上的满足感、信任感，使顾客的需要获得更高层次和更大限度的满足，从而增加顾客购买的总价值。因此，企业应高度重视自身形象的塑造，为企业进而为顾客带来更大的价值。

(3)顾客购买的总成本。

使顾客获得更大顾客让渡价值的途径之二是降低顾客购买的总成本。顾客总成本不仅包括货币成本，而且还包括时间成本、精神成本、体力成本等非货币成本。一般情况下，顾客购买产品时首先要考虑货币成本的大小，因此，货币成本是构成顾客总成本大小的主要和基本因素。在货币成本相同的情况下，顾客在购买时还要考虑所花费的时间、精力、体力等，因此，这些支出也是构成顾客购买总成本的重要因素。

(4)顾客让渡价值的意义。

在现代市场经济条件下，企业树立“顾客让渡价值”观念，对于加强市场营销管理，提高企业经济效益具有十分重要的意义。主要体现在：

①顾客让渡价值的多少受顾客总价值与顾客总成本两方面因素的影响。顾客总价值是产品价值、服务价值、人员价值和形象价值等因素的函数，任何一项价值因素的变化都会影响顾客总价值。顾客总成本是包括货币成本、时间成本、精神成本等因素的函数，其中任何一项成本因素的变化均会影响顾客总成本，由此影响顾客让渡价值的大小。同时，顾客总价值与总成本的各个构成因素的变化及其影响作用不是各自独立的，而是相互作用、相互影响的。因此，企业在制定各项市场营销决策时，应综合考虑构成顾客总价值与总成本的各项因素的相互关系，从而用较低的生产与市场营销费用为顾客提供具有更多顾客让渡价值的

产品。

②不同的顾客群对产品价值的期望与对各项成本的重视程度是不同的，企业应根据不同细分市场顾客的不同需要，努力提供实用价值强的产品，这样才能增加其购买的实际利益，减少其购买成本，使顾客的需要获得最大限度的满足。

③企业为了争取顾客，战胜竞争对手，巩固或提高企业产品的市场占有率，往往采取顾客让渡价值最大化策略，但其结果却往往是成本增加、利润减少。因此，在市场营销实践中，企业应掌握一个合理的度，而不应片面追求顾客让渡价值的最大化，以确保实行顾客让渡价值所带来的利益超过因此而增加的成本费用。换言之，企业顾客让渡价值的大小应以能够达到实现企业经营目标的经济效益为原则。

3)关系营销观念

关系营销观念最早由美国营销专家巴巴拉·本德·杰克逊于1985年提出。这个观念的提出是各种社会因素共同作用的结果：首先，20世纪80年代末以来，企业面临的市场环境发生了很大变化，由于物质产品供给剧增，市场竞争激烈，在这种情况下，谁与顾客建立稳定的交易关系，谁就能拥有更多的未来销售机会；其次，企业从经济利益出发，认识到市场营销不仅要争取新顾客，而且要保持老顾客，因为保持老顾客所花费的支出比争取新顾客要少得多。因此，关系营销在实践中逐渐被认同和加以运用。其基本含义是：企业要与顾客、经销商创造更亲密的工作关系和相互依赖的关系，从而加强双方的连续性交往，以提高品牌忠诚度，巩固和扩大市场销售。关系营销与传统的交易营销的区别如表1-2所示。

表1-2 关系营销与传统的交易营销的区别

项目	关系营销	交易营销
适合的顾客	具有长远眼光和高转换成本的顾客	眼光短浅和低转换成本的顾客
核心概念	建立与顾客之间的长期关系	交易、你买我卖
企业的着眼点	长远利益	近期利益
企业与顾客的关系	比较牢固，竞争者很难破坏企业与顾客的关系	不牢固，如果竞争者用较低的价格、较高的技术解决顾客问题，关系可能会中止
对价格的看法	不是主要的竞争手段	是主要的竞争手段
企业强调的重点	顾客回头率、顾客忠诚度	市场占有率
营销管理追求的目标	追求与对方互利最佳化	单纯交易的利润最大化
市场风险	小	大
了解对方的文化背景	非常必要	没有必要
最终结果	超出“营销渠道”的范畴，可能成为战略伙伴，发展成为营销网络	未超出“营销渠道”的范畴

4)绿色营销观念

绿色营销观念兴起于20世纪80年代，是指企业以环境保护为经营指导思想，以绿色文化为价值观念，以消费者的绿色消费为中心和出发点的营销观念、营销方式和营销策略。它要求企业在营销活动中，要顺应时代可持续发展战略的要求，注重地球生态环境保护，促进经济与生态环境协调发展，以实现企业利益、消费者利益、社会利益及生态环境利益的协调统一。

绿色营销是指企业在生产经营过程中，将企业自身利益、消费者利益和环境保护利益三者统一起来，以此为中心，对产品和服务进行构思、设计、销售和制造。

目前，西方发达国家对于绿色产品的需求非常广泛，而发展中国家由于资金和消费导向及消费质量等原因，还无法真正实现对所有消费需求的绿化。我国目前只能对部分食品、家电产品、通信产品等进行部分绿化，而发达国家已经通过各种途径和手段，包括立法等来推行和实现全部产品的绿色消费，从而培养了极为广泛的市场需求基础，为绿色营销活动的开展打下了坚实的基础。以绿色食品为例，英国、德国绿色食品的需求完全不能自给，英国每年要进口该食品消费总量的80%，德国则高达98%。这表明，绿色产品的市场潜力非常巨大，市场需求非常广泛。

绿色营销只是为适应消费需求的新变化而产生的一种新型营销理念。也就是说，绿色营销还不可能脱离原有的营销理论基础。因此，绿色营销模式的制定和方案的选择及相关资源的整合还无法、也不能脱离原有的营销理论基础。可以说，绿色营销是在人们追求健康、安全、环保的理念下所发展起来的新的营销方式和方法。

经济发达国家的绿色营销发展过程已经基本上形成了以绿色需求—绿色研发—绿色生产—绿色产品—绿色价格—绿色市场开发—绿色消费为主线的消费链条。

任务 1.3　了解市场营销的各类组合

企业的营销工作是一门艺术，也是一门科学，先进的营销理念将提高企业的市场业绩。从营销组合策略的角度分析，市场营销理念经历了4P,4C,4R三个阶段。

1.3.1　4P 理论

4P理论产生于20世纪60年代的美国，是随着营销组合理论的提出而出现的。1953年，尼尔·博登(Neil Borden)在美国市场营销学会的就职演说中提出了市场营销组合(Marketing Mix)这一概念，其意是指市场需求或多或少地在某种程度上受到所谓营销变量或营销要素的影响。为了寻求一定的市场反应，企业要对这些要素进行有效的组合，从而满足市场需求，获得最大利润。后来，杰罗姆·麦卡锡(Jerome McCarthy)于1960年在其《基础营销》一书中将这些要素概括为4类：产品(Product)、价格(Price)、渠道(Place)、促销(Promotion)，即著名的4P。1967年，菲利普·科特勒在其畅销书《营销管理：分析、规划与控制》中进一步确认了以4P为核心的营销组合方法。

1)产品

产品是指企业根据自身的能力，确定提供给目标市场的商品和劳务的组合。包括产品的质量、特点、式样、品牌、包装、服务等，产品要有实质上的创新，把功能放在第一位。

2)价格

价格是指企业要根据不同的市场定位和企业、行业的特点，制定不同的价格策略，包括产品的基本价格、折扣、付款时间、信贷条件等。产品的定价依据是企业的品牌战略。

3)渠道

渠道是指企业为了使其产品进入和到达目标市场所进行的各种活动，包括销售方式、储存措施、运输条件、库存控制等。企业并不直接面对消费者，而是注重经销商的培育和销售网络的建立，通过分销商来加强企业与消费者的联系。

4)促销

促销是指企业宣传介绍其产品的各种活动，包括人员促销、广告、公共关系和营业推广等。企业注重以销售行为的改变来刺激消费者，以短期的行为(如让利、买一送一、营造营销现场气氛等)促进消费的增长，吸引其他品牌的消费者或导致提前消费来促进销售的增长。

4P的提出奠定了管理营销的基础理论框架。该理论以单个企业作为分析单位，认为影响企业营销活动效果的因素有两种：一种是企业不能够控制的，如政治、法律、经济、人文、地理等环境因素，称为不可控因素，这也是企业所面临的外部环境；一种是企业可以控制的，如生产、定价、分销、促销等营销因素，称为可控因素。企业营销活动的实质是一个利用内部可控因素适应外部环境的过程，即通过对产品、价格、分销、促销的计划和实施，对外部不可控因素做出积极的、动态的反应，从而促成交易的实现和满足个人与组织的目标。正如科特勒所说："如果公司生产出适当的产品，定出适当的价格，利用适当的分销渠道，并辅之以适当的促销活动，那么该公司就会获得成功。"所以，市场营销活动的核心就在于制定并实施有效的市场营销组合。

1.3.2 4C理论

随着市场竞争的日趋激烈，媒介传播速度越来越快，4P理论越来越受到挑战。到20世纪90年代，美国的罗伯特·劳特朋针对4P存在的问题提出了4C营销理论。4C为顾客(Consumer)、成本(Cost)、便利(Convenience)和沟通(Communication)。

1)顾客

4C理论中的顾客主要是指顾客的需求。企业必须研究和了解顾客，然后根据顾客的需求来提供产品。企业提供的不仅仅是产品和服务，更重要的是由此产生的顾客价值。

2)成本

4C理论的成本不单是企业的生产成本，或者说4P中的价格，它还包括顾客的购买成本。产品定价的理想情况应当是既低于顾客的心理价格，亦能够让企业有所盈利。此外，顾客购买成本不仅包括货币支出，还包括为此耗费的时间、精力和体力消耗及购买风险。

3)便利

4C理论中的便利即为顾客提供最大的购物和使用便利。4C理论强调，企业在制定分销策略时要更多地考虑顾客的方便，而不是企业自己的方便。要通过较好的售前、售中和售后服务，让顾客在购物的同时也享受到便利。便利是顾客价值不可或缺的一部分。

4)沟通

沟通被用以取代4P中的促销。4C理论认为，企业应通过同顾客进行积极有效的双向沟通，建立基于共同利益的新型"企业—顾客"关系。这不再是企业单向的促销和劝导顾客，而是在双方的沟通中找到能同时实现各自目标的途径。

总体上看，4C营销理论注重以消费者需求为导向，与市场导向的4P理论相比，4C理论有了很大的进步和发展。但从企业的营销实践和市场发展的趋势看，4C理论依然存在以下几方面的不足：

(1)4C理论是顾客导向，而市场经济要求的是竞争导向，中国的企业营销也已经转向了市场竞争导向阶段。顾客导向与市场竞争导向的本质区别是：前者看到的是新的顾客需求；后者不仅看到了需求，还更多地注意到了竞争对手，冷静分析自身在竞争中的优势和劣势并采取相应的策略，在竞争中求发展。

(2)4C理论虽然已融入营销策略和行为中，但企业营销又会在新的层次上同一化。不同企业也只是程度的差异问题，并不能形成营销个性或营销特色，不能形成营销优势以保证企业顾客份额的稳定性、积累性和发展性。

(3)4C理论以顾客需求为导向，但顾客需求有其是否合理的问题。顾客总是希望质量好、价格低，特别是在价格上，其要求是无界限的。只看到满足顾客需求的一面，企业必然要付出更大的成本，久而久之会影响企业的发展。所以，从长远看，企业经营要遵循双赢的原则，这是4C理论需要进一步解决的问题。

(4)4C理论仍然没有体现既赢得客户又长期地拥有客户的关系营销思想，没有解决满足顾客需求的操作性问题，如提供集成解决方案、快速反应等。

(5)4C理论总体上虽是4P的转化和发展，但被动适应顾客需求的色彩较浓。根据市场的发展，需要在更高层次以更有效的方式在企业与顾客之间建立起有别于传统营销的新型的主动性关系，如互动关系、双赢关系、关联关系等。

4P与4C是互补而非替代的关系。如表1-3所示。

表1-3 4P与4C的相互关系对照表

类别	4P		4C	
阐释	产品	服务范围、项目、服务产品定位和服务品牌等	客户	研究客户需求欲望，并提供相应的产品或服务
	价格	基本价格、支付方式、佣金折扣等	成本	考虑客户愿意付出的成本、代价是多少
	渠道	直接渠道和间接渠道	便利	考虑让客户享受第三方物流带来的便利
	促销	广告、人员推销、营业推广和公共关系等	沟通	积极主动与客户沟通，寻找双赢的认同感
时间	20世纪60年代中期(麦卡锡)		20世纪90年代初期(劳特朋)	

1.3.3 4R理论

针对4C理论的缺陷,美国学者舒尔茨提出了4R营销新理论,阐述了一个全新的营销四要素。4R为关联(Relevance)、反应(Reaction)、关系(Relationship)和回报(Reward)。

1)关联

在竞争性市场中,顾客具有动态性。顾客忠诚度是变化的,是会转移到其他企业的。要提高顾客的忠诚度,赢得长期而稳定的市场,重要的营销策略是通过某些有效的方式在业务、需求等方面与顾客建立关联,形成一种互助、互求、互需的关系。

2)反应

在如今供求相互影响的市场中,对于经营者来说最现实的问题不在于如何控制、制订和实施计划,而在于如何站在顾客的角度倾听顾客的呼声,及时了解他们的需求并迅速做出反应,满足顾客的需求。

3)关系

在企业与客户的关系发生了本质性变化的市场环境中,抢占市场的关键已转变为与顾客建立长期而稳固的关系,从交易变成责任,从顾客变成用户,从管理营销组合变成管理和顾客的互动关系。

4)回报

对于企业来说,市场营销的真正价值在于其为企业带来短期或长期的收入和利润的能力。当然,客户的回报不仅仅体现在短期收入的增长上,还体现在通过创造满意的顾客所获得的长期的多方面的收益上。

4R理论具有的优势主要有以下几点:

(1)4R理论的最大特点是以竞争为导向,在新的层次上概括了营销的新框架。4R根据市场不断成熟和竞争日趋激烈的形势,着眼于企业与顾客的互动与双赢。

(2)4R理论体现并落实了关系营销的思想。通过关联、关系和反应,提出了如何建立关系、长期拥有客户、保证长期利益的具体操作方式。

(3)反应机制为互动与双赢、建立关联提供了基础和保证,同时也延伸和升华了便利性。客户的回报兼容了成本和双赢两方面的内容。追求回报,企业必然实施低成本战略,充分了解顾客愿意付出的成本,实现成本的最小化,并在此基础上获得更多的顾客份额,形成规模效益。这样,企业为顾客提供价值和追求回报相辅相成,相互促进,客观上实现了双赢的效果。

当然,4R理论同任何理论一样也有其不足和缺陷。比如与顾客建立关联、关系需要实力基础或某些特殊条件,并不是任何企业都可以轻易拥有的。但4R理论提供了很好的思路,是经营者和营销人员都应当了解和掌握的。

4P,4C,4R三者之间不是取代关系,而是完善和发展的关系。由于企业层次不同,情况千差万别,市场、企业营销还处于发展之中,所以至少在一定的时期内,4P还是营销的一个基础框架,4C也是很有价值的理论和思路。4R不是取代4P和4C,而是在4P和4C基础上的创新与发展。

当然，以4P理论为基础的营销组合理论创新还有4S(满意:Satisfaction，服务:Service，速度:Speed，诚意:Sincerity)理论及4V(差异化:Variation，功能化:Versatility，附加价值:Value，共鸣:Vibration)理论，这两种营销组合理论分别从不同角度提出了营销活动过程中所侧重的因素，具有一定的实践指导意义。

技能训练

技能训练1:营销从推销自我开始——一分钟自我介绍

[实训性质]专业基础素质训练。

[实训目标]使教师迅速掌握全班学生的情况，以便有针对性地组织教学与实践训练活动；引导学生克服胆怯心理，锻炼学生的口头表达能力、应变能力及自我控制能力。

[实训内容](1)问候与开场白。

(2)我是谁(姓名、家乡、个人爱好与特长、家庭情况、对学校的印象及未来职业期望等)。

[实训准备]学生事先拟写自我介绍词并进行自我演练，教师准备计时工具、自我介绍词范例、相关背景知识。

[实训流程]教师确定演练顺序→学生跑步上台→问候大家→自我介绍→致谢→返回座位。

[操作要点]教师注意控制时间及课堂气氛，考核内容包括演讲者的神态、举止(语音、语调、站姿、表情、肢体动作)，介绍词的新颖性、完整性、连贯性等。

技能训练2:情景模拟演练

[实训性质]专业基础素质训练。

[实训目标](1)加深学生对营销基本原理的理解，提高学生学习的积极性。

(2)通过角色扮演，锻炼学生的口头表达能力、应变能力、逻辑思维能力及团队协作能力。

[实训内容]依据参考素材，也可发动学生事先收集情景素材资料。

[实训准备]学生事先利用业余时间收集情景素材资料并进行初步讨论；教师准备打分记录表、时间控制铃、情景范例和相关背景知识。

[实训流程]教师确定模拟情景→场地布置→角色分工→情景模拟→教师点评与计分→分组循环。

[操作要点]教师注意控制时间及课堂氛围。考核内容包括情景资料的收集情况、学生神态是否自然、角色扮演是否逼真、语言表达是否清楚、思维的逻辑性及时间控制。

情景模拟参考素材:

(1)赵兴是某家电销售公司的推销员，他特别擅长向顾客演示他所推销的各类家用电器。例如,滚筒洗衣机是他最乐意向顾客示范推荐的一种家用电器。为了向顾客演示滚筒洗衣机如何不伤衣料、纽扣,他把钢笔放入滚筒里,让它随洗涤物一起滚动。有一次,当他正向顾客做演示时,钢笔裂开了,墨水沾满了正在洗衣机内洗涤的衣服。

如果你是赵兴,你将如何向顾客解释?怎么做?

(2)某超市柜台前,一位小伙子用一张面值100元的人民币购买了一支牙膏。一个小时后一位中年人用一张面值10元的人民币购买了一盒口香糖,收到找回的零钱时,此人大声喊叫自己给营业员的是100元钱。营业员反复回忆,坚信自己收到的是10元钱。相持不下的时候,围观者越来越多,中年顾客说自己能说出交付的100元人民币的编号及自己在上面写的钢笔字,围观者纷纷为中年人鸣不平。最后超市经理赶来,很快就圆满地解决了这件事。

假如你是超市的经理,应当怎样处理这件事?为什么?

技能训练3:营销游戏

"天外来客"

[游戏目的]让学员在游戏过程中体会计划的重要性及工作创新的重要性。

[游戏流程](1)每个小组的教练把材料分给组员。

(2)每个小组除了用这些材料做一个鸡蛋飞行器外,还要制作一面彩旗,用来标记"飞行器"落地时的位置,并要求在半小时内完成全部任务。

[游戏规则](1)用给定的材料制造一艘"飞船",然后用力把它投出去,投得越远越好,而且鸡蛋不能破。要求是只能用给定的材料制造"飞船",而且只能用于投出去。

(2)如果鸡蛋在"飞船"航行过程中或落地时破了,则被淘汰,不能参加评分。

(3)"飞船"中的鸡蛋必须能够被清楚地看到,以便确定其中的鸡蛋是否破了。组员不能与团队之外的任何人交流"飞船"制造计划,包括辅导员。

(5)必须设计一面旗子以标明飞船的落地地点,有创意的设计将得到奖励。

(6)在设计制造"飞船"过程的前10分钟内,可以向辅导员询问有关材料和过程的事宜,辅导员不得就如何制造"飞船"提出任何建议。

[游戏准备]材料:一个生鸡蛋,四个纸杯,一双筷子,长吸管和短吸管各两根,两个气球,几根皮筋,几张彩纸和几支彩笔,一把剪刀和一瓶胶水。

[注意事项](1)在允许的时间内,正式开始后利用几分钟时间仔细审查你们的材料,并就如何安排使用这90分钟制订计划。

(2)任命一个协调者并设计几个角色,分别由小组成员承担。

(3)要有创新精神,制造过程要充满乐趣。

技能训练4:典型案例分析

“百事”与“可口”一进一退说明了什么?

20世纪80年代,由于印度国内软饮料公司反跨国公司议员们的极力反对,可口可乐公司被迫从印度市场撤离。与此同时,百事可乐就开始琢磨如何打入印度市场。百事可乐明白:要想占领印度市场,就必须消除当地政治力量的对抗情绪。百事可乐公司认为,要解决这个问题,就必须向印度政府提供一项使该政府难以拒绝的援助。最后,百事可乐表示,要帮助印度出口一定数量的农产品以弥补印度进口浓缩软饮料的开销;百事可乐公司还提出了帮助印度发展农村经济转让食品加工、包装和水处理技术,从而赢得了印度政府的支持,迅速占领了印度软饮料市场。

思考题:

百事可乐成功的关键因素是什么?反映了什么营销观念?

课后训练

1)单项选择题

(1)市场营销的核心是(　　)。

A. 生产　　B. 分配　　C. 交换　　D. 促销

(2)市场营销观念的中心是(　　)。

A. 推销已经生产出来的产品　　B. 发现并设法满足消费者的需要

C. 制造质优价廉的产品　　D. 制造大量产品并推销出去

(3)汽车大众化的先锋福特曾说过:“不管顾客要哪一种颜色的,我只有一种黑色的‘T’形车。”这种观念就是(　　)。

A. 生产观念　　B. 产品观念　　C. 推销观念　　D. 市场营销观念

(4)与顾客建立长期合作关系是(　　)的核心内容。

A. 关系营销　　B. 绿色营销　　C. 公共关系　　D. 市场营销

(5)市场营销管理的实质是(　　)。

A. 刺激需求　　B. 需求管理　　C. 生产管理　　D. 销售管理

2)第二课堂

“博信商贸有限责任公司”是一家从事商业连锁经营的企业,其连锁经营系统拥有102家分店,共有员工20多名。现随业务扩大,需要招聘营销人员10名,要求:

(1)有较好的语言表达能力及与人沟通的能力,思维敏捷。

(2)性格开朗,善于人际关系的协调和沟通;具有良好的团队合作精神。

(3)具备一定的市场营销和媒体传播知识。

(4)有销售行业、公关培训、广告工作经验者优先录用。

分析：这家企业对营销人员提出了哪些明确的要求？你还能发现这家企业对营销人员有哪些潜在的要求？

课外任务：

(1)通过图书馆、报刊、互联网查阅有关营销人员素质与能力要求的相关资料，弄清从事市场营销职业有哪些特殊的知识和个性品质要求。

(2)"博信商贸有限责任公司"是一家从事商业连锁经营的企业，其连锁经营系统拥有102家分店，公司业务处在快速发展过程中。请根据以上情况独立拟写一份"博信商贸有限责任公司"招聘营销人员的素质与能力要求的详细文件，字数在300字左右。

(3)建立4～6人的营销小组，分组讨论各自拟写的文件，并在讨论的基础上将各自的文件进行修改完善。

(4)班级组织策划一场营销人员模拟招聘活动，邀请老师参加评议，最后由老师进行点评与总结。

3)资料研读与分析

"秘密武器"为何不能长盛不衰——更新市场观念

库尔斯公司是美国一家啤酒酿造公司，地处科罗拉多的山沟里。1960年阿道夫·库尔斯这个44岁的啤酒王国老板，外出遇难后，公司由其儿子比尔和乔兄弟俩经营。库尔斯公司生产的啤酒是用纯净的落基山泉水酿制，公司只生产一种品质啤酒，且只有一家酿造厂生产这种啤酒，啤酒只在西部11个州销售，其中多数州是美国人烟最稀少的地区。它没有设立分厂，22年没有扩大过规模，同时，每一桶酒都要销往900英里以外的地方。啤酒质量很好，除了一些名演员像保罗·纽曼和伊斯特伍等外，从福特总统到亨·利基辛格，无不对库尔斯啤酒叫好。每年大约有30万库尔斯的崇拜者来啤酒厂游玩，人们一直称库尔斯有"秘密武器"。

1970年，由比尔和乔经营的一个小规模地区性啤酒厂却异常繁荣，1969年比1968年产量增长19%，在全国啤酒行业中名列第四。在西部11个州市，库尔斯市场占有率达30%，在加利福尼亚州，到1973年为止，占有了41%的市场，比啤酒行业产量最大的安休斯·布希的18%还多。这与来自那些知名的和不知名的人士对库尔斯产品的狂热追求与爱好，与来自环境清洁的形象及来自味道清淡适口的啤酒形象是分不开的。到20世纪70年代中叶，啤酒的消费趋势发生了很大变化，啤酒行业最热门的产品是凉爽型啤酒或低热量啤酒和高级名牌啤酒，这种啤酒的销售量几乎占到啤酒总销量的10%，而其中全国发展最快的米勒公司啤酒占到30%，并且这个比例还在上升，其他有发展的啤酒是高级名牌啤酒，安休斯·布希的米歇洛布牌啤酒竞争力很强。每年只以3%的速度增长，但几乎所有的增长均来自两种产品：凉爽或低热量啤酒和高级名牌啤酒，而这些库尔斯一种也不生产，只是一味地依赖于它的那一种啤酒，因循守旧。此外，研究表明，每10个饮用凉爽型啤酒的新消费者中有4个是从库尔斯那里来的。西部市场也不再只属于库尔斯了，那里满是实力雄厚、根基牢固的竞争对手，比尔不得不承认："酿造我们能酿造的最好啤酒已经不够了。”1978 年利润下降到 5.48 亿美元，比利润最高的 1976 年减少将近 29%，就是退到 1975 年，利润也比这个数字高。

问题就在于对一个变化不定的和更有扩张性的市场，库尔斯一味采取长期观望的态度，而无所领悟，保守主义政策根深蒂固，错误地认为一种啤酒及一种形象的魅力会长盛不衰，从而否认任何大胆进取的甚至于惯常的市场营销努力的必要性，最终使库尔斯这个历史悠久、令人肃然起敬的啤酒商走到这样一个历史时刻。

思考题：

(1)你认为库尔斯的“秘密武器”来自何处？

(2)到 20 世纪 70 年代以后，为什么“秘密武器”失灵了？

(3)产品的好坏应以什么为标准？

(4)库尔斯公司以什么为导向？

(5)怎样才能使产品长盛不衰？

项目 2　市场营销环境的分析

【知识目标】

(1)了解营销环境的含义及其特征。

(2)知晓市场宏观营销环境和微观营销环境的主要内容。

(3)掌握宏观营销环境和微观营销环境因素。

(4)理解企业营销环境的层次及各层次要素对企业营销活动的不同影响。

(5)掌握分析和评价环境要素的基本方法及其对策。

【能力目标】

(1)通过案例分析,提高对市场营销环境重要性的认识,锻炼系统思维的能力。

(2)通过情景模拟,提高对市场营销环境要素的认知水平。

(3)通过讨论、竞争性发言,提高语言表达能力。

(4)通过学习,能对市场及市场宏观营销环境和微观营销环境进行初步分析。

【开篇案例】

肯德基在越南的成功

2011 年初,被百事可乐公司以 8.4 亿美元巨款买走的美国肯德基炸鸡公司下属的国际公司,派一个执行董事来河内考察投资环境。经过细致的市场调查和客观的分析,这位董事及其他工作人员得出一致结论:这是一个未经开拓的巨大市场,肯德基风味快餐炸鸡在越南有强大的竞争力。2013 年,肯德基快餐正式开张。这里环境优雅,纤尘不染;山德士老头笑容和蔼,代为迎宾招客;色泽金黄的炸鸡更是使人垂涎欲滴。开业第一天,前门店就吸引了大批客人,创下日销售炸鸡 2200 份、营业额 8.3 万美元的整个肯德基联号的世界纪录。

【案例点评】

"肯德基"在越南为什么有如此大的魅力,这主要归因于投资决策者能对市场环境做出正确的分析和预测。

任务 2.1　认识市场营销环境

人活在特定的环境中,企业也是如此,企业的营销活动是在一定的外界环境条件下展开的,称为市场营销环境。企业的营销会受到周围环境的影响,而环境处于变动之中,随时会给企业带来机会和威胁,企业只有适应环境,主动发现、分析和预测环境,才能生存下去。环境的客观性决定了企业在这些不可控的因素面前必须结合企业内部实际,抓住市场机遇,防范外部威胁,利用自身条件扬长避短,这样才能取得竞争的优势和长久的发展。

2.1.1 市场营销环境的含义和分类

1)市场营销环境的含义

市场营销环境是企业营销职能外部的不可控制的因素和力量。这些因素和力量是与企业营销活动有关的影响企业生存和发展的外部条件。营销活动要以环境为依据,企业要主动地适应环境,而且要通过营销努力去影响环境,使环境有利于企业的生存和发展,有利于提高企业营销活动的有效性。营销学大师科特勒的观点是:"企业营销环境,是由营销管理职能外部的因素和力量组成的,这些因素和力量影响着营销管理者成功地保持和发展同其目标市场顾客交换的能力。"即市场营销环境指的是与企业市场营销活动相关的所有外部因素和条件。这些因素和条件由企业营销管理机构外部的行动者与力量所组成,它们影响着企业发展和维持为目标顾客提供令其满意的产品或服务的能力。企业从环境中获得吸纳各种物质和信息资源的同时,也通过自身的活动输出产品、劳务和信息,对环境施加影响。

2)市场营销环境的分类

(1)市场营销环境按对企业的利益分类,可分为不利环境和有利环境。不利环境即对企业市场营销不利的各项因素的总和,有利环境是对企业市场营销有利的各项因素的总和。

(2)市场营销环境按时间分类,可分为长期环境和短期环境。长期环境是指对企业营销活动的影响持续时间较长的因素,短期环境是指对企业营销活动的影响持续时间较短的因素。

(3)按控制难易程度分类,1957 年,霍华德(J. A. Howard)在《营销管理:分析与决策》一书中,第一次把营销因素(环境)划分为两大类:可控因素和不可控因素。可控因素就是企业通过自身主观努力能够予以变动、调整和支配的因素,一般是内部范围的营销因素。如企业可以决定内部的营销组织机构、选择销售渠道、决定是否做广告等。不可控因素主要是外部的营销因素,如国家的政策、消费者的动机。

(4)按环境和营销活动相互联系的密切程度分类,可分为微观营销环境和宏观营销环境。微观环境因其与企业紧密相连,直接作用于企业目标市场,从而又被称为作业环境、直接环境,包括企业自身、市场营销渠道企业、消费者、竞争者和社会公众;宏观环境的诸多要素与企业不存在直接的经济联系,是通过微观环境的相关因素作用于企业的较大的社会力量,又称为间接环境。

宏观和微观两种环境之间不是并列关系,而是包容和从属关系,微观(直接)环境受宏观(间接)环境的大背景所制约,宏观环境则借助于微观环境发挥作用。如图 2-1 所示。

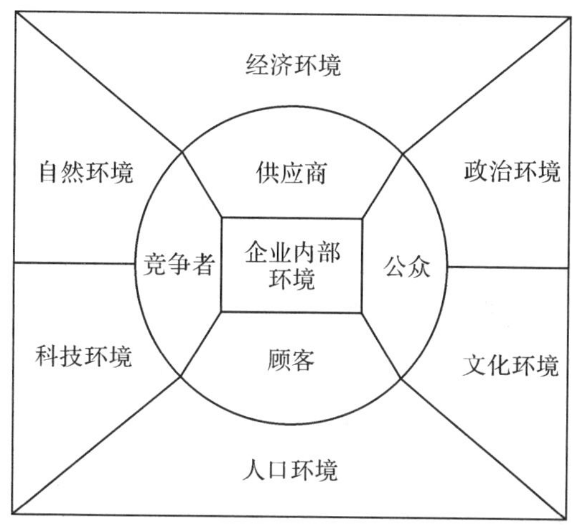

图 2-1　市场营销环境的层次结构

2.1.2　市场营销环境的特征

市场营销环境虽然多变，但我们可以遵循市场规律，有效引导和利用。市场营销环境的特征主要表现为以下“五性”。

1)客观性

环境作为营销部门外在的不以营销者意志为转移的因素，对企业营销活动的影响具有强制性和不可控性。一般说来，营销部门无法摆脱和控制营销环境，特别是宏观环境，企业难以按自身的要求和意愿随意改变它，如企业不能改变人口因素、政治法律因素、社会文化因素等，但企业可以主动适应环境的变化和要求，制定并不断调整市场营销策略。事物发展与环境变化的适者生存，不适者被淘汰关系，就企业与环境的关系而言，同样也完全适用。有的企业善于适应环境就能生存和发展，有的企业不能适应环境的变化，就难免被淘汰。

2)动态性

市场营销环境是一个动态系统。营销环境的构成受诸多因素的影响，每一环境因素都随着社会经济的发展而不断变化。20 世纪 60 年代，中国处于短缺经济状态，即短缺几乎成为社会经济的常态。改革开放 30 多年后，中国遭遇“过剩”经济，不论这种“过剩”的性质如何，仅就卖方市场向买方市场转变而言，市场营销环境已发生了重大变化。营销环境的变化，既会给企业提供机会，也会给企业带来威胁，虽然企业难以准确无误地预见未来环境的变化，但可以通过设立预警系统来追踪不断变化的环境，及时调整营销策略。

3)差异性

不同国家或地区、企业之间的营销环境存在着广泛的差异。正因营销环境的差异，尤其是一些跨地区企业，为适应不同的环境及其变化，必须采用有特点和有针对性的营销策略。环境的差异性还表现为同一环境的变化对不同企业的影响不同。例如，中国加入世界贸易组织，意味着大多数中国企业可以进入国际市场，进行“国际性较量”，而这一经济环境的变化，对不同行业所造成的冲击并不相同。企业应根据环境变化的趋势和行业的特点，采取相应的营销策略。

4)相关性

构成营销环境的诸因素相互影响、相互制约，某一因素的变化会带动其他因素的变化而形成新的营销环境。例如，竞争者是企业重要的微观环境因素之一，而宏观环境中的政治、法律因素或经济政策的变动，均能影响一个行业竞争者加入的多少，从而形成不同的竞争格局。又如，市场需求不仅受消费者收入水平、爱好以及社会文化等方面因素的影响，政治、法律因素的变化，往往也会产生决定性的作用。再如，各个环境因素之间有时存在矛盾，某些地方的消费者有购买家电的需求，但当地电力供应不足，这无疑是开拓家电市场的制约因素。

5)不可控性

各环境因素是企业生存发展的外部影响因素，相对于内部管理机能是无法控制的。因此，企业需要时刻注意、分析其生存发展的内外部环境，以适应形势的发展。

2.1.3 营销环境对营销活动的影响

从总体上讲，企业要积极地适应环境，同时又要能动地、创造性地适应环境。自然界各种力量之间的变化是复杂而动态的，市场营销环境对于企业来说，既会带来机遇，又伴随着威胁。所谓环境威胁，是指环境中一种不利的发展趋势所形成的挑战，如果不采取果断的市场营销行为，这种不利趋势将会损害到企业的市场地位。营销者应善于识别所面临的或潜伏的威胁，并正确评估其严重性和可能性，进而制订应变计划。所谓市场营销机会，是指对企业市场营销管理富有吸引力并易于建立企业竞争优势的领域。企业应该对市场机会的吸引力和成功的可能性做出恰当的评价。结合企业自身的资源和能力，及时将市场机会转化为企业机会，即符合企业实力范围的企业可真正获利的机会。每一个环境因素的变化都可能为某些企业创造机会，也可能对另一些企业造成威胁。而且，鉴于营销环境的动态性，市场营销机会和环境威胁在一定的条件下还可互相转化。例如，德国政府对环境保护苛刻的要求使许多企业感到压力和威胁，但也为新材料、新能源产业和环保产业带来巨大商机，若干年后，绿色产品和绿色营销已成为德国企业在国际市场中明显的竞争优势。

企业对营销环境的适应，既是营销环境客观性的要求，也是企业营销观念的要求。现代营销观念以消费者需求为出发点和中心，要求企业必须清楚地认识环境及其变化，发现消费者需求并比竞争对手更好地满足其需求，否则将会被无情的市场竞争所淘汰。而且，因为环境的复杂性和动态性，企业对环境的适应必须是永不松懈的。消费者的需求不断变化，市场上就不存在永远正确的营销策略和永远受欢迎的产品，对于企业来说，唯有通过满足消费需求从而实现赢利目标的任务才是永恒的。而成功地完成这一任务，适应环境是关键。

市场营销学认为，寻找、分析和评价市场机会，是市场营销管理人员的主要任务，也是市场营销管理过程的首要步骤。市场营销机会是可以给企业带来营销利益的未满足的（或未完全满足的）市场需求。由于市场环境要素不断变化，市场需求处于动态的变化之中，每一家企业都必须经常寻找和发现新的市场机会。

市场营销管理人员不仅要善于寻找、发现有吸引力的市场机会，而且要善于对所发现的各种市场机会加以评价，决定哪些市场机会能成为本企业有利可图的企业机会。因为，并非每一个市场机会都能成为企业的“企业机会”。市场机会能否成为企业的“企业机会”，要看该市场机会是否与本企业的任务、目标、资源条件相一致，该企业是否具备利用这种机会经营该项事业的条件，该企业是否在利用这种机会经营这项事业上比其潜在的竞争者有最大的优势，因而能享有最大的“差别利润”等几个条件。只有与企业的任务、目标、资源条件相一致，企业具备相应的条件和优势，能享有最大的“差别利润”的市场机会，市场机会才能成为企业的“企业机会”。

通过对市场营销环境的分析，我们认为企业应主动捕捉市场机会，规避环境风险。首先，市场营销环境的内容随着市场经济的发展而不断变化，市场环境因素自身也经常处于不断变化之中；其次，企业营销活动受制于市场营销环境；再次，营销活动绝非只能被动地接受环境的影响，营销管理者应采取积极、主动的态度去适应营销环境。

任务 2.2　市场营销的微观环境

企业营销活动的微观环境要素主要是指对企业营销活动过程和结果有直接影响的各种力量，被统称为影响企业的直接环境。这些要素与企业经营的供应链直接发生关联，包括企业自身、供应商、营销中间商、顾客、竞争者、公众等，如图 2-2 所示。

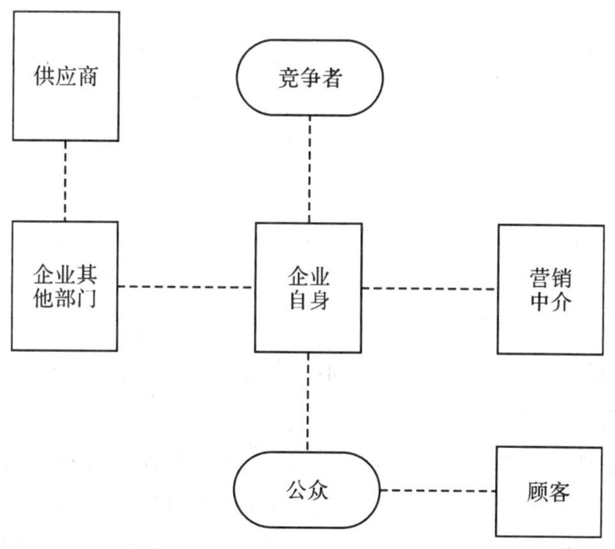

图 2-2　企业微观环境的组成要素

2.2.1　企业自身

企业是一个系统组织，内部一般设立计划、技术、采购、生产、营销、质检、财务、后勤等部门。企业内部各部门工作的协调关系，直接影响企业的整个营销活动。

企业营销部门与财务、采购、制造、研究与开发等部门之间既有多方面的合作，也存在争取资源方面的矛盾。内部环境是唯一可控制的环境因素，创造良好的内部环境、争取高层管理部门和其他职能部门的理解与支持是企业营销成功的根本保证。正是企业内部的这些力量构成了企业内部营销环境，因而市场营销部门在制订营销计划和决策时，不仅要考虑企业外部的环境力量，而且还要考虑其与企业内部其他力量的协调。

2.2.2 供应商

企业供应商提供原材料、零配件、设备、能源、劳务及其他用品等，是向企业及其竞争者提供生产经营所需资源的企业或个人。供应商是对企业的经营活动产生巨大影响的力量之一。供应商提供的资源的价格、供货的质量和时间的稳定性等直接影响企业服务于目标市场的能力。因此，企业应选择那些能保证质量、交货期准时和低成本的供应商，并且避免对某一家供应商过分依赖，以免受该供应商突然提价或限制供应的控制。传统上企业将供应商视为竞争对手，是讨价还价的关系，但随着供应链管理思想的普及，越来越多的企业开始把供应商视为合作伙伴，设法帮助他们提高供货质量和及时性。这种思想与1992年菲利普·科特勒提出的整体市场营销的观点相一致。

2.2.3 营销中介

营销中介是指为企业营销活动提供各种服务的企业或个人的总称，主要功能是帮助企业推广和分销产品。营销中介会对企业营销产生直接的影响，只有通过营销中介，企业才能把产品送达目标消费者手中。

1)中间商

中间商是指把产品从生产商流向消费者的中间环节或渠道，主要包括批发商和零售商两大类。中间商对企业营销具有极其重要的影响，它能帮助企业寻找目标顾客，为产品打开销路，为顾客创造地点效用、时间效用和持有效用。企业需要选择适合自己营销的合格中间商，与中间商建立良好的合作关系，采取激励性措施推动其业务活动开展。

2)营销服务机构

营销服务机构包括广告公司、广告媒介经营公司、市场调研公司、营销咨询公司等等。营销服务机构提供的专业服务对企业的营销活动会产生直接的影响，主要任务是协助企业确立市场定位，进行市场推广，提供活动方便。因此，企业需要关注、分析这些服务机构，选择最能为本企业提供有效服务的机构。

3)财务中介机构

财务中介机构主要包括银行、信贷公司、保险公司等对企业营销活动提供融资或保险服务的各种机构。在现代社会，几乎每一家企业都与金融机构有一定的联系和业务往来。企业的信贷来源、银行的贷款利率和保险公司的保费变动无一不对企业市场营销活动产生直接的影响。

4)物流机构

物流机构是帮助企业储存、运输产品的专业组织,包括仓储公司和运输公司等。企业从成本、运送速度、安全性和方便性等方面选择合适的实体分配计划。实体分配单位的作用在于使市场营销渠道中的物流畅通无阻,为企业创造时间和空间效益。近年来,随着仓储和运输手段的现代化,实体分配单位的功能越发明显和重要。

2.2.4 顾客

顾客是指使用或购买进入消费领域的最终产品或劳务的消费者和生产者,市场的主体,企业只有得到顾客的认可,才能赢得这个市场。现代营销强调把满足顾客需要作为企业营销管理的核心。顾客来自五种市场:消费者市场、生产者市场、中间商市场、政府市场、国际市场。顾客分析的重点是分析顾客的需求规模、需求结构、需求心理以及购买特点。

2.2.5 竞争者

竞争者是指与企业或个人存在经济利益争夺关系的其他经济主体。竞争对手的状况将直接影响企业营销活动,对企业造成威胁。企业必须做到知己知彼,才能有效地开展营销活动。迈克尔·波特在他的名著《竞争战略》中对竞争环境和企业的对策做了精彩分析,他将企业的竞争分为以下四个层次:

1)欲望竞争

欲望竞争即消费者想要满足的各种愿望之间的可替代性。当一个消费者休息时,可能他想看书、进行体育运动或想吃东西,他的每一种愿望都意味着将在某个行业进行消费。

2)类别竞争

类别竞争即满足消费者某种愿望的产品类别之间的可替代性。假设消费者吃东西的愿望占了主导地位,他可以选择的食品很多,如水果、冰淇淋、饮料、糖果或其他。

3)产品形式竞争

产品形式竞争,即在满足消费者某种愿望的特定产品类别中仍有不同的产品形式可以选择。假设消费者选中了糖果,则有巧克力、奶糖、水果糖等多种产品形式可满足吃糖的欲望。

4)品牌竞争

品牌竞争即在满足消费者某种愿望的同种产品中有不同品牌之间的竞争。如果消费者对巧克力感兴趣,并特别偏爱 M&M 牌,于是,该品牌的产品在竞争中便赢得了最终的成功。

品牌竞争在这四个层次的竞争中是最常见和最明显的,其他层次的竞争则比较隐蔽和深刻。有远见的企业并不仅仅满足于品牌层次的竞争,它还会关注市场发展趋势,在恰当的时候积极维护和扩大自己的品牌效应。

2.2.6 公众

公众是指对一个组织实现其营销目标的能力有现实或潜在影响的各种团体的总称。公众对企业的态度,既有助于企业树立良好的形象,也可能妨碍企业的形象。企业必须处理好与主要公众的关系,争取公众的支持和偏爱,为自己营造和谐、宽松的社会环境。企业面临的公众主要有以下各类:

1)融资公众

融资公众指影响企业融资能力的金融机构,如银行、投资公司、证券经纪公司、保险公司等企业可以通过发布乐观的年度财务报告,回答关于财务问题的询问,稳健地运用资金,在融资公众中树立信誉。

2)媒介公众

媒介公众主要是指报纸、杂志、广播电台和电视台等大众传播媒体。企业必须与媒体组织建立友善关系,争取有更多更好的有利于本企业的新闻报道及文章介绍。

3)政府公众

政府公众是指负责管理企业营销业务的有关政府机构。企业的发展战略与营销计划必须和政府的发展计划、产业政策、法律法规保持一致。企业应注意咨询有关产品安全卫生、广告真实性等法律问题,倡导同业者遵纪守法,向有关部门反映行业的实情。

4)社团公众

社团公众包括保护消费者权益的组织、环保组织及其他群众团体等。企业营销活动关系到社会各方面的切身利益,必须密切注意来自社团公众的批评和意见。

5)社区公众

社区公众是指企业所在地区的居民和社区组织。企业必须重视保持与当地公众的良好关系,积极支持社区的重大活动,为社区的发展贡献力量,争取社区公众理解和支持企业的营销活动。

6)一般公众

一般公众是指上述各种关系公众之外的社会公众。一般公众虽然不会有组织地对企业采取行动,但企业形象会影响他们的惠顾。

7)内部公众

内部公众即企业的员工,包括企业高层管理人员和一般职工。企业的营销计划需要全体职工的充分理解、支持和具体执行,要经常向员工通报有关情况,介绍企业发展计划,发动员工出谋献策,关心职工福利,奖励有功人员,从而增强内部凝聚力。员工的责任感和满意度必然会传播并影响外部公众,这也有利于塑造良好的企业形象。

任务 2.3　市场营销的宏观环境

市场营销的宏观环境也称为间接环境或者总体环境，是由能够通过微观环境对企业产生影响的几大社会力量所构成的，包括人口、自然、经济、科学技术、政治法律和社会文化企业不可控制的宏观因素。企业及其微观环境都受到这些社会力量的制约和影响。

2.3.1　人口环境

人口是市场的第一要素，人口环境及其变化会对市场潜量、格局产生深刻影响，是成功开展企业营销活动的基本依据。根据市场营销学的观点，现实有效的市场是由有购买愿望并且具备购买能力的人组成的，三要素缺一不可，其中人的需求是企业营销活动的基础。所以，对人口环境的考察是企业把握需求动态的关键。人口的多少直接决定市场的潜在容量，人口的年龄结构、地理分布、婚姻状况、出生率、死亡率、密度、流动性、文化教育等特性，都会对市场需求格局产生深刻的影响。

1)人口总量

随着世界科学技术的进步、生产力的发展和人民生活条件的改善，世界人口平均寿命延长，死亡率下降，全球人口尤其是发展中国家的人口持续增长。我国人口发展的三大趋势是增长迅速、家庭小型化和人口老龄化。1999 年 10 月 12 日，联合国宣布世界总人口达到 60 亿，也就是说 20 世纪的最后 20 年中，世界人口增长了近 18 亿。世界人口的迅速增长意味着人类需求的增长和世界市场的扩大。东亚地区被人们誉为“最有潜力的市场”，除了因为该地区近年来经济发展迅速外，也因为它的人口数量庞大且增长较快，这使得该地区的市场需求日益扩大。世界人口的增长呈现出极端的不平衡。发达国家的人口出生率下降，甚至出现负增长，导致这些国家市场需求缓慢增长，有的甚至开始萎缩。例如，欧洲儿童数量的减少，对以儿童市场为目标顾客的企业造成威胁，但因为年轻夫妇有更多的闲暇和收入用于旅游和娱乐，而为另一些行业带来商机。世界人口的 80％在发展中国家，而且人口增长最快的往往是那些落后、经济欠发达的国家。贫穷问题困扰着这些国家的人民，这些国家在人口呈几何级数上升的同时，消费者的购买力并没有提高多少，市场需求层次较低，以追求基本需求的满足为主。世界人口的过度膨胀给有限的地球资源带来巨大的压力，由此，可持续发展战略的研究为市场营销提出了新的课题。

中国是世界上人口最多的国家，2008 年末中国大陆人口达到 13.28 亿，占世界人口的 20％、亚洲人口的 33％。中国人口的发展同中国社会的发展一样经过了漫长而曲折的道路。在党和政府的坚强领导下，经过长期不懈的努力，人口发展已经结束了高增长的历史，步入了健康发展的轨道。

2)人口结构

人口结构主要包括人口的年龄结构、性别结构、家庭结构、社会结构及民族结构。

(1)年龄结构。不同年龄的消费者对商品的需求不一样。根据 2007 年初发布的《中国人口发展战略研究报告》，中国 60 岁以上的老年人口已达 1.43 亿，占总人口的 11%。到 2020 年，60 岁以上的老年人口将达到 2.34 亿，比重从 2000 年的 9.9%增长到 16.0%；65 岁以上的老年人口将达到 1.64 亿，比重从 2000 年的 6.7%增长到 11.2%。预计到 21 世纪 40 年代后期将形成老龄人口的高峰平台，反映到市场上，老年人的需求将呈现高峰。这样，诸如保健用品、营养品、老年人生活必需品等市场将会更加兴旺。

(2)性别结构。人口的性别不同，其市场需求也有明显的差异。根据 2007 年初发布的《中国人口发展战略研究报告》，到 2020 年，20～45 岁的男性将比女性多 3000 万人左右。2005 年以后，进入婚育年龄人口的男性明显多于女性。反映到市场上就会出现男性用品市场和女性用品市场。例如，妇女通常购买自己所需的用品、杂货、衣服，男子则购买大件物品等。

(3)家庭结构。家庭是购买物品、生活消费的基本单位，家庭的数量直接影响到某些商品的数量。目前，世界上普遍呈现家庭规模缩小的趋势，越是经济发达地区，家庭规模越小。欧美国家的家庭规模基本上户均 3 人左右，亚非拉等发展中国家户均 5 人左右。在我国，“四代同堂”现象已不多见，“三位一体”的小家庭则很普遍，并逐步由城市向乡镇发展。家庭数量的剧增必然会引起对炊具、家具、家用电器和住房等需求的迅速增长。

(4)社会结构。根据《国家统计局 2005 年全国人口抽样调查主要数据公报》，截至 2013 年 11 月 1 日，全国人口中，居住在城镇的人口为 56157 万，占总人口的 42.99%；居住在乡村的人口为 74471 万，占总人口的 57.01%。由于城乡差距明显，因此，农村市场潜力巨大。这一社会结构的客观因素决定了企业在国内市场中应以农民为主要营销对象，市场开拓的重点也应放在农村。尤其是一些中小企业，更应注重开发价廉物美的商品，以满足农村市场和农民的需要。

(5)民族结构。我国除了汉族以外还有 50 多个少数民族。民族不同，其生活习性、文化传统也不相同，民族的市场需求也存在着很大的差异。因此，企业营销要注意民族市场的营销，重视开发适合各民族特性、受其欢迎的商品。

3)人口分布

人口的地理分布是指人口在不同的地理区域的密集程度。由于各区域的自然条件、经济发展水平、市场开放程度以及社会文化传统和社会经济与人口政策等因素的不同，不同区域的人口具有不同的需求特点和消费习惯。例如，我国不同区域的人们的食品消费结构和口味就有很大差异，俗话说“南甜北咸，东辣西酸”，也因此形成了如粤菜、湘菜、鲁菜、徽菜等著名菜系。

人口密度是反映人口分布状况的重要指标。各国人口的地理分布往往不均匀，各区域的人口密度大小不一。人口密度越大，意味着该地区人口越稠密，市场需求越集中。准确地了解这一指标有益于营销者制订有效的营销计划。人口的地理分布并不是一成不变的，它是一个动态的概念，这就是人口流动问题。近几十年来，世界上人口城市化是普遍现象，有些国家的城市人口已高达 70%～80%。但近来在一些发达国家，与城市化倾向相反，出现了城市人口向郊区及小城镇转移的“城市空心化”趋势。这些人口流动现象无一不造成了市场需求的相应变化，营销者必须充分考虑人口的地理分布及其动态特征对商品需求及流向的决定性影响。

2.3.2 经济环境

经济环境一般是指影响企业市场营销方式与规模的经济因素,如消费者的收入与支出状况、经济发展状况等。经济环境包括许多因素,如产业结构、经济增长率、货币供应量、利率等,而社会购买力正是这些经济因素的函数。所以,企业必须密切注意其经济环境的动向,尤其要着重分析社会购买力及其支出结构的变化。

1)消费者收入模式

消费者的收入是消费者购买能力的源泉,包括消费者个人工资、奖金、津贴、股息、租金和红利等一切货币收入。消费者的购买力来自消费者的收入,但消费者并不是把全部收入都用于购买商品或劳务,用去的只是收入的一部分。因此,在研究消费收入时要注意以下几点:

(1)国民生产总值。国民生产总值是衡量一个国家经济实力与购买力的重要指标。从国民生产总值的增长幅度,可以了解一个国家经济发展的状况和速度。一般来说,工业品的营销与这个指标有关,而消费品的营销则与此关系不大。国民生产总值增长越快,对工业品的需求和购买力就越大;反之就越小。

(2)人均国民收入。人均国民收入是国民收入总量除以总人口的比值。这个指标大体反映了一个国家人民生活水平的高低,也在一定程度上决定商品需求的构成。一般来说,人均收入增长,对消费品的需求和购买力就大;反之就小。根据近 40 年的统计,一个国家人均国民收入达到 5000 美元,机动车可以普及,其中小轿车约占一半,其余为摩托车和其他类型车。

(3)个人可支配收入。个人可支配收入是在个人收入中扣除税款和非税性负担后所得余额,它是个人收入中可以用于消费支出或储蓄的部分,它构成实际的购买力。

(4)个人可任意支配收入。个人可任意支配收入是在个人可支配收入中减去用于维持个人与家庭生存不可或缺的费用(如房租、水电、食物、燃料、衣着等项开支)后剩余的部分。这部分收入是消费需求变化中最活跃的因素,也是企业开展营销活动时所要考虑的主要对象。因为这部分收入主要用于满足人们基本生活需要之外的开支,一般用于购买高档耐用消费品、旅游、储蓄等,它是影响非生活必需品和劳务销售的主要因素。

(5)家庭收入。很多产品是以家庭为基本消费单位的,如冰箱、抽油烟机、空调等。因此,家庭收入的高低会影响很多产品的市场需求。一般来讲,家庭收入高,对消费品需求大,购买力也大;反之,需求小,购买力也小。需要注意的是,企业营销人员在分析消费者收入时,还要区分“货币收入”和“实际收入”,事实上只有“实际收入”才影响“实际购买力”。因为,实际收入和货币收入并不完全一致,由于通货膨胀、失业、税收等因素的影响,有时货币收入增加,而实际收入却可能下降。实际收入即是扣除物价变动因素后实际购买力的反映。

另外,消费者的储蓄额占总收入的比重和可获得的消费信贷也影响实际购买力。一般说来,储蓄意味着推迟了的购买力,储蓄额越大,当期购买力越低,对以后的市场供给造成的压力越大,有人以“笼子里的老虎”形象地比喻它对未来市场的冲击。与储蓄相反,消费信贷是一种预支的购买能力，它使消费者能够凭信用取得商品使用权在先，按期归还贷款在后。消费信贷有短期赊销、分期付款和信用卡信贷等多种形式。发达的商业信贷使消费者将以后的消费提前了，所谓“寅吃卯粮”，对当前社会购买是一种刺激和扩大。

除了研究分析消费者的平均收入外，营销者还应了解不同社会阶层、不同地区、不同职业的收入和收入增长率的差别，深入认识各个细分市场的购买力分布。

2）消费者支出模式

消费者支出模式是指消费者各种消费支出的比例关系，也就是常说的消费结构。社会经济的发展、产业结构的转变和收入水平的变化等因素直接影响社会消费支出模式，而消费者个人收入则是单个消费者或家庭消费结构的决定性因素。对这个问题的分析要涉及“恩格尔定律”。该定律指出：随着家庭收入的增加，用于购买食品的支出占家庭收入的比重就会下降，用于住房和家庭日常开支的费用比例保持不变，而用于服装、娱乐、保健和教育等其他方面及储蓄的支出比重会上升。其中，食品支出占家庭收入的比重被称作恩格尔系数。

恩格尔系数是衡量一个国家、一个地区、一个城市、一个家庭的生活水平高低的标准。恩格尔系数越小，表明生活越富裕；系数越大则表明生活水平越低。企业可以从恩格尔系数了解市场的消费水平和变化趋势。

联合国确定了一个按恩格尔系数来划分贫国与富国的标准：恩格尔系数＞59 属于绝对贫困，恩格尔系数在 50～59 之间属于勉强度日，恩格尔系数在 40～49 之间属于小康水平，恩格尔系数在 30～39 之间属于富裕，恩格尔系数＜30 表明最富裕。

消费者支出模式除了主要受消费者收入影响外，家庭生命周期阶段和家庭所在地点的不同也会造成不同的消费结构。一个家庭的新婚阶段是家用电器、家具等耐用品的需求旺盛期；家庭中有了孩子，消费支出的重心便转移到孩子的需求上，家庭收入的很大比重都用于孩子的食品、服装、教育和文娱等方面；待孩子长大成人、独立生活后，父母的消费多用于医疗、保健、旅游或储蓄。家庭由于所在地点不同，其开支也不一样，比较居住在城市中心和郊区的家庭，会发现在交通、住房和食品等方面两者有着不同的支出比例。

3）经济发展状况

按照美国著名经济史学家罗斯托的经济成长阶段理论，经济发展阶段可划分为传统经济社会、经济起飞前的准备阶段、经济起飞阶段、迈向经济成熟阶段、大量消费阶段。其中前三个阶段属于发展中国家，后两个阶段属于发达国家。

从经济发展形势来看，消费支出模式与消费结构的变化不仅与收入有关，还受以下因素影响：

（1）家庭生命周期所处的阶段。

（2）家庭所在地与消费品生产、供应状况。

（3）城市化水平。

（4）商品化水平。

（5）劳务社会化水平。

（6）食物价格指数与消费品价格指数变动是否一致。

4)储蓄与信贷

储蓄是指城乡居民将可任意支配收入的一部分储存待用。衡量一个国家、地区或家庭的储蓄状况,通常用三个指标:储蓄额、储蓄率和储蓄增长率。

信贷,是指消费者凭借信用先取得商品使用权,然后按期归还贷款,即消费者预先支出未来的收入,提前消费。其主要形式有赊销、分期付款、信用卡结算。

2.3.3 自然环境

营销活动要受自然环境的影响,也对自然环境的变化负有责任。自然环境是营销者所需要或受营销活动所影响的自然资源。自然环境的变化与人类活动休戚相关。目前,自然环境却面临危机,主要表现在以下三个方面:

1)自然条件的变化

自然环境的变化及人们环境观的改变。一方面,对造成污染和以传统的方式利用资源、对自然资源进行超负荷利用或开发的行业和企业无疑是一种环境威胁,在社会舆论的压力和政府的干预下,它们不得不采取一定的措施控制污染或转移投资;另一方面,这种动向也给控制污染、研究开发无污染的新包装材料等行业和企业以发展的良机。由于社会公众竭力要求改善生活环境和提高社会责任感,促使环境技术成为当今世界发展最快的产业之一。专家预测,环境技术的全球市场有极大潜力。美、日、欧是环境技术市场的有力竞争者,它们在治理环境方面各有所长,并且都拥有巨大的环境技术市场。

2)自然资源逐渐枯竭

传统上,人们将地球上的自然资源分成三大类:取之不尽、用之不竭的资源,如空气、水等;有限但可更新的资源,如森林、粮食等;有限但又不能更新的资源,如石油、煤和各种矿产品等。现代工业无限制地索取和利用,导致矿产、森林、能源、耕地等资源日益枯竭,甚至连以前人们认为永不枯竭的水、空气也在世界某些大城市出现短缺。目前,自然资源的短缺已成为各国经济进一步发展的制约因素。

3)自然环境受到严重污染

过去,世界经济是物质经济,是肆意挥霍原料、资源、能源,特别是矿物燃料,并将其作为发展动力的经济,这种粗放型的经济增长方式使人类付出了惨重的代价,极大地消耗着地球资源。随着工业化和城市化的发展,环境污染程度日益增加。人类面临资源枯竭、海洋污染、土壤沙化、温室效应、物种灭绝和臭氧层破坏等一系列资源生态环境危机。人们对这个问题越来越关心,纷纷指责环境污染的制造者,力求达到一种与自然环境和谐发展的状态。

2.3.4 科学技术的发展

"科学技术是第一生产力。"科学是人类对于自然、社会和思维等现象系统认识的结晶,技术是人类为实现社会需要、改革客观世界所采用的手段的总和。高新技术的发展,促进了产业结构趋向尖端化、软性化和服务化,营销管理者必须更多地考虑应用尖端技术,重视软件开发，加强对用户的服务，适应知识经济时代的要求。第二次世界大战以后，高新技术群继续不断地深化发展，微电子技术、电子计算机技术、原子能技术和生物技术在整个经济结构中的含量急剧上升，新技术革命进入了加速发展的新阶段。人类明确地认识到科学技术是第一生产力，21 世纪开创了高新技术继续发展的新世纪。

1)新技术的发展和运用促成新的市场机会，产生新的行业

据美国《设计新闻》报道，由于大量启用自动化设备和采用新技术，将出现许多新行业，包括新技术培训、新工具维修、电脑教育、信息处理、光导通信、遗传工程、海洋技术和空间技术等。新技术革命的蓬勃发展促进了产业革命，而产业革命所包含的主导技术群和技术体系则催化了社会经济的变革，甚至带动了整个社会结构、时代文化和价值观的更新。

与此同时，新技术也使某些行业遭到环境威胁甚至是毁灭性的打击，一些旧行业受到冲击甚至被无情地淘汰，新的消费市场不断替代旧的需求。例如，激光唱片技术夺走了磁带市场，复印机损害了复写纸行业。

2)新技术的发展和运用改变了零售业结构和消费者购物习惯

随着网络技术的发展，消费者轻松地在家购物已经不是梦想。"网上营销"是现代电子技术高度发展带来的营销方式的重大变革，即借助网络、电脑通信和数字交互式媒体的共同作用来实现营销目标，现代电子技术为营销活动创造了一个由电脑和通信交会的无限空间。消费者可以在这个空间获取信息、自由购物，企业可以在这个空间进行广告宣传、市场营销研究和推销商品等。所以，看似虚拟的空间，却开辟了实实在在的竞争新领域。20 世纪 90 年代以来，涵盖广泛的网络商业热闹非凡，商品销售、电子银行、广告、咨询、拍卖、房地产、旅游服务等业务蓬勃开展，这预示了一场方兴未艾的全球经济革命。

2.3.5　政治、法律环境

政治环境是指影响企业营销活动的外部政治形势，包括国家政局的状况以及政府所制定的方针政策，如人口政策、能源政策、物价政策、财政政策、金融与货币政策等。法律环境是指国家或地方政府所颁布的各种法规、法令和条例等，是企业营销活动的准则。企业的市场营销决策在很大程度上受政治、法律环境的影响。法律是充分体现政治统治的强有力形式，政府部门利用立法及各种法规表达自己的意志，对企业的行为予以控制。我国的政治、法律环境自改革开放以来有明显改善，表现在以下两个方面：

1)国家政策法规的不断完善

党和国家的方针政策规定了国民经济的发展方向和发展速度，它的正确与否决定了社会生产力的发展状况，而社会生产力的发展正是人民消费能力的基础。因此，党和国家的方针政策也关系到社会购买力的提高和市场消费需求的增长。改革开放以来，尤其是党的十五大之后，由于政策的正确、得力，社会主义市场经济得到长足的进步，我国城乡居民的消费水平提高显著。

市场经济是法制经济，我国政府非常重视法制建设，法令、法规、条例，特别是有关经济的立法不断出台。国家立法的目的不外乎维护企业的合法权益、保护消费者的合法权益和维护社会利益。

(1)维护企业的合法权益,避免不正当竞争,保证良好的市场秩序。例如,《公司法》《反不正当竞争法》《税收法》《广告法》《商标法》《价格法》等,都为市场经济保持健康、稳定的发展提供了可靠的保障。

(2)保护消费者的合法权益不受侵害。我国对消费者权益的保护立法非常重视,推出了从规定产品的品质、技术标准,到免受不法经营者欺骗等一系列保障措施。1994 年 1 月 1 日我国施行了《消费者权益保护法》,明确指出国家保护消费者的合法权益不受侵害,保障消费者合法行使其知晓权、选择权、评价权、公平交易权、索赔权等合法权利。

(3)维护社会利益,防止环境污染。例如,从保护自然环境、防止公害的立场出发,通过《环境保护法》及相关条例严格限制经济活动的外部性,协调人类与环境的共同发展。随着社会对可持续发展观的进一步认同,企业的经营活动越来越不可回避地要承担其应有的社会责任。

2)公众利益集团的发展壮大

公众利益集团是指代表一定公众利益的民间社团组织,如消费者协会、老年协会、旅游者俱乐部、环境保护组织等。这些利益集团不是官方组织,不具有强制性,但因为是某个群体的利益代言人,所以颇具影响力和号召力。例如,某类消费者利益集团,往往对其群体的消费需求具有引导或抑制的作用,对企业的营销行为和市场地位构成压力。企业在做出营销决策时,必须认真考虑这种政治动向。

自从"消费者主权论"问世以来,消费者权益的保护运动大力开展,公众利益集团的数量、规模和影响力都在不断增加,已成为一种重要的社会力量。在我国影响最大的是 1985 年 1 月在北京成立的中国消费者协会,该协会是对商品和服务进行社会监督的保护消费者合法权益的社团组织。它履行的主要职能包括:向消费者提供消费信息和咨询服务;参与有关行政部门对商品和服务的监督、检查;就有关消费者合法权益的问题向有关行政部门反映、查询,提出建议;受理消费者的投诉,并对投诉事项进行调查、调解;对投诉事项涉及商品和服务质量问题的,可以提请鉴定部门鉴定;就损害消费者合法权益的行为,支持受损害的消费者提起诉讼;对损害消费者合法权益的行为,通过大众传播媒介予以揭露、批评。

2.3.6 社会文化环境

社会文化环境是指一个国家、地区的民族特征、价值观念、生活方式、风俗习惯、宗教信仰、伦理道德、教育水平、语言文学等的总和。文化对所有营销参与者和消费者的影响是多层次、全方位、渗透性的,主要反映在教育水平、宗教信仰、价值观念和消费习俗上。

社会文化深深地影响着人们的生活方式和行为模式。消费者的任何欲望和购买行为都深深地印有文化的烙印。例如,华人的春节和西方人的圣诞节是有着两种不同文化背景的消费高峰期,不同的节日风俗使他们的节日消费各具特色。同样,营销者本身也深受文化的影响,表现出不同的经商习惯和风格。

要理解社会文化环境对市场营销活动的影响,应当认识到,社会文化是一个涵盖面非常广泛的概念，是一种复杂的总体，包括知识、信仰、艺术、道德、法律、风俗和任何人作为一名社会成员获得的所有能力和习惯。这其中既有物质的外壳，又有精神的内核。根据人的社会实践和不同的文化现象的特殊性，社会文化基本上可以分成三大要素，即物质文化、关系文化和观念文化。物质文化是指人们在从事以物质资料为目的的实践活动过程中所创造出来的文化成果，以生产力为首要因素；关系文化是人们在创造、占有和享受物质文化的过程中形成的社会关系，包括以生产关系为基础的经济关系、阶级关系、民族关系和国际关系等，还包括为维护这些关系而建立的各种社会组织形式和与之相对应的政治、法律制度及社会道德规范等；观念文化是在前两种文化的基础上形成的意识形态文化，包括人们在长期的文化历史发展中积淀而成的社会文化心理、历史文化传统、民族文化性格等，以及社会有意识地宣传和倡导的思想理论、理想精神和文学、艺术、宗教、道德等。任何一个社会文化都是这三方面要素的统一。其中，以价值观为内核的观念文化是最深奥的核心文化，有高度的连续性，不会轻易改变。营销者应分析自己的市场营销活动会涉及哪些层次的文化因素，灵活地采取相应的策略。例如，一家美国公司在日本市场推销某产品时使用的鼓动性口号是曾风靡美国市场的“做你想做的!”，但没有达到预期的效果，他们为此颇感意外。调查后得知，日本文化与美国文化在价值观上有很大差异，日本人并不喜欢标新立异、突出个性，而是非常强调克己、规矩。后来，这家公司更改口号为“做你应做的!”，市场反应转好。口号中虽一字之差，带来的不同效果却耐人寻味。

营销者在进行社会文化环境分析时，还要着重研究亚文化群的动向。每一种文化内部都包含若干亚文化群，即那些有着共同生活经验或生活环境的人类群体，如青少年、知识分子等。这些亚文化群的信念、价值观和风俗习惯既与整体社会文化相符合，又因为他们有着各自不同的生活经历和生活环境而表现出不同的特点。这些不同的人群也是消费群体，根据各亚文化群所表现出来的不同需求和不同消费行为，营销人员可以从中选择某些或某个亚文化群作为自己的目标市场。

总之，社会文化的影响深远而广泛，在国际营销活动中尤其如此。国际营销是跨国界、跨文化的活动，不同国家文化差异对其影响很大：在本国市场上成功的营销策略在他国异文化中可能行不通，甚至招来厌恶、抵制；在本国文化中属于表层文化的因素，在他国文化中可能是必须严肃对待的“禁区”……所有这一切，都需要营销者仔细分析，并在充分尊重他国文化的基础上，创新性地实现跨文化营销目标。那些有民族特色且不对其他文化构成利害冲突的营销往往会受到欢迎。

任务 2.4　市场营销环境的分析方法

分析市场营销环境是企业进行经营和获取利润的前提，是有效制定营销策略的保证。企业面对的市场营销环境多种多样，分析市场营销环境，就是要找出有利于企业经营的机会，规避不利于企业经营的威胁。现实生活中，机会与威胁往往是相伴而生的，而且不同企业的内部环境特点各不相同，因此营销环境分析必须将内外因素结合起来考虑。

2.4.1　市场机会和威胁矩阵分析法

外部环境变化对任何一个企业产生的影响都可以从三个方面进行分析：一是对企业市场营销有利的因素，即它对于企业市场营销来说是环境机会；二是对企业市场营销不利的因素，它是对企业市场营销的环境威胁；三是对该企业市场营销无影响的因素，企业可以把它视为中性因素。外部环境因素可能导致新的市场机会产生，也可能对企业营销活动造成威胁。因此，明确企业主要的机会和威胁是什么，来自何方，对企业营销的影响程度有多大等问题，并基于此提出相应的对策，对企业经营有重要的现实意义。

营销环境给企业带来的威胁和机会是并存的，威胁中有机会，机会中也有挑战。环境威胁是指环境中不利于企业营销的因素的发展趋势，它会对企业形成挑战，对企业的市场地位构成威胁；环境机会是指对企业营销活动富有吸引力的领域，在这些领域，企业拥有竞争优势。环境机会对不同企业有不同的影响，企业在每一特定的市场机会中成功的概率，取决于其业务实力是否与该行业所需要的成功条件相符合。在一定条件下，两者可相互转化，从而增加环境分析的复杂性。对机会和威胁，企业必须采取适当的对应措施，才能在环境变化中生存下来。因此，企业可以运用机会—威胁矩阵加以综合分析和评价，更清楚认识企业在环境中的营销状况。环境综合分析矩阵如图 2-3 所示。

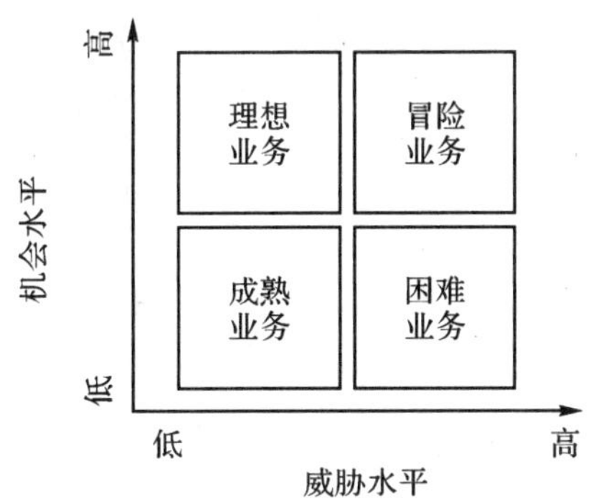

图 2-3　环境综合分析矩阵图

从图 2-3 可见，企业面对四种业务，需要采用不同的营销对策：

（1）对理想业务：企业有非常好的发展前景，对企业最为有利，但这样的情况是很少的。因此，需要抓住机遇，迅速行动，否则会丧失机会。

（2）对成熟业务：企业的常规业务，要维持企业的正常运转，并为开展理想业务和冒险业务准备必要条件。

（3）对冒险业务：全面分析自身的优势与劣势，扬长避短，创造条件，争取突破性发展。

（4）对困难业务：面临较大的环境威胁，而营销机会也很少，如不能减少环境威胁，企业将陷入经营困难境地。因此，需要努力改变环境，走出困境或减轻威胁；或立即转移，摆脱无法扭转的困境。

2.4.2 微观环境分析方法:波特五力模型

五力模型是迈克尔·波特于20世纪80年代初提出的,该理论认为行业中存在着决定竞争规模和程度的五种作用力,这五种作用力综合起来影响着产业的吸引力。它是用来分析企业所在行业竞争特征的一种有效的工具。在该模型中涉及的五种作用力包括卖方议价能力、买方议价能力、新的竞争对手入侵、替代品的威胁以及现存竞争者之间的竞争。决定企业盈利能力首要的和根本的因素是产业的吸引力。这五种作用力决定了产业的盈利能力,因为它们会影响产品价格、成本和投资收益等因素。例如,卖方议价的能力会影响原材料成本和其他投入成本;新的竞争者入侵的威胁会限制价格,并要求为防御入侵而进行投资;竞争的强度影响价格及竞争的成本。企业通过其战略对这五种作用力施加影响。如果企业通过这五种作用力影响所在产业的竞争优势,那它就能从根本上改善或削弱产业吸引力,从而改变本产业的竞争规则。波特五力分析属于外部环境分析中的微观环境分析,主要用来分析本行业的企业竞争格局,以及本行业与其他行业之间的关系。如图2-4所示。

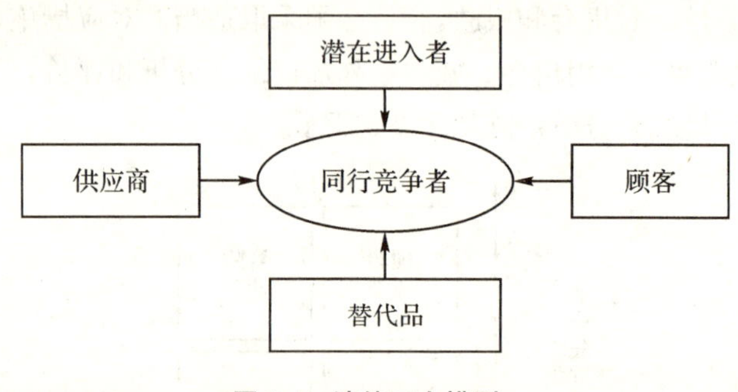

图2-4 波特五力模型

1)供应商的议价能力

供应商主要通过其提高投入要素价格与降低单位价值质量的能力,来影响行业中现有企业的盈利能力与产品竞争力。供应商力量的强弱主要取决于他们所提供给购买者的是哪些投入要素,当供应商所提供的投入要素的价值构成了购买者产品总成本的较大比例、对购买者产品生产过程非常重要或者严重影响购买者产品的质量时,供应商对于购买者的潜在讨价还价力量就大大增强。

2)购买者的议价能力

购买者主要通过其压价与要求提供较高的产品或服务质量的能力,来影响行业中现有企业的盈利能力。一般来说,满足如下条件的购买者可能具有较强的讨价还价能力:

(1)购买者的总数较少,而每个购买者的购买量较大,占了卖方销售量的很大比例。

(2)卖方行业由大量相对来说规模较小的企业所组成。

(3)购买者所购买的基本上是一种标准化产品,同时向多个卖方购买产品在经济上也完全可行。

(4)购买者有能力实现后向一体化,而卖方不可能实现前向一体化。

3)新进入者的威胁

新进入者在给行业带来新生产能力、新资源的同时,也希望在已被现有企业瓜分完毕的市场中赢得一席之地,这就有可能会与现有企业发生原材料与市场份额的竞争,最终导致行业中现有企业的盈利水平降低,严重的还有可能危及这些企业的生存。竞争者的进入,其威胁的严重程度取决于两方面的因素,即进入新领域的障碍大小与预期现有企业对于新进入者的反应情况。

进入障碍主要包括规模经济、产品差异、资本需要、转换成本、销售渠道开拓、政府行为与政策,如国家综合平衡统一建设的石化企业仍不受规模支配的成本劣势(如商业秘密、产供销关系、学习与经验曲线效应等)、自然资源(如冶金业对矿产的拥有)、地理环境(如造船厂只能建在海滨城市)等方面,这其中有些障碍是很难借助复制或仿造的方式来突破的。

总之,新企业进入一个行业的可能性大小,取决于进入者主观估计进入所能带来的潜在利益、所需花费的代价与所要承担的风险这三者相对难易的程度。

4)替代品的威胁

两家处于同行业或不同行业中的企业,可能会由于所生产的产品互为替代品,从而在它们之间产生相互竞争的行为,这种源自替代品的竞争会以各种形式影响行业中现有企业的竞争战略:第一,现有企业产品售价及获利潜力的提高,将由于存在着能被用户方便接受的替代品而受到限制;第二,由于替代品生产者的侵入,使得现有企业必须提高产品质量或者通过降低成本来降低售价,或者使其产品具有特色,否则其销量与利润的增长就有可能受挫;第三,源自替代品生产者的竞争强度受产品购买者转换成本高低的影响。总之,替代品价格越低,质量越好,以及用户转换成本越低,其所能产生的竞争压力就越强。

5)同业竞争者的竞争程度

大部分行业中的企业相互之间的利益都是紧密联系在一起的,作为企业整体战略一部分的各企业竞争战略,其目标都在于使自己的企业获得相对于竞争对手的优势,所以,在实施中就必然会产生冲突与对抗现象,这些冲突与对抗就构成了现有企业之间的竞争。现有企业之间的竞争常常表现在价格、广告、产品介绍和售后服务等方面,其竞争强度与许多因素有关。

行业中的每一家企业或多或少都必须应付以上各种力量构成的威胁,而且企业必须面对行业中的每一个竞争者的举动。除非正面交锋有必要而且有益处,例如要求得到很大的市场份额,否则企业可以通过设置进入壁垒,包括差异化和转换成本来保护自己。当一家企业确定了其优势和劣势时,它就必须进行客户定位,以便因势利导,而不是被预料到的环境因素变化所损害,如产品生命周期、行业增长速度等,保护自己并做好准备,以有效地对其他企业的举动做出反应。根据上述对五种作用力的论述,企业可以采取尽可能地避免自身的经营与竞争力量交锋、努力从自身的利益需要出发影响行业的竞争规则、先占领有利的市场地位再发起进攻性竞争行动等手段来对付这五种作用力,以增强自己的市场地位与竞争实力。

2.4.3 综合环境分析方法:SWOT 分析法

SWOT 分析法又称为态势分析法,就是将与研究对象密切相关的各种主要内部优势、劣势及外部的机会和威胁等,通过调查列举出来,并依照矩阵形式排列,然后用系统分析的方法,把各种因素相互匹配起来加以分析,从中得出一系列相应的结论,而结论通常带有一定的决策性。利用这种方法可以发挥企业优势,克服劣势,利用市场机会,化解环境威胁。SWOT 四个英文字母分别代表优势(Strength)、劣势(Weakness)、机会(Opportunity)和威胁(Threat)。从整体上看,SWOT 可以分为两部分:第一部分为 SW,主要用来分析内部因素;第二部分为 OT,主要用来分析外部条件。利用这种方法可以从中找出对自己有利的、值得发扬的因素,以及对自己不利的、要回避的因素,发现存在的问题,找出解决办法,并明确以后的发展方向。其具体步骤如下:

1)分析环境因素

运用各种调查研究方法,分析出公司所处的各种环境因素,即外部环境因素和内部能力因素。外部环境因素包括机会因素和威胁因素,它们是外部环境对公司的发展直接有影响的有利因素和不利因素,属于客观因素;内部环境因素包括优势因素和弱点因素,它们是公司在其发展中自身存在的积极因素和消极因素,属主动因素。在调查分析这些因素时,不仅要考虑到历史与现状,而且更要考虑未来发展问题。

(1)优势,是组织机构的内部因素。具体包括有利的竞争态势、充足的财政来源、良好的企业形象、技术力量、规模经济、产品质量、市场份额、成本优势、广告攻势等。

(2)劣势,也是组织机构的内部因素。具体包括设备老化、管理混乱、缺少关键技术、研究开发落后、资金短缺、经营不善、产品积压、竞争力差等。

(3)机会,是组织机构的外部因素。具体包括独特的客户群体、新产品、新市场、新需求、外国市场壁垒解除、竞争对手失误等。

(4)威胁,也是组织机构的外部因素。具体包括新的竞争对手、替代产品增多、市场紧缩、行业政策变化、经济衰退、客户偏好改变、突发事件等。

2)构造 SWOT 矩阵

将调查得出的各种因素根据轻重缓急或影响程度等以排序方式,构造 SWOT 矩阵(见表 2-1),确认企业的关键能力和关键限制。在此过程中,将对公司发展有直接、重要、大量、迫切和久远的影响因素优先排列出来,而将间接、次要、少许、可暂缓和短暂的影响因素排列在后面。

表 2-1 SWOT 矩阵结构表

外部条件 / 内部因素	外部机会(O)	外部资源(T)
内部优势(S)	SO 利用优势,抓住机会	ST 利用优势,避开威胁
内部劣势(W)	WO 克服劣势,抓住机会	WT 克服劣势,避开威胁

3)制订行动计划

在完成环境因素分析和SWOT矩阵的构造后,便可以制订出相应的行动计划。制订计划的基本思路是:发挥优势因素,克服弱势因素,利用机会因素,化解威胁因素;考虑过去,立足当前,着眼未来。运用系统分析的方法,将排列与考虑的各种环境因素相互匹配起来加以组合,得出一系列对公司未来发展有利的营销组合策略。

技能训练

技能训练1:目标市场环境观察和分析能力训练

[实训性质]专业技能训练。

[实训目标]通过训练,了解常见的信息收集途径与基本方法,锻炼学生的信息收集、整理和分析能力。

[实训内容](1)针对自己身边某企业进行宏观和微观环境的观察记录。

(2)了解该企业的相关资料,对该公司的外部环境进行分析。

(3)根据资料分析给该公司提出经营策略的改进建议。

[实训准备]学生事先通过各种媒体对目标企业进行宏观认识,教师事先设计实训详细操作方案、讲解训练要求和目标。

[实训流程]组建学生团队→团队分工→资料收集与汇总→团队认证→以团队为单位写出调研报告。

[操作要点]教师注意控制时间及课堂氛围,考核关注资料分析处理的质量及方案的可行性、小组分工协作及任务完成的时间等。

技能训练2:情景模拟训练

[实训性质]专业基础素质训练。

[实训目标]通过实训使学生系统掌握营销环境的要素和分析方法,提高学生对特定环境的分析能力;通过小组讨论、教师点评锻炼学生口头表达能力、应变能力及逻辑思维能力。

[实训内容]依据特定素材或课后案例进行分析。

[实训准备]学生事先按小组为单位选取案例素材,教师事先设计实训详细操作方案、准备打分记录表、情景范例、引导点评等。

[实训流程]教师确定模拟情景→场地布置→确定角色→情景模拟→教师点评→分组循环。

[操作要点](1)知识点:营销环境要素对企业经营的影响、营销人员的素质与能力。

(2)能力点:语言表达能力、创新思维能力、信息分析能力。

(3)考核点:资料准备情况,语言表达,思维的全面性及逻辑性,创新性,教师注意控制时间及课堂氛围。

情景模拟参考素材：

家乐福败走香港

继2010年底八佰伴及2011年中大丸百货公司在香港相继关店后，2012年9月18日，世界第二大超市集团“家乐福”位于香港杏花村、荃湾、屯门及元朗的4家大型超市全部停业，撤离香港。法资家乐福集团，在全球共有5200多家分店，遍布26个国家及地区，全球的年销售额达3600亿元人民币，盈利达63亿元，员工逾24万人。家乐福在我国的台湾、深圳、北京、上海的大型连锁超市，生意均蒸蒸日上，为何独独兵败香港？家乐福声明其关店原因，是香港市场竞争激烈，而家乐福又难以在香港觅得适合地方开拓大型超级市场，短期内难以在市场争取到足够占有率。

请根据项目2所论述的几种环境因素，以模拟公司董事会的形式对家乐福在香港市场的形势进行分析。

技能训练3：营销游戏——谁应该先离开

[游戏背景]私人飞机坠落在荒岛上，只有6人存活。这时逃生工具只有一个只能容纳1人的橡皮气球吊篮，没有水和食物。

[游戏方法]首先由老师及4～6名学生组成评审团，针对由谁乘坐气球先行离开荒岛的问题，请同学们各自陈述理由和观点，由评审团成员打分，打分只参考陈述理由的充分性，不形成倾向性意见。

[游戏提示]这6个人中没有说哪个离开荒岛才是正确的，最主要的是把你陈述时推荐的应该最先离开荒岛的人为什么要先离开进行充分说明，能“自圆其说”，让别人认为你推荐的先离开岛的人是对的即可。

这6个人的基本情况：

(1)孕妇：怀胎八月。

(2)发明家：正在研究新能源(可再生、无污染)汽车。

(3)医学家：研究艾滋病的治疗方案，已取得突破性进展。

(4)宇航员：即将远征火星，寻找适合人类居住的新星球。

(5)生态学家：负责热带雨林抢救工作组。

(6)流浪汉。

技能训练4:典型案例分析

美的:帮出来的好汉

2010年11月8日,对美的空调事业部总经理方洪波来说,是个很高兴的日子。这天,美的空调2011年工商恳谈会在顺德召开,来自世界各地的300多名供应厂商聚在一起,共同探讨在新经济条件下,下一步战略合作和长远发展的问题。据有关数据显示,2010年销售年度,美的空调销售165万套,实现销售收入60亿元,同比增长40%,占全国空调市场13%左右的市场份额。

对此,方洪波说,取得这样的成绩,除了严格按照市场策略行事外,美的还有四大优势:一是规模和品牌优势,二是技术优势,三是美的集团多元化发展的辐射力,四是渠道优势。美的目前的渠道建设是两块,一块是和上游供应商之间的战略伙伴关系,二是和销售商之间的合作关系。目前,美的已与很多供应商达成了战略伙伴关系合作协议。自美的1996年创建性地提出与供应商建立永久性的战略合作伙伴关系以来,3年多的生产实践证明,与供应商之间的良好协作关系是企业优化资源配置,强化成本和品质管理工作的基础,是全面参与市场竞争和提高核心竞争力的必然选择。在企业发展规划中,他们明确提出:制造系统的工作要密切围绕品质和成本两大主题,以战略伙伴关系为纽带,积极探索制造模式的创新和生产组织体系的发展,最大限度地发挥资源配置和规模效应,美的集团的空调销售量能达到165万套的好成绩,与上游供应商的支持是密不可分的。很多企业在旺季都因供应链不顺畅而导致产品断货,但美的空调却从来没出现过断货。同样,对下游的经销商来说,美的又成了他们的供应商,所以,美的与下游经销商也是战略伙伴关系。美的与上游供应商和下游经销商之间的战略伙伴关系是"同心、同步、同超越"的。所谓"同心",指的是真正稳定的上下游关系,意味着要建立长期的战略合作关系,意味着上下游各企业对各自发展目标、经营理念、市场前景的认同和理解。只有上下游各级企业同心,才能谋求发展,才能实现共荣。"同步"的意思是美的是个大命运共同体,美的的发展离不开上下游企业的发展,上下游企业的发展不能离开美的长期的市场策略。"同超越"则是指美的是创新领导者,创新的本质在于不断的自我否定,不断的自我超越;经历了多年的发展,上下游企业都会不可避免地遇到进一步发展的瓶颈,因此,上下游各企业都应该抛弃旧有的思想习惯,改变旧有的行为方式,共同突破发展的瓶颈,共同实现新一轮的快速增长。

思考题:

(1)企业为什么要与供应商搞好关系?

(2)企业与供应商之间存在哪些关系?

(3)在共生关系下企业可以采取哪些方式与供应商合作?

(4)企业进行市场营销活动应该研究哪些微观环境?

(5)企业应如何分析供应商?

课后训练

1)单项选择题

(1)企业的营销活动不能脱离周围环境而孤立进行,企业营销活动要主动地去(　　)。

A. 适应环境　　B. 征服环境　　C. 改造环境　　D. 控制环境

(2)某位顾客在选购 29 英寸纯平电视时,在长虹、康佳、创维、TCL、海尔、海信之间进行选择,最终选定海尔,则这些公司之间是(　　)。

A. 愿望竞争者　　B. 属类竞争者　　C. 产品形式竞争者　　D. 品牌竞争者

(3)影响汽车、住房以及奢侈品等商品销售的主要因素是(　　)。

A. 个人可支配收入　　B. 可任意支配收入

C. 个人收入　　D. 人均国内生产总值

(4)威胁水平高且机会水平也高的业务是(　　)。

A. 理想业务　　B. 冒险业务　　C. 成熟业务　　D. 困难业务

(5)人口老龄化对(　　)企业来说是一种机会。

A. 化妆品　　B. 娱乐　　C. 保健品　　D. 运动服装

2)第二课堂

大学生活是人生非常重要的一个阶段,对一个人今后的发展往往具有重要的作用,不断用知识充实自己,加强自身综合素质的训练,努力实现全面发展,是新经济时代向每一位大学生提出的必然要求。因此,全面了解自己,了解外部社会环境的变化趋势,在此基础上对自己的大学生活进行规划是非常必要的。

请在学习 SWOT 分析法的基础上,针对自己所处的社会环境及自身条件进行 SWOT 分析,在此基础上对未来职业发展进行规划,并提交一份分析报告。

3)资料研读与分析

康柏:不合时宜的兼并

康柏对数据设备公司(DEC)的兼并是迄今为止计算机工业史上最大的一次兼并案。康柏原指望通过这次兼并为其带来一个灿烂的明天,然而兼并后的康柏却步履蹒跚,命途坎坷。到底是实施兼并的初始战略就存在问题,还是正确的战略选在了一个错误的时机?

当今世界,兼并浪潮风起云涌。而众多企业选择兼并的一个重要动机,便是借助兼并实现其战略意图。那么,企业在实施兼并时,到底有哪些战略考虑呢?兼并又是否能有效地实现企业的战略意图呢?下面就以康柏公司兼并数据设备公司为例进行分析。

改写行业纪录的大兼并

康柏是在两年半前兼并数据设备公司的,当时的康柏正处于鼎盛时期,这家得州的巨型企业已超过 IBM 公司成为世界上最大的 PC 制造商,年增长率为 30%,是该行业平均水平的 2 倍。康柏一路上升的股票价格,也在其持有人中造就了无数的百万富翁。

当时《福布斯》杂志盛赞康柏的业绩，并赞誉其首席执行官艾克哈德·帕菲弗“非同凡响”。也就在那时，仿佛是为了证明自己仅仅处于辉煌的开始，康柏宣布它将以 90 亿美元的价格收购雇员将近其两倍的数据设备公司，创下了该行业兼并案的纪录，并改写了计算机工业的格局。然而兼并并未给康柏带来好运，自兼并后康柏共亏损了 20 多亿美元，超过其以往亏损的总额。康柏已不再是美国 PC 制造业的领头羊，在零售市场上，戴尔已将其甩至后头。康柏的股价也跌到其最高时的一半。其前任首席执行官帕菲弗已被公司董事会辞去，转而由名不见经传的卡普拉斯接任。

康柏两年前即遇麻烦

乍一看，康柏失败的原因似乎一目了然：康柏收购了数据设备公司，却不能消化这个庞然大物，结果走上了下坡路。但如果我们观察得更细致些，则会发现这样的事实：康柏在兼并前就已经濒临危境，兼并只是为了使其获得一条生路。

就在兼并发生的前两年，尽管有越来越多的厂商进入 PC 市场，但实际上 PC 业正逐渐失去其往日的风光，走向黄金时代的末期。而作为 PC 业的领头企业，一旦越来越多的 PC 厂商走向亏损状态，康柏也必将失去其吸引力。首席执行官帕菲弗显然看到了这一趋势，于是他想借收购数据设备公司将康柏引向一个利润更丰的市场：服务及精密的终端硬件领域。如同其他大兼并一样，该项兼并也蕴藏着巨大的风险。但除此之外，又能怎么办呢？从这个角度理解，康柏兼并战略本身并没有错，不幸的是兼并不合时宜。康柏实施兼并时，其内部正面临着一场危机，这会影响它集中力量做好兼并后的善后工作。

实际上早在 2008 年初康柏就已经遇到了麻烦。先行生产，再通过批发商和零售商销售的生产销售体系，已失去其往日魅力。不断扩大的全球市场已使得精确的预测变得越来越难。而当康柏在市场失去利润目标时，其股价也就陡然直下。

相比较而言，戴尔直接面向客户的模式却显示出非凡的活力。在这种模式下，只有公司接到订单后，它才允许进行生产，这样就将库存减少到了最低点，而在 PC 行业，PC 每在货架上停放一周，其价值就将损失约 1%。戴尔 PC 机的技术并不比康柏好，但其经营模式却赢得消费者的欢心。客户喜欢自己选择、设计将要购买的 PC，然后在一周内由公司送货上门。

然而康柏却无法转向戴尔的模式。若如此，康柏就将削减 1.1 万个零售商及其他销售伙伴，而他们都曾为康柏的成功立过汗马功劳。但康柏也无法沿着老路走下去。康柏试图对其生产销售体系做些调整，如根据销售商的预测而不是自己的预测来生产，仍然无济于事。2007 年下半年，PC 市场的需求发生了一次没有预见的下滑，戴尔由于灵活地控制了产量而渡过难关，而康柏则因存货过多而损失惨重。

这样，除非放弃 PC 市场，唯一的选择看来就是将公司从单纯的 PC 制造中拓展开来，进入服务及设备制造领域，争取公司客户的青睐。况且，同行中的 IBM 已经在做这样的拓展。

DEC 成为康柏囊中物

在进行多元化的经营方面，康柏本身也具备了必要的基础。2007 年，为更好地满足用户需求，康柏收购了数据设备公司，这是一家生产容错服务器的企业，其产品用于如 Nasdaq 交易系统的关键部分以及民航的订票网络。但是，为了更大限度地提升竞争力，就必须使自己成为一家既能为复杂的系统提供支持，又能满足公司客户的各种要求的全球性服务组织。自 2005 年起，康柏就一直致力于使自己成为这样的企业，而这同时也意味着康柏需要更多的人手、更大的规模才能扮演这样的角色。对于像康柏这样高速成长的公司来说，从零做起显然太慢，最方便、最迅捷的办法无疑是通过兼并来达此目的，兼并数据设备公司便成为理所当然的选择。在 2005 年和 2006 年，数据设备公司两次拒绝过康柏提出的收购其服务部门的计划，原因是数据设备公司嫌康柏出价太低。

但数据设备公司最终还是被康柏兼并。这主要由于数据设备公司当时也处于一个迅速衰落的时期，数据设备公司的 PC 业务长期亏损，自 2001 年以来累计净亏损额近 60 亿美元。在人员上也过于臃肿。就在数据设备公司节节败退之际，它把未来押在了一种叫 Alpha 的高品质的处理器上。为支付 Alpha 的研究和生产费用，数据设备公司卖掉了许多最好的技术。

而在数据设备公司身上，康柏却看到了一个新未来。它的服务部门优秀，品牌响亮，而其产品亦与康柏的产品具有较大的互补性。2008 年初，当康柏给出高于数据设备公司市值 20%的收购价后，两公司达成了兼并协议。

然而兼并后的康柏却没有乘胜前进。在 PC 核心业务上，面对戴尔直销模式的激烈竞争，康柏不得已仓皇应战，它推出了自己的直销方案，即客户可在网上订购 PC，然后公司会在一到两周内送货上门，但是由于康柏现有的逻辑软件无法灵活地处理批量订单，其生产送货的时间总比戴尔迟。

更为糟糕的是，康柏并没有解决其销售渠道中存在的矛盾，为了不冒犯其原有的销售伙伴，康柏采用了一种店铺与网上同时销售的方式，但其商铺商品和网上商品步调不一，缺乏配套的销售策略，自然不能取得良好的销售业绩。

在兼并后的公司内部，两公司的工作地点与文化理念也迥然不同，康柏很清楚存在这种文化差异，却很少努力去消除它。从某种意义上讲，康柏完全低估了兼并数据设备公司这样的大公司的复杂程度。

思考题：

（1）你认为康柏此次兼并的时机选择得是否恰当？

（2）企业选择兼并对象和时机时应注意哪些问题？

（3）康柏公司应该如何规划企业发展战略？

项目3 消费者行为分析

【知识目标】

(1)了解消费者市场的概念、分类和特点。

(2)理解消费者需求的含义。

(3)掌握消费者购买行为的模式及消费者购买决策过程。

(4)掌握影响消费者购买行为的主要因素。

(5)了解消费者需要的特征及现代消费者需要的发展趋势。

(6)准确掌握购买决策的参与角色、类型和过程。

【能力目标】

(1)通过案例分析,提高对消费者需要、购买动机和消费行为知识的理解,锻炼思维能力、观察能力、分析能力与理解能力。

(2)通过情景模拟,提高对消费者需求的认知、分析和把握能力。

(3)通过讨论、竞争性发言,提高逻辑思维能力和语言表达能力,掌握行为礼仪方式。

(4)通过营销游戏,增强团队沟通与协作能力、情景设计和自我展示能力。

【开篇案例】

“寻找欢乐”与《泰囧》的成功

周君是一位步入中年的大学老师,近年来他很少去电影院,也不太关心最新的电影信息,最多是在自己的电脑上看看少数几部所谓的文艺片,比如《岁月神偷》《人在囧途》等。可是,《人再囧途之泰囧》公映后,她的学生纷纷在微博上大赞这部电影,还极力推荐。周老师意识到,能够吸引年轻消费者的好电影并不多见,因此这部电影肯定有它的过人之处,否则,学生不会如此热捧。周老师还发现,微博上的口碑效应非常明显,许多人萌发去看这部片子的想法,就是源自网络上的好评和推荐。果然,有关这部电影的数据和评论证实了这一点。

这部由徐峥首次自编、自导、自演的电影,于2012年12月12日在全国公映,截至2013年1月2日,票房突破10亿元,成为首部10亿元级票房的华语电影,并打破了3D版《泰坦尼克号》9.34亿元的纪录,成为年度票房冠军。在2010年《人在囧途》获得成功后,徐峥和王宝强也再次成为“年度最强喜剧组合”。

有趣的是,对这部电影的评价并不都是正面的。2013年1月,华中师范大学文学院教授、作家晓苏就批评《泰囧》对于当下文化产业是不良的示范。晓苏说:“《泰囧》是一部典型的三俗电影,低俗、庸俗、媚俗。以电影为代表的中国文化产业不能只是紧盯票房,而应该注重文化导向,注重提高老百姓的文化素质和品位。”可是,类似的负面评价并没有影响人们的观看热情,甚至也没有在网络上引起反响和讨论。但是,这部电影的成功确实引发了营销者的思考和讨论,提高票房收入的策略并不总要依靠高科技的大制作或网络水军的操控。正如王晶导演评论《泰囧》时所说:"只要你能 click(点击)中观众神经,你就会中 jackpot(头奖)!"可见,触动消费者最根本的需求——寻找欢乐,就能引发消费者的广泛关注,消费者自己就会启动宣传机制,让更多的消费者都参与进来。《泰囧》就是这样一部电影。

资料来源:迈克尔·所罗门,《消费者行为学》(第 10 版)

【案例点评】

通过对消费者心理特征的准确把握,《泰囧》触动了消费者"寻找欢乐"的深层次心理需求,引发消费者广泛关注的同时,在电影市场上获得了巨大的成功。

任务 3.1 分析消费者需求与购买动机

3.1.1 消费者市场概述

1)消费者市场的含义

市场是产品交换的场所,是商品供求关系的总和,是商品交换和流通的领域。在现代市场经济条件下,企业必须按市场需求组织生产,进行产品开发,根据市场环境的变化调整产品结构、确定自身的营销战略。为此,随着市场竞争的加剧,研究市场内在规律,把握市场变化趋势对企业越来越重要。

消费者市场又称为最终消费者市场、消费品市场或生活资料市场,是指为满足个人或家庭物质、文化生活需求而购买货物和服务的一切个人和家庭。

现代市场营销的口号是"消费者至上""消费者是上帝"。因此,一切企业,无论是生产企业还是商业、服务企业,也无论是否直接为消费者服务,都必须研究消费者市场。因为只有消费者市场才是商品的最终归宿,即最终市场。其他市场,如生产者市场、中间商市场等,虽然购买数量很大,常常超过消费者市场,但其最终服务对象还是消费者市场,仍然要以最终消费者的需要和偏好为转移。因此,即使从来不与消费者直接交易的企业,如工业品制造厂商、批发商等,也必须研究消费者市场。在这个意义上可以说,消费者市场是一切市场的基础,是最终起决定作用的市场。例如,纺织厂生产的产品,一般不直接卖给消费者,而是以服装厂或中间商为主要市场,但它也必须认真研究最终消费者的需求,以消费者的需求为依据来制订营销方案。

2)消费者市场的特征

(1)分散性。从交易的规模和方式看,消费品市场购买者众多,市场分散,成交次数频繁,但交易数量零星。因此,绝大部分商品都是通过中间商销售产品,以方便消费者购买。

(2)流行性。消费需求不仅受消费者内在因素的影响,还会受环境、时尚、价值观等外在因素的影响。时代不同,消费者的需求也会随之不同,从而使消费者市场中的商品具有一定的流行性。

(3)层次性。由于消费者的收入水平不同,所处社会阶层不同,消费者的需求会表现出一定的层次性。一般来说,消费者总是先满足最基本的生存需要和安全需要,购买衣、食、住、行等生活必需品,而后才能视情况逐步满足较高层次的需要,购买享受型和发展型商品。

(4)非专业性。消费者一般缺乏专门的商品知识和市场知识。消费者在购买商品时,往往容易受厂家、商家广告宣传、促销方式、商品包装和服务态度的影响。

(5)可诱导性。消费者在决定采取购买行为时,不像生产者市场的购买决策那样,常常受到生产特征限制及国家政策计划的影响,而是具有自发性、冲动性。消费品市场的购买者大多缺乏相应的商品知识和市场知识,他们对产品的选择受广告、宣传的影响较大。由于消费者购买行为的可诱导性,生产和经营部门应注意做好商品的宣传广告,指导消费,有效地引导消费者的购买行为。

(6)伸缩性。消费者市场更多地受到消费者个人因素如文化修养、欣赏习惯、收入水平等方面的影响;产品的花色多样、品种复杂,产品的生命周期短;商品的专业技术性不强,替代品较多,因而商品的价格需求弹性较大,即价格变动对需求量的影响较大。

(7)广泛性。消费者市场人数众多,而且在地理位置上分布广泛。对多数商品来说,由于消费者在年龄、性别、收入、受教育程度、居住地区、民族、宗教等方面的差异,会有不同的需求、欲望、兴趣、爱好和习惯。同时,随着经济的发展和生活水平的提高,消费者的需求总量、结构和层次也会不断发生变化。

(8)周期性。从人们的商品消费情况看,有些商品是常年均衡消费的,需要经常购买;有些商品则属于季节性或节日消费;有些耐用消费品,消费者一般要在其使用价值基本消费完毕,或有更好的新产品替代时,才会重新购买。这样消费者需求就表现出一定的周期性。

企业或营销人员需要认真研究、分析消费者市场的特点,根据消费者市场的需求状况,并结合自身特点,来规划好企业生产经营活动,以便为消费者提供满意的商品和服务。

3)消费者市场的细分

"市场细分"是企业根据构成总体市场消费需求及购买行为的差异性,将整体市场划分为若干个相类似的消费者群(子市场)的过程。目的是使同类产品市场上的顾客具有更多的共同性,不同市场之间需求具有更多的差异性,以使企业明确各分类市场需求的主要特征。市场细分的主要依据包括消费需求的差异性、消费需求的相似性和企业经营能力的局限性等。

在当今人们生活水平不断提高、消费需求日益多样化、产品和服务越来越扩大的经济社会中,市场细分是一项重要的市场营销策略。企业根据市场细分的原理,把市场营销的力量集中到一小群购买者上,就可更好地为顾客服务,实施有效的竞争,更有效地达到企业的盈利目标。具体来说,市场细分的作用有以下几个方面:

(1)有利于发现市场机会。市场细分可更精确细致地分析市场机会,使自己处于有利的地位。如果不对市场进行细分化研究,市场始终是一个"混沌的总体",因为任何消费者都是集多种特征于一身的,而整个市场是所有消费者的总和,呈现高度复杂性。市场细分可以把市场丰富的内部结构层层抽象出来,发现其中的规律,使企业可以深入、全面地把握各类市场需求的特征。

(2)有助于掌握目标市场的特点,从而更好地为顾客服务,发挥最大的市场营销效果。市场需求是已经出现在市场但尚未得到满足的购买力,在这些需求中有相当一部分是潜在需求,一般不易发现。企业运用市场细分的手段往往可以了解消费者存在的需求和满足程度，从而寻找、发现市场机会。同时，企业通过分析和比较不同细分市场中竞争者的营销策略，选择那些需求尚未满足或满足程度不够，而竞争对手无力占领或不屑占领的细分市场作为自己的目标市场，结合自身条件制定出最佳的市场营销策略。

(3)有利于制定市场营销组合策略。进行市场细分有利于企业确定经营方向，有针对性地开展营销活动。市场营销策略组合是由产品策略、价格策略、促销策略、分销策略所组成的。企业通过市场细分确定自己所要满足的目标市场，找到自己资源条件和客观需求的最佳结合点，这有利于企业集中人力、物力、财力，有针对性地采取不同的营销策略，取得投入少、产出多的良好经济效益。

(4)有利于提高企业的竞争能力，社会效益好。市场细分不仅能给企业带来良好的经济效益，而且也创造了良好的社会效益。因为，一方面，细分化可以使不同消费者的不同需求得到满足，提高了生活水平；另一方面，有利于同类企业合理化分工，在行业内形成较为合理的专业化分工体系，使各类企业各得其所、各显其长。

另外，从分类的深度方面来看，市场细分主要可以划分为以下几个层次：

(1)一般的细分市场。这一层次的细分市场是由一个市场中有较大区别的购买者群体组成。虽然购买者的需要、购买力、地理区位、购买态度、购买习惯是互不相同的，但企业不会将其产品或服务按每个顾客的要求来定做，而是试图将构成市场的某些大细分市场分离出来，属于同一细分市场的购买者，他们的需要就被看作是十分相似的。

(2)拾遗补阙市场。拾遗补阙市场也称“立基”市场。这一层次的细分市场一般是从较大的细分市场中区分出来的较窄划分的群体，通常是那些需求没有得到满足的小市场。如企业可从中老年男士服装这一细分市场中，区分出某些不为一般服装公司所重视，而一些顾客又得不到满足的中山装、唐装等这样一些狭小的市场，进行拾遗补阙营销而获得丰厚利润和发展。

(3)局部地区营销。局部地区营销计划是按局部地区顾客群体，包括商业区、聚居区，甚至个别单独商店服务范围的顾客的需要而量体裁衣式地制定营销策略。比如，书店往往根据其不同的聚居区地理位置，而有所侧重地供应各种不同类型的图书。

(4)个别营销。个别营销是市场细分的极限层次，也可以说是“定制营销”或“一对一营销”。随着科学技术的发展，特别是互联网、电脑、数据库、快速通信媒体、电子邮件、传真机等的涌现，使得企业可以考虑定制营销，或“大量定制营销”，即大规模生产单独设计的、能适应每个顾客要求的产品。

3.1.2 消费者需求概述

1)需求的含义

需求是人们对某种目标的渴望、欲求，反映了正常生活的某个方面或某些方面的缺乏或者不平衡，由于缺乏而产生需要。

消费者需求反映的是消费者由于生理或心理上的匮乏所产生的欲望，即感到缺少些什么，从而想获得它们的状态。个体在其生存和发展过程中会有各种各样的需要，如饿的时候有进食的需要,渴的时候有喝水的需要,在与他人交往时有获得友爱、被人尊重的需要,等等。

消费者需求是和人的活动紧密联系在一起的。人们购买产品,接受服务,都是为了满足一定的需要。一种需要得到满足后,又会产生新的需要。因此,消费者的需求绝不会有被完全满足和终结的时候。正是需求的无限发展性,决定了人类活动的长久性和永恒性。

需求虽然是人类活动的原动力,但它并不总是处于唤醒状态。只有当消费者的匮乏感达到了某种迫切程度,需求才会被激发,并促动消费者有所行动。比如,我国绝大多数消费者可能都有住上更宽敞住宅的需要,但由于受经济条件和其他客观因素制约,这种需要大都只是潜伏在消费者心底,没有被唤醒,或没有被充分意识到。此时,这种潜在的需要或非主导的需要对消费者行为的影响力就会显得比较微弱。

而需求一经唤醒,可以促使消费者为消除匮乏感和不平衡状态采取行动,但它并不具有对具体行为的定向作用。在需求和行为之间还存在着诱因、选择、驱动力等中间因素。比如,消费者在饿的时候会为寻找食物而活动,但到底以何种食品充饥,则并不完全由需求本身所决定。换句话说,需求只是对应于大类备选产品,它并不为人们为什么购买某种特定产品、特点服务或某种特定品牌提供充分解答。

一个企业要想在竞争中保持不败,发现并激发消费者潜在需求尤为重要。可以说,了解并激发消费者的需求是决定企业成功与否的关键因素。

2)马斯洛需求层次论

马斯洛需求层次理论(Maslow's Hierarchy of Needs),亦称"基本需求层次理论",是行为科学的理论之一,由美国心理学家亚伯拉罕·马斯洛于1943年在《人类激励理论》论文中所提出。

马斯洛认为,人的需求能够影响他的行为,这种需求是分层次的,按重要性依次排成一定的次序,当人的某一级的需求得到最低限度满足后,会追求更高一级的需求,如此逐级上升,成为推动需求增长的内在动力。

马斯洛提出的需求分为如下五个层次:

生理需求(Physiological Needs),也称级别最低、最具优势的需求,如食物、水、空气、性欲、健康。

安全需求(Safety Needs),同样属于低级别的需求,其中包括对人身安全、生活稳定以及免遭痛苦、威胁或疾病等。

社交需求(Love and Belonging Needs),属于较高层次的需求,如对友谊、爱情以及隶属关系的需求。

尊重需求(Esteem Needs),属于较高层次的需求,如成就、名声、地位和晋升机会等。尊重需求既包括对成就或自我价值的个人感觉,也包括他人对自己的认可与尊重。

自我实现需求(Self-actualization),是最高层次的需求,包括针对真善美至高人生境界获得的需求,因此只有前面四项需求都能满足,最高层次的需求方能相继产生,它是一种衍生性需求,如自我实现、发挥潜能等。

从市场营销的角度来看,马斯洛需求层次理论具有非常重要的理论价值。站在企业经营者的战略立场上看，每一个马斯洛需求层次上的消费者对产品的要求都是不同的。换言之，不同的产品满足不同的需求层次。而将营销方法建立在消费者需求的基础之上考虑，对应不同的需求也就产生了不同的营销手段。

根据五个需求层次，可以划分出五个消费者市场：

(1)生理需求。满足最低需求层次的市场，消费者只要求产品具有一般功能即可。

(2)安全需求。满足对"安全"有要求的市场，消费者关注产品对身体的影响。

(3)社交需求。满足对"交际"有要求的市场，消费者关注产品是否有助于提高自己的交际形象。

(4)尊重需求。满足对产品有与众不同要求的市场，消费者关注产品的象征意义。

(5)自我实现需求。满足对产品有自己判断标准的市场，消费者拥有自己固定的品牌，需求层次越高，消费者就越不容易被满足。

从经济学的角度来看，"消费者愿意支付的价格取决于消费者获得的满意度"。也就是说，同样类型的产品，满足消费者需求层次越高，消费者能接受的产品定价也越高。市场的竞争，总是越低端越激烈，价格竞争显然是将"需求层次"降到最低，消费者感觉不到其他层次的"满意"，愿意支付的价格当然也就更低了。

3)市场需求分析

在目标市场上，可能存在没有需求、需求很小或超量需求等不同的情形。企业开展市场营销活动的目的，就是要针对目标市场上各种不同的需求情况，采取灵活的营销方式来适应市场需求的变化，以取得预期的营销成果。根据需求水平、时间和性质的不同，可归纳出八种不同的需求状况。

(1)负需求。负需求是指全部或大多数潜在顾客对某种商品或劳务没有需求，甚至感到厌恶，愿意出钱回避它的一种需求状况，如有些人对打预防针就有负需求。在负需求情况下，市场营销管理的任务是改变营销方式，将负需求转变为正需求，即进行扭转性营销。

(2)无需求。无需求是指目标市场对某种商品或劳务毫无兴趣或漠不关心的一种需求状况。通常，消费者对一些新产品或新服务，由于缺乏了解而不感兴趣，导致无需求。在无需求情况下，市场营销管理的任务就是要设法引起消费者的关注，刺激需求，使无需求转变为正需求，即通过大力促销及其他市场营销措施，努力将产品或服务所能提供的利益与人的自然需要和兴趣联系起来。这时所开展的市场营销活动称为刺激性营销。

(3)潜在需求。潜在需求是指一部分消费者对某种商品或服务有强烈的要求，而现有商品或服务又无法使之满足的一种需求状况。在潜在需求情况下，市场营销管理的任务是要开展市场营销的研究和潜在市场范围的测量，进而开发有效的商品或服务来满足这些需求，将潜在需求转变为现实需求，即开展开发性营销。

(4)衰退性需求。衰退性需求是指市场对一个或几个产品的需求呈下降趋势的一种需求状况。例如，人们由于认识到油炸食品的危害性，导致对所谓"垃圾食品"需求的逐渐减少。在衰退性需求情况下，市场营销管理的任务是要采取适当的措施，使老产品开始新的生命周期，并通过创造性的产品再营销来扭转需求下降的趋势，即开展恢复性营销。

(5)不规则需求。不规则需求是指某些商品或服务的市场需求在一年中的不同季节或一周中的不同日子，甚至一天中不同时间上下波动很大的一种需求状况，如某些旅游景点游客人数的变化。在不规则需求情况下，市场营销管理的任务是应采取适当的措施调节这类需求，使商品或服务的市场供给与需求在时间上协调一致，即开展协调性营销。

(6)充分需求。充分需求是指某种商品或服务的目前需求水平和时间与预期的需求水平和时间保持一致的一种需求状况，这是企业最理想的一种需求状况。但是由于企业所面对的是一个动态的市场，消费者的偏好和兴趣是会有所变化的，而且由于同行业之间竞争态势的不断变化，企业市场营销管理的任务就是保持合理的营销策略，严格控制经营成本，千方百计维持目前的市场需求水平，即开展维持性营销。

(7)过量需求。过量需求是指某种商品或服务的市场需求超过了企业所能供给或所愿供给水平的一种需求状况。在过量需求情况下，市场营销管理的任务是积极采取某些措施，如提高价格、减少服务项目或服务网点等来限制这种需求，即采取限制性营销。需要强调的是，这样并不是杜绝需求，而是降低需求水平。

(8)有害需求。有害需求是指市场对某些有害物品或服务的需求，如香烟、色情音像制品等。对于有害需求，市场营销管理的任务是抵制和清除这种需求，即采取抵制性营销。抵制性营销与限制性营销的区别在于：前者是强调产品或服务的有害性，从而抵制这种产品或服务的生产与经营，即采取措施消灭这种需求；后者是限制过多的这种需求，而不是否定商品或服务本身，是采取措施减少这种需求。

表 3-1 列出了企业在不同需求情况下营销管理的任务类型。

表 3-1　企业营销管理的类型与任务

需求状况	需求特征	营销管理任务
负需求	绝大多数人不喜欢，甚至花费一定代价也要回避的某种商品或服务	扭转性营销：试图使原来不喜欢某些事物的人变得喜欢。人们态度的改变取决于这种营销所申明的好处是否为个人所接受
无需求	目标消费者对于某些商品或服务不感兴趣或漠不关心	刺激性营销：刺激人们对不了解的或无法取得的商品或服务产生需求
潜在需求	许多消费者对不存在于实际的某些东西有强烈的需求	开发性营销：衡量潜在市场的范围，试图发展某种新产品或新的服务
衰退性需求	市场对一个或几个产品的需求呈下降趋势的情况	恢复性营销：企业通过各种方式企图重新建立人们对商品或服务的兴趣
不规则需求	在某些时候，需求低于供给能力，而在某些时候，供给低于需求能力	协调性营销：设法使产品的需求配合供给
充分需求	营销者对其营业额感到满意的状况	维持性营销：面对消费者偏好变动、竞争加剧的情况维持现有的需求水平。营销者必须维持或改进其产品的质量，不断地评估消费者的满足程度

续 表

需求状况	需求特征	营销管理任务
过量需求	某种产品或服务的市场需求超过企业所能供给或愿意供给的水平	限制性营销:暂时或长期地减少市场对产品的需求
有害需求	市场对某些有害物品或服务的需求状况	抵制性营销:试图移植市场对某种产品或服务的需求

企业通常都有一个期望的需求水平,但期望与现实总有一定的差距。营销管理的任务就是采取措施使需求向所期望的方向转变,满足未被满足的需求。

3.1.3 消费者购买动机概述

1)消费者购买动机的含义

动机是直接推动个体去行动以达到一定目的的内在动力。它是一种人体的内在主动力量,是个体由某种需要所引起的心理冲动,因此动机的形成以需要为基础。当个体产生某种迫切的需要或欲望,并且达到足够的强度时,才有可能产生动机,即个体在心理强化之下给需要的方向定位,并推动个体朝着预期的目标运动。

购买动机是消费者最终购买行为的直接驱动力。与需要相比,消费者的动机较为具体直接,有着明确的目的性,但同时也具有更加复杂的特性。

消费者的购买会受文化、社会、个人、心理特征的强烈影响。多数情况下,营销人员不能控制这些因素,但必须考虑这些因素。消费者每天都会做出购买决策,而多数大型公司大量研究消费者购买决策,主要是为了解决下面几个问题:消费者买什么?到哪儿去买?买多少?什么时候买?为什么买?市场营销人员研究消费者的购买情况可以得到问题的答案。

2)消费者购买动机的特性

(1)指向性。动机总是指向一定方向的,动机不仅能引起行为,而且还能使行为指向一定的方向。消费者一般同时存有多种动机,有些动机甚至是相互冲突的。其结果是某种最强烈的动机使行为在一定范围内,朝着特定的方向,有选择地决定购买目标,即首先满足人们最强烈、最迫切的需要。消费者对于引起动机的刺激物的接受往往是自觉和主动的。动机的形成可能源于消费者本人的内在因素,也可能源于外部因素的激发。而当消费者对于需要有了明确清楚的认知和强烈的满足欲望后,就会非常主动地接受外部刺激,自觉地收集与商品有关的信息,有选择性地加以利用。

(2)强化性。强化性是动机的强度特性。动机的强度越高,行动越积极努力。消费者在购买某一种或某一件商品时,动机越强烈,越容易形成购买决策。同时,动机的强化作用也可影响到购后行为,即行为的结果对行为本身会产生强化和弱化的作用。比如,良好的信誉以及优质的产品和服务,可能强化消费者的购买动机,强化他们的购买行为从而形成再次购买;反之,则会导致消费者拒绝购买。

(3)清晰性。清晰性是指消费者对购买目标指向的集中程度。在动机体系中,不同的动机所处的地位和所起的作用是不同的。有些动机比较强烈而稳定，在动机体系中处于支配性地位，称为主导动机；有的动机表现得微弱不稳定，在动机体系中处于依从性地位，称为劣势动机。主导动机具有较大的激活作用，并对行为起支配作用。在其他因素相同的情况下，当多种动机之间发生矛盾时，个人行为往往受到主导动机的支配。因此，消费者对目标集中性的强弱反映了消费者对主导动机的辨别能力的强弱。动机的清晰度越高，行动越坚定；目标不定，忽此忽彼，动机的清晰度越弱，行动就越容易发生变化。

3)消费者购买动机的分类

现实生活中，消费者的购买动机是多种多样的。根据不同的标准，从不同的角度，可产生多种分类。

(1)显在购买动机和潜在购买动机。

①显在购买动机指消费者购买活动中比较明显地表现出来的动机。显在购买动机通常具有明显性和具体性两大特点，一般能通过消费者的购买行为直接表现出来。

②潜在购买动机是指消费者在购买活动中内隐的不易直接观察出的动机。潜在购买动机往往是内心潜意识中存在的冲动，甚至消费者本人也很难察觉。因而，可以通过间接的方式了解分析潜在购买动机的产生过程，来研究这种动机的特点和规律，并对其加以预测。

(2)生理性购买动机与心理性购买动机。

①生理性购买动机是由先天的、在生理需要基础上产生的，为满足消费者自身生存和发展的生理需要而产生的动机。在此类动机驱使下，消费者行为个体的差异性较小，且有明显的简单和重复的特点。其购买对象多是日常基本生活资料。

②心理性购买动机主要是后天的社会性或精神需要所引起的，是消费者为满足自身社会生活的需要而引起的动机。消费者的心理性购买动机具有差异性大、潜在性和多样性等特点。按照其心理因素的不同，心理性购买动机可以分为以下四类：

a.情绪性动机。情绪性动机即由消费者的喜、怒、哀、欲、爱、恨、恐惧等情绪引起的购买动机。这种动机的特点具有冲动性和不稳定性。

b.情感性动机。情感性动机是道德感、群体感、美感等人类高级情感引起的动机。这种动机的特点具有相对稳定性和深刻性。

c.理智性动机。理智性动机指消费者建立在对产品属性的客观认识上，经过充分的分析比较后产生的购买动机。

d.惠顾性动机。惠顾性动机是消费者由于对特定商品或特定商店产生特殊的信任和偏好而形成的习惯性、重复光顾的购买动机。

4)消费者购买动机的具体类型

(1)求实动机。求实动机指以追求产品的实用性为主要目的的购买动机。消费者主要看重产品的使用价值。

(2)求便动机。求便动机指以购买活动中是否方便为依据的购买动机。主要体现在产品本身属性的方便性和购买活动中便利的购买程序和条件。

(3)求美动机。求美动机指追求产品的美感、艺术价值和欣赏价值为主要目标的购买动机。

(4)求名动机。求名动机指通过一些特殊产品,如名牌产品或具有某种象征意义的产品来宣扬自我的购买动机。知名品牌、稀有商品、高档消费是这类动机消费者关注的目标。

(5)求廉动机。求廉动机指追求价格低廉以获得较多利益为主要目的的购买动机,是消费者购买动机中较为普遍的一种动机类型。

(6)求新动机。求新动机是以追求产品的新颖、奇特、时尚为主要目的的购买动机。好奇心是他们产生这种动机的主要因素。

(7)储备性动机。储备性动机以储备产品的价值或使用价值为主要目的的购买动机。形式上表现为两种:一种是保值储备,如购买债券、房产等;另一种是由于市场上不安定因素的存在使消费者出于安全的考虑而进行的储备。例如饮用水污染造成大量市民储备饮用水的情况。

(8)纪念性动机。纪念性动机指以为了记住人、物、场景、氛围而留下回忆为目的的购买动机。如旅游市场上各种纪念品、摄影服务就能使具有这类购买动机的消费者在一定程度上得到满足。

(9)偏爱性动机。偏爱性动机指以追求满足个人的某种爱好为主要目的的购买动机。如音响的发烧友、摄影爱好者等,都会根据自己的爱好对与之相应的产品格外关注。

(10)模仿性动机。模仿性动机指以追求自己喜爱的、崇拜的名人或偶像为目的的购买动机。如模仿自己崇拜的某位明星的服饰而购买相似的服装。

以上列举的是现实生活中一些常见的,但也是有限的消费者购买动机类型,现实生活中消费者的购买动机比列举的要复杂得多。因此在分析消费者购买动机时,不能孤立地看待各种动机,因为消费者的购买动机通常是多种动机共同作用的结果。

任务 3.2 分析消费行为

3.2.1 消费者购买行为模式

从狭义的角度看,消费者是指直接消费产品的人,不包括生产消费和生产资料消费者。由于消费者的购买决策过程受心理活动的影响和支配,难以具体地观察和测量,我们可以通过外部刺激量与消费者最后的行为(反应)之间的联系来判断消费者的决策过程。将购买过程分为三个阶段,即外部刺激(S)、内心活动(O)和行为反应(R),通过建立 S—O—R 模式来表示消费者复杂的购买过程,如图 3-1 所示。

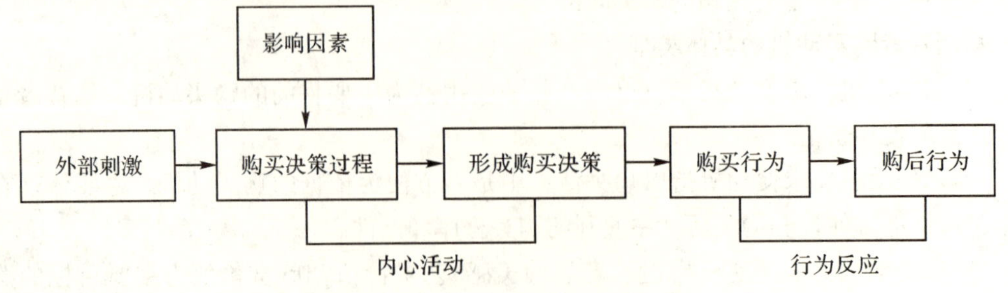

图 3-1 消费者购买行为的一般模式

从图3-1所示的模式中可以看出，消费者的购买过程是在外部刺激激发下，产生了心理状态的不平衡，从而唤起自身的需要与欲望，并采取一定的方式从而消除这种不平衡。满足需要与欲望的过程，是一个从认识问题、收集信息到解决问题的过程。其中外部刺激主要包括营销刺激和政治、经济、文化等环境刺激。在内心活动过程中除心理因素对消费者决策过程有影响外，还包括其他的消费者个人的或社会的因素。行为反应的产生也包括对购买后的行为的研究，主要是购买后的评价及商品的处置。因为这关系到消费者的下一次购买活动。

消费者购买行为是多样的，对于营销决策而言，通过对消费者购买行为一般模式的把握，可以从整体上认识消费者购买行为的一般规律，为营销部门制订营销计划、扩大商品销售提供依据。

3.2.2　消费者决策类型

"消费者决策"是指消费者谨慎地评价某一产品、品牌或服务的属性，并进行理性的选择，即用最少的成本购买能满足某一特定需要的产品的过程。它具有理性化、功能化的双重内涵。通常，消费者都是以此方式做出决策的，但也有许多消费者在做购买决策时并未做出多少有意识的努力。有的消费者在决策时甚至并不注重产品属性，而是更多地关注购买或使用时的感受、情绪和环境。此时，选择某个品牌并非由于其独特的属性（价格、样式、功能、特点），而仅仅因为"它使我感觉良好"或"我的朋友们会喜欢它"。

虽然受情感或环境驱使所做的购买及与此相关的消费行为具有远不同于传统的基于产品属性而购买时的特点，我们认为决策过程模型仍对各种类型的购买行为提供有益的洞悉。在描述消费者购买决策过程时，我们将着力表明该模型是如何有助我们理解基于情感、环境及产品属性所做的购买决策的。

如图3-2所示，存在着不同类型的消费者决策过程。当消费者的购买介入程度由低到高变化时，其决策过程也随之复杂化。我们用名义型、有限型、扩展型决策来描述不同类型的购买决策过程。需要指出的是，这三种类型之间并非泾渭分明，而是相互交叉的。

在描述一种决策过程之前，有必要将"购买介入"的概念界定清楚。我们把购买介入程度定义为：消费者由某一特定购买需要而产生的对决策过程关心或感兴趣的程度。因此，购买介入是某个人、某个家庭或某个单位的一种暂时状态，它受个人、产品、情境特征的相互作用的影响。

以下简要描述随着购买介入程度的增加，购买决策过程是如何变化的。

1）名义型决策

名义型决策，有时也称习惯型购买决策，实际上就其本身而言并未涉及决策。如图3-2所示，一个问题被认知后，经内部搜索（长期记忆），浮现一个偏爱的品牌，该品牌随之被选择和购买。只有当被选产品未能像预期那样运转或表现时，购后评价才会产生。名义型决策往往发生在对购买的介入程度很低的情况之下。

一个纯粹的名义型决策甚至丝毫不考虑选择其他品牌的可能性。比如，你发现家里的

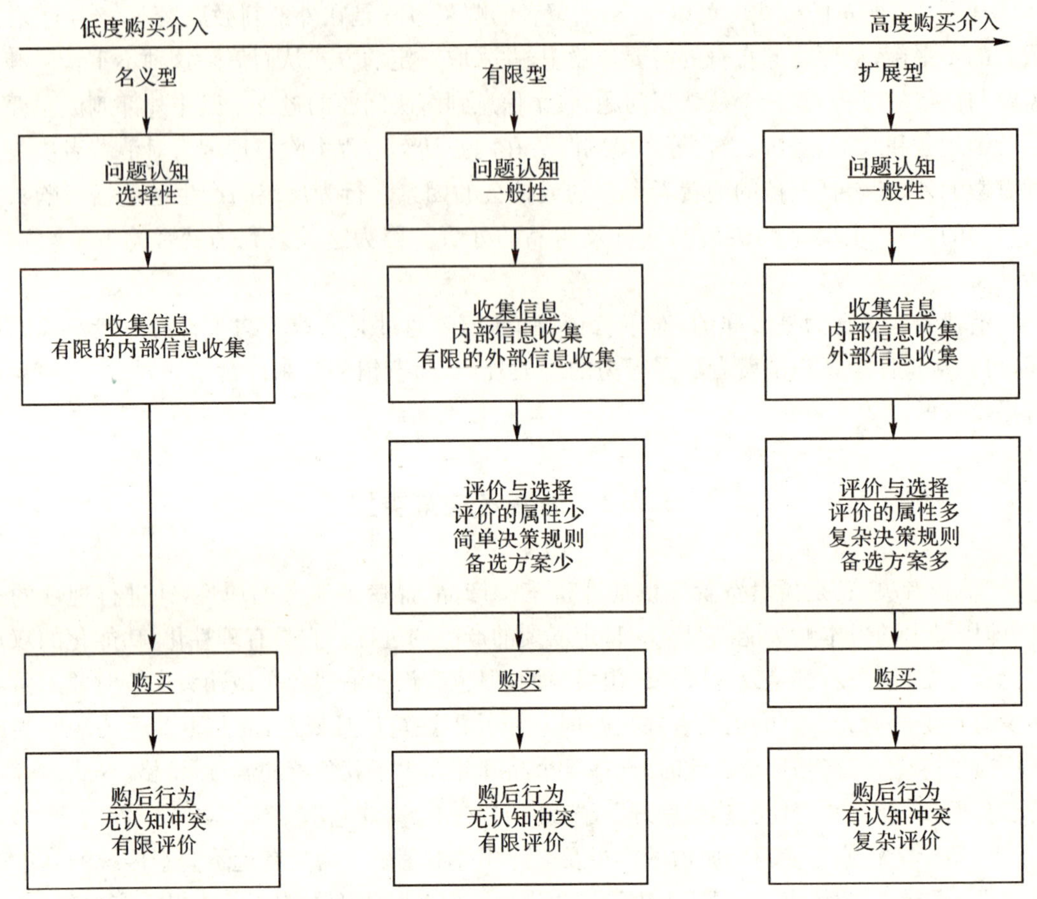

图 3-2 介入程度与决策类型

LG 竹盐牙膏快用完了，于是决定下次逛商店时再买几支，而根本没想到用别的牌子来代替它。在商店里，你浏览货架寻找 LG 竹盐牙膏，对其他牌子和它们的价格或其他潜在的相关因素压根儿没考虑。

名义型决策通常分为两种：品牌忠诚型决策和习惯型购买决策。

(1)品牌忠诚型购买。

你可能曾经对选择牙膏有着很高的介入程度，并运用了扩大型决策过程。作为这一过程的结果你选定了 LG 竹盐牙膏，之后，虽然选择最好的牙膏对你仍然很重要，但你可能会不加思考地一再选择此品牌。此时，你已对 LG 竹盐牙膏产生了忠诚和信赖，因为你认为它能最有效地满足你的需要。一旦形成了情感上的依赖(你喜欢这个牌子)，你就成了 LG 竹盐牙膏的忠诚顾客，其他竞争者便很难赢得你的惠顾。

在这个例子里，由于品牌忠诚，你对产品的介入程度相当高，但对购买的介入程度则很低。假如 LG 竹盐牙膏的优越性受到挑战，比如从新闻报道中了解到更好的牙膏的出现，你也许会更换品牌，但很可能要经历一次高介入度的决策过程。

(2)习惯性购买。

与前面例子形成对照的是，你可能会认定所有的食醋都是一样的，因而对食醋这类产品及其购买关心甚少。在试了恒顺香醋并感到满意之后，你就会一再选择该品牌。于是，你成了恒顺香醋的重复购买者，但你并不忠诚于这一品牌。当你下次需要食用醋时，假如遇到了买恒顺牌食用醋是否明智的困惑（比如别的牌子在打折），你可能会转换品牌且无须更多的斟酌和思考。

2）有限型决策

有限型决策是介于名义型决策和扩大型决策之间的一种决策类型。从最为简单的情形看（购买介入最低时），它与名义型决策相似。比如，在超市里你注意到了陈列在货架上的德芙巧克力，并顺手拿了两盒。此时你凭借的只是印象中的"德芙味道还不错"或"我已经好久没尝过德芙了"，此外并未收集更多的信息。你最多会为买不买略微犹豫，而不会再考虑选择其他品牌。还有一种情况是，你可能遵循某一条决策规则，比如选择最便宜的速溶咖啡品牌。当家里的咖啡用完时，你若置身于商店，就会查看一下各种咖啡的价格，挑选一个最便宜的牌子。

有限型决策有时会因情感性需要或环境性需要而产生。比如，你决定买一个新的产品或品牌，此时，你并不是对目前使用的产品和品牌不满，而是因为你对它们产生了厌倦感。这类决策可能只涉及对现有备选品新奇性或新颖程度的评价，而不涉及其他方面。你也可能会根据别人实际的或预期的行为对购买进行评价。比如，你会通过观察或猜测你同桌的人就餐时点不点、点什么样的葡萄酒来决定自己的选择。

总的来说，有限型决策涉及对一个有着几种选择方案的问题的认知。信息的收集主要来自内部，外部信息收集比较有限，备选产品不太多，而且只是运用简单的选择规则对相对较少的几个层面进行评价。除非产品在使用过程中出问题或售后服务不尽如人意，否则，事后很少会对产品的购买与使用进行评价。

3）扩展型决策

如图3-2所示，扩展型决策发生在购买介入程度很高的情况下。这种类型的决策涉及广泛的内、外部信息收集，并伴随对多种备选品的复杂比较和评价。消费者在购买产品之后，很容易对购买决策的正确性产生怀疑，从而引发对购买的全面评价。相对来说，达到如此复杂程度的决策并不多。然而，在诸如房屋、个人电脑及多功能休闲性商品（如背包、帐篷）等产品的购买上，扩展型决策比较多见。

即使带有强烈情感色彩的决策也可能涉及相当程度的认知努力。例如，当我们在做是否外出旅游的决定时，被满足的需要和被评价的标准均是情感因素而非属性特征，而且，由于外部信息的缺乏，所采用的评价标准也比较少。即使这样，在做决定时我们仍然会左思右想、举棋不定。

4）消费者决策的类型与营销策略

以上介绍的几种不同类型的消费者决策表明，针对扩大型决策的营销策略不一定适合于名义型或有限型决策。如图3-2所示，消费过程的每一阶段都受到购买介入程度的影响。我们将用整章的篇幅分别介绍每一个阶段，并讨论相应的营销运用。

3.2.3 影响购买行为的主要因素

消费者的购买会受文化、社会、个人、心理特征的强烈影响。多数情况下，营销人员不能控制这些因素，但必须考虑这些因素。

1)文化因素

文化因素会对消费者行为产生深刻而广泛的影响，因此营销人员需要了解购买者的文化、亚文化和社会阶层所起的作用。文化是一个人的需要和行为的最基本影响因素。人类的行为多数是学来的。一个孩子在一个社会里长大，从家庭和其他机构学到基本的价值观、知觉、需要和行为。孩子在美国，一般要学到和接触下列价值观:成就与成功、活动与参与、效率与实践、进步、物质享受、自我主义、自由、人文、青春、强壮与健康等。

每个群体和社会都有一种文化，文化影响购买行为，这在不同国家有很大区别，不适应这些差别可能导致营销活动的低效或失误。

文化因素中另一个非常重要的区分面是社会阶层。几乎每个社会都有自己的社会阶层形式，社会阶层是社会中相对稳定和有序的一些部分，在每一阶层中，成员的价值观、兴趣和行为都是类似的。社会科学工作者把美国社会划分为七个阶层。

表 3-2　七个美国主要社会阶层的特征

最上层(少于1%)	他们是社会的权贵。他们继承财富，有颇显赫的家庭背景，大量捐资慈善事业，参加社交舞会，拥有一所以上的住宅，送孩子去最好的学校。他们代表珠宝、古董、住宅、假日旅行市场。他们的穿着、购买常很保守，不愿露富。由于数量很少，他们成了其他群体的参考群体
上层(约2%)	他们收入很高，或是从其他职业或生意中获得财富。他们时常从中产阶级开始，愿意参加社会活动或公益事业，为自己或孩子购买代表地位的东西，比如很贵的房子、游泳池、汽车等，或是送他们上学费很高的学校。这阶层也包括那些暴富者，他们故意消费给比他们差的人看，他们想被最上层人接受，但这种愿望似乎到下一代才能实现
中上层(12%)	他们既不拥有家庭地位也没有不寻常的财富，一般只关心“业绩”。他们一般是专业人员、私人业主或公司经理。他们相信教育，希望孩子在专业技术或管理才能方面有发展。这些人从众或随大流。他们代表较好的住宅、服装、家具和家用电器的市场
中层(32%)	由收入一般的“白领”和“蓝领”组成，他们生活在城市的较好地带。为了跟上潮流，他们常买流行商品，多数注意时尚，选择好一些的品牌。对他们来说，好的生活意味着拥有一所舒适的房子、好的邻居或近处有好学校。他们认为花钱培养人值得，希望孩子接受高等教育
劳动阶层(38%)	由遵循“劳动生活方式”的人组成，他们的收入、受教育程度或工作情况差别很大。他们很大程度上要依赖亲戚们在经济和感情上的支持，买东西要打听，生活有难事要人帮。他们强调性别角色，观念较陈旧
下层(9%)	他们不靠社会福利生活，但他们的生活仅在贫困线上一点儿。他们从事无技能的工作，收入低，想通过努力爬上一层。缺少受教育机会，经济情况仅在贫困线上，但自律、守法
最下层(7%)	他们靠社会福利生活，明显贫困，常没有工作或做“不入流”的工作。他们常常没兴趣找工作，收入全靠公共救济或慈善事业。他们的住房、衣服和用具脏、乱、差

社会阶层不是只由一个因素来决定，比如说收入，而是由职业、收入、教育和财产等综合标准以及其他因素来衡量。在一些社会系统中，各阶层人的作用是不变的，社会地位也不变。在美国，社会阶层界线不是固定的，人们可能升到上一层或掉到下一层。营销人员对社会阶层有兴趣是因为同一阶层的人有类似的购买行为。

在一些领域中，社会阶层表现出明显的产品和品牌方面的偏好，比如服装、家具、休闲活动和汽车。一个人的社会阶层可能影响其诸如选择相机之类的购买行为。如果他的背景是较高的社会阶层，他的家庭可能拥有较贵的照相机，或者他可能已经在涉猎摄影艺术了。

2)社会因素

一个消费者的行为也要受社会因素的影响，比如消费者所处的群体、家庭、社会角色与地位等。

(1)群体。

一个人的行为要受多种小群体的影响，传送直接影响的群体被称为受影响人的自身群体。原生群体常起非正式作用，例如家庭、朋友、邻居和同事等。此外还有一些间接群体，这些群体很正式，但不常起作用，包括宗教组织、专业协会和工会。

参考群体作为直接(面对面)或间接的参照物来影响人的态度或行为。人们常受参考群体的影响，虽然他们本身不在参考群体中。例如，当一个十几岁的孩子希望有一天为芝加哥公牛队打球，虽然这孩子不是那球队的成员，但球队是他的志向参考群体。尽管他没和球队在一起，但他知道这个球队。营销人员试图辨认目标市场的参考群体，因为参考群体会将新的行为和生活方式带给一个人，这能影响一个人的态度和自我观念，进而产生压力，去影响一个人对产品或品牌的选择。

制造商的产品和品牌如果在很大程度上受群体影响，他们就必须了解相关群体中的观念决策人。群体中的观念决策人在技能、知识、个性或其他方面有明显特点，他们能够影响其他人。每个阶层都有观念决策人，一个人可以在一个领域是观念决策人，而在另一个领域是观念追随者。营销人员试图为所有产品找出观念决策人，以便制定出正确的营销策略。

群体影响的重要程度对不同产品和品牌来说是不一样的。如果是看得见的产品，并且看见产品的人又是购买者敬重的人，这时群体影响是最强的；如果是买私人用品，产品和品牌都不会被他人看见，群体影响是极其微弱的。

(2)家庭。

家庭成员对购买行为影响极大。家庭是社会中最重要的消费者购买群体，对此人们已做过深入研究。营销人员对丈夫、妻子和孩子购买产品或服务时的作用和影响十分感兴趣。

丈夫和妻子谁说了算，在很大程度上取决于产品种类或是他们处在购买决策过程中的哪一步。购买与生活方式关系很大，在美国，妻子一直是家庭购买活动的主要完成者，特别是在食品、日用品和服装上。由于现在70%的妇女在工作，他们希望丈夫也帮家里买东西，所以情况正在发生变化。例如，45%的轿车是妻子做主买的，40%的食品购买是丈夫付的款。然而，在不同的国家或社会阶层，其情况有所不同，所以市场营销人员必须对目标市场的有关情况不断地进行研究。

(3)作用与地位。

一个人可以同时属于多种组织,如家庭、俱乐部或其他组织。人在组织中的位置可以用作用或地位来定义。个人与父母在一起时,可以是子女;在自己的小家庭中,可以是丈夫或者妻子;而在公司,则又可以是品牌经理。作用是指一个人在群体中人们期望他所做的活动。他的每个作用都会影响他的购买行为。

每个作用都代表一种地位,这反映了社会对这种地位的承认。人们常选择代表社会地位的产品,例如,品牌经理这个地位就比女儿这个地位在社会中显得要高。作为品牌经理的购买行为通常会选择反映其地位和作用的服装。

3)个人因素

个人特点也会影响购买者的行为,比如购买者的年龄和生活周期的各个阶段、职业、经济情况、生活方式、个性以及自我意念等。

(1)年龄和生活周期。

人的一生中,其所买的产品或服务在不断变化,他们对食品、服装、家具与休闲活动的兴趣与年龄关系很大。购买与家庭生活周期也有关系,家庭在成熟的过程中要经历许多阶段。

营销人员按家庭生活周期的阶段定义目标市场,并为各个阶段开发合适的产品,制订适当的营销计划。传统家庭生活周期仅包括单身年轻人和结婚有孩子的夫妇两个阶段。今天,市场营销人员为更符合实际,在生活周期里又增加了许多阶段,包括未婚但有异性伴侣、以后一定会结婚的伴侣、无子女夫妇、单身父母、延长期父母(年轻的成年孩子回家与父母一起生活)等。

(2)职业。

一个人的职业会影响他所购买的产品和服务,蓝领一般会购买较多的工作服,而白领则购买西装和领带。营销人员试图确认那些对他们的产品和服务有相当兴趣的职业群体,甚至专门制造既定职业群体所需的产品。例如,计算机软件公司为品牌经理、会计、工程师、律师和医生设计了不同的产品。

(3)经济状况。

一个人的经济状况会影响他对产品的选择。例如,摄影爱好者如果有足够的收入、储蓄或借款能力,或许会考虑购买一台很贵的单反照相机。公司在经营与收入水平相关的产品时,会很注意个人收入、储蓄和利率的变化趋势。如果经济指标预示着衰退,营销者就需要重新设计产品并定价。

(4)生活方式。

亚文化、社会地位或职业相同的人会有相当不同的生活方式。生活方式是由人的心理图案反映的生活形式,包括消费者活动(工作、嗜好、购买活动、运动和社会活动)、兴趣(食品、服装、家庭、休闲)和观念(关于自己、社会事务、商业和产品等)。消费者的生活方式表现的内容远比人的社会阶层或个性要多,它能勾画出一个人在社会中的行动和兴趣的形式。

几家研究公司进行了生活方式的分类,其中被广泛应用的方法是SRI公司的VALS分类法(Values and Life Styles)。VALS2按人们花时间和金钱的方法划分人的生活方式,它按两个主要标准把消费者分为八组,这两个指标是“倾向自我”与“资源”。倾向自我群体包括“原则式”消费者，即基于自己对世界的看法进行购买的人；“地位式”消费者，即按别人的行动和意见进行购买的人；“行动式”消费者，这些人购买时要看自己是否愿意活动和承担风险，并且要看产品的种类。有不同倾向的消费者又进一步被分为有“丰富资源”者和有“少量资源”者。八个 VALS2 群体包括：

①现实者：这些人有很高的收入，有很多资源，可以沉溺在任何自我倾向中。想象对他们来说很重要，这不是为了地位，只是为了新的兴趣、独立及与他人不同。他们兴趣广泛又随时变化，愿意买生活中最好的东西。

②成就者：这些人成熟、有责任感，是受过良好教育的专业人员。他们的闲暇活动是以家庭为中心的。这些人信息灵通，易于接受新思想，收入高但很实际，购买时注重价值。

③诚信者：这些人保守，是预测式的消费者，收入一般，喜欢外国产品和有点名气的品牌。他们的生活以家庭、工作、团体和国家为中心。

④成功者：这些人事业上已有所成，重视工作，政治保守，并从工作和家庭中获得满足。他们尊崇领导和现状，喜欢能表现出他们成功和地位的产品和服务。

⑤努力者：这些人的价值观与成功者近似，但经济、社会和心理资源要少一些。生活方式对他们来说尤为重要，他们努力攀比其他有更多资源的群体或消费者。

⑥体验者：这些人是贪婪的消费者，把钱花在服装、快餐、音乐和其他年轻人钟爱的产品上，是所有群体中最年轻的。他们花许多能量在体育锻炼和社会活动上，尤其喜欢新东西。

⑦创造者：这些人喜欢用实际方法去影响环境，重视自我效率和他们熟悉的东西，如家庭、工作和休闲活动。作为消费者，他们不为物质财产而动，不像那些很“势利”的人。

⑧奋斗者：这些人收入极低，资源太少，甚至不能被划在任何一个消费者倾向中。有限的购买力使他们特别崇拜品牌。

上述生活方式的分类不是唯一的。在不同的国家，生活方式区别很大。如果认真研究，生活方式的概念可以帮助营销人员了解变化中的消费者的价值观，并弄清它们是如何影响购买行为的。

(5)个性和自我意念。

每个人独特的性格将影响其购买行为。个性是单一的心理图案，它相对稳定。个性常用形象言词来描绘，比如自信、权威、爱社交、自主、自我保护、适应性和野心等。个性能被用于分析消费者对某些产品或品牌的选择。例如，咖啡制造商发现喝浓咖啡的人社交能力很强，因此麦氏公司的广告表现了冒热气的咖啡和人们轻松交流的样子。

许多营销者使用与个性有关的概念，比如人们所说的“意念”(也称“自我观念”)。基本的意念前提是人们所拥有的东西决定他们的身份，也就是人们说的，“我们有什么就是什么”。因此，营销者需要了解消费者“意念”和“所有”之间的关系。

例如，美国最大的图书销售公司(Barnes & Noble)的创建人和首席执行官说，人们买书是支持他们的“自我观念”，“人们有个错误观点，认为买书是为了读书。错了，人们买书是因为购买能带来的那些东西，如兴趣、进步和潮流。人们的目标是把他们自己或是接受他们送书的那些人，与前卫作家、时尚明星联系在一起。结果是，通过有诱惑的布置、发光广告，强调书的魅力、畅销、时髦和作者的新潮，你就能把作为消费产品的书卖掉”。

4)心理因素

心理是人的大脑对于外界刺激的反应方式与反应过程。如我们所指出的,消费者的购买行为模式在很大程度上建立在其对外界刺激的心理反应的基础上。但我们发现,人们之间的心理状况是不相同的。这是因为除了天生就有的条件反射之外,人的绝大多数心理特征都是在其生活经历中逐步形成的。而由于人们生活经历的千差万别,导致人们的心理状况也就千变万化,各不相同。这是使消费者购买行为变得十分复杂的重要原因。影响购买行为的心理因素主要包括动机、认知、学习、态度和信念等各个方面。

(1)动机。

动机是一种无法直观表现的内在力量,它是人们因为某种需要而产生的具有明确目标指向和即时实现愿望的欲求。动机是购买行为的原动力,需要是产生动机的基本原因,但需要并不等于动机,动机有其固有的表现形态。

马斯洛著名的"需求层次论"说明了需求和动机在不同的环境条件下侧重点是不同的。从基本的生理需求出发,人们首先会产生寻求食物充饥和获得衣物御寒等最基本的动机;当饥寒问题解决以后,安全又会成为人们所关心的问题,人们不再会不顾一切地去寻求食物等基本生活资料,即使敢冒风险,也绝不是出于生理的需求,而可能是为了更高层次需求的满足,如为了爱情或事业;生活有了充分保障的人们又会把社交作为重要的追求,以满足其社会归属感;有了一定社交圈的人又十分重视他人对自己的尊重,重视在社会上的身份和地位。

追求自我价值的实现是最高层次的需求和动机,人们会在各种需求已基本满足的前提下,努力按自己的意愿去做一些能体现自我价值的事情,并从中寻求一种满足感。不过马斯洛认为,低层次需求尚未得到满足的人一般不会产生高层次的需求动机,这一结论似乎有些机械。事实上,人世间为理想而甘冒风险,为朋友而忍饥挨饿的例子并不在少数。但是,马斯洛的理论对于企业分析和研究市场却不失为重要的理论依据。例如,当我们分析顾客购买某种商品的动机时就应当弄清楚,他是为了满足自己的某种需求,还是为了送给朋友,以满足社交的需求。因为对于不同的需求,营销的策略和方法是很不一样的。

从商业的角度思考,人们的购买动机又可分为:

①一是本能动机。本能动机又称为原始动机,它直接产生于本能需要,如"饥思食,冷思衣,困思眠,孤单思伴侣"等。本能动机是基本的,也是低层次的。

②二是心理动机。心理动机是人们通过复杂的心理过程形成的动机。心理动机又可分成三类:一是情感类心理动机。人们有高兴、愉快、好胜、好奇等情感和情绪,表现在购买动机上常有三方面的特征,求新:注重新颖,追求时尚;求美:注重造型,讲究格调,追求商品的艺术欣赏价值;求奇:追求出奇制胜,与众不同。二是理智类心理动机。经过客观分析形成的心理动机称为理智型动机。这种理智型购买动机,在购买行为上表现出三个特点:求实,注重质量,讲究效用;求廉,注重商品的价格;求安全,希望商品使用顺利,有可靠的服务保障。三是惠顾类动机。消费者基于经验和情感,对特定的商品、品牌、商店产生特殊的信任和偏爱,从而引起重复购买的动机,称为惠顾类动机。

(2)认知。

认知是人们的一种基本心理现象,是人们对外界刺激产生反应的首要过程。人们不会注意其没有认知的事物,不可能购买没有认知的商品。只有觉察和注意到某一商品存在,并与自身需要相联系,购买决策才有可能产生。

认知是一种由人的内外因素共同作用的过程,取决于两个方面:一是外界的刺激,没有刺激,认知就没有对象;二是人们的反应,没有反应,刺激就不能发挥作用。然而,在实际生活中真正能使两者完全结合的并不多,原因是人们认知能力的局限,对外界刺激的接受只能是有选择的(见表3-3)。具体而言,反映在三个方面,即选择性注意、选择性理解和选择性记忆。

第一,选择性注意。人们对外界的刺激源不会全部都注意,有许多可能是视而不见、听而不闻的。引发人们注意的因素主要有两个:一是人们的需要和兴趣,这是引发注意的内在因素;另一个是刺激的力度,这是引发注意的外在因素。表3-3反映了外在刺激物的特征与引发感知的关系,说明除了了解消费者的需要和兴趣、有的放矢地进行刺激之外,调整刺激的方式和力度也是很重要的。

表3-3 刺激与认知的关系

刺激物的特征	规模	位置	色彩	状态	反差	强度
容易引起认知	大	显著	鲜艳	运动	明显	强烈
不易引起认知	小	偏僻	暗淡	静止	模糊	微弱

第二,选择性理解。人们对所接受的刺激和信息的理解会有一定的差异,这是由于人们在接受外在刺激和信息前已经形成了自己的意识和观念,并以自己已有的意识和观念去理解外来的刺激和信息,从而产生不同的认识。如对于红豆,大多数中国人可能都会联想到"相思"这样一种情感,因为他们熟知"红豆生南国,春来发几枝,愿君多采撷,此物最相思"的诗句。但对于大多数外国人来讲,"红豆"可能最多只意味着一种好看的植物,而不可能产生爱情之类的联想。

第三,选择性记忆。记忆在商业活动中是很重要的,消费者能否对企业的广告和品牌记忆深刻,关系到企业的产品销路和市场竞争力。人们在记忆方面同样是有选择的,强化记忆的因素有三个方面,除了人们的兴趣、刺激的强度以外,"记忆坐标"也很重要。所谓"记忆坐标",是指当人们接受某一信息的同时接受的另一信息,它可成为人们记住某一信息的"坐标"。如利用某种谐音可使人们记住难记的电话号码,利用某种有特征的环境因素能让人们记住在这一环境中发生的事情。积极建立各种记忆坐标是促使消费者记住企业和产品特征的重要方法。

从消费者的行为角度来看,唤起认知的主要方式是销售刺激。销售刺激分为两种:第一种是商品刺激,即刺激源是商品本身,它包括商品的功能、用途、款式和包装等;第二种是信息刺激,即除商品外各种引发消费者注意和产生兴趣的信息,包括通过广告、宣传、服务及购物环境等表现出来的语言、文字、画面、音乐、形象设计等。

(3)学习。

消费者的大多数行为都是通过学习得来的。通过学习,消费者获得了商品知识和购买经验,并用于未来的购买行为。

消费者的学习方式大致有四种:行为学习、符号学习、解决问题的学习和情感的学习。

消费者的基本学习模型由内驱力、提示(线索)、反应、强化四个部分组成。内驱力是指人们的心理紧张状态,内驱力分原始驱力和衍生驱力:原始驱力是由生理需求形成的,如饥饿、口渴;衍生驱力是后天学来的,如寻找面包因为它能够充饥,购买饮料因为它能够解渴。提示又成为线索,是引导人们寻求满足方式的一种启示。例如,人们饥饿时常会被饭店的招牌、食物的香味所吸引。反应是对提示采取的行动,反应有不同的层次,如婴儿饥饿的反应是啼哭或做吸奶的动作,成年人饥饿会买各种喜欢的食品。强化是使某种反应固化并稳定下来。强化的结果是对某种行为加以肯定,并不断重复这一行为。如人们对某一品牌的商品产生"品牌忠实度",就是刺激不断强化的结果。

(4)态度和信念。

消费者的态度是消费者对有关事物的概括性评估,是以持续的赞成或不赞成的方法表现出来的对客观事物的倾向。态度带有浓厚的感情色彩,它往往是思考和判断的结果。信念是在态度得到不断强化的基础上所产生的对客观事物的稳定认识和倾向性评价。在信念指导下的行为往往不再进行认真的思考,而成为一种惯性。

态度具有积极和消极两个方面:积极的态度即消费者对某一客体感到喜欢,表示赞成;消极的态度即消费者对某一客体感到不喜欢,表示不赞成。

相对态度而言,信念更为稳定,使消费者建立对自身产品的积极信念应当是企业营销活动的主要目标,消费者如果对竞争者的产品建立了信念,则会对企业构成很大的威胁。从某种程度上讲,建立和改变消费者的信念就是对市场的直接争夺。

3.2.4 问题认知过程

几乎每一天,我们都要面对各种消费问题。日常性的购买问题,比如汽油快用完了需要补充、常备的食物需要购买等,一旦意识到,很快就会解决。某些使用频繁的大件商品(比如冰箱)突然出了毛病,这样意料之外的问题则容易认知,却不易解决。对其他问题的认知,如对一台笔记本电脑的需求,则要多费点时间,因为此类问题通常较复杂,且决策缓慢。

随着时间的推移,各种情绪(如厌烦、焦躁或抑郁)会或快或慢地产生。这些情绪常被作为支配购买行为的问题而被认知("我心情不好,所以我要去逛逛商店或看场电影或到外面吃顿饭")。有时,这些情绪会导致未经认真思考的细分行为,如一个感到焦躁不安的人会下意识地决定去吃顿快餐。在这种情形下,"问题"并未真正被认知(在有意识的层次上),其尝试的解决方法通常也并不奏效(大吃一顿并无助于焦躁情绪的缓解)。

营销者不仅会通过发展各种产品来帮助消费者解决问题,而且他们也常试图帮助消费者认识各种消费问题,有时甚至是在这些问题尚未萌芽之时。

1)问题认知

问题认知是消费者决策过程的第一步,它是指消费者意识到理想状态与实际状态存在差距,从而需要采取进一步行动。比如,你也许不想让星期五晚上沉闷无聊,而当你发觉自己在周末孤孤单单、心情烦躁时,你会把它作为一个问题看待了,因为你的实际状态(心情烦躁)与理想状态(快乐而充实)之间有差距。怎么办? 你可以看电视、给朋友打电话、出门逛逛或干其他的事情。

作为对问题认知的反应,消费者采取何种行动取决于问题对于消费者的重要性、当时情境、该问题引起的不满或不便的程度等多种因素。

缺乏对问题的认知,就不会产生决策的需要。图 3-3 描述了这种当消费者的理想状态(消费者所期望的)与实际状态(消费者觉察到的、已经存在的)不存在差距时的情形。因此,当周末的晚上你发觉自己沉浸在一本小说里,你快乐充实的愿望(理想状态)与你享受阅读乐趣的现状是一致的,你也就没有理由去寻找别的消遣活动了。

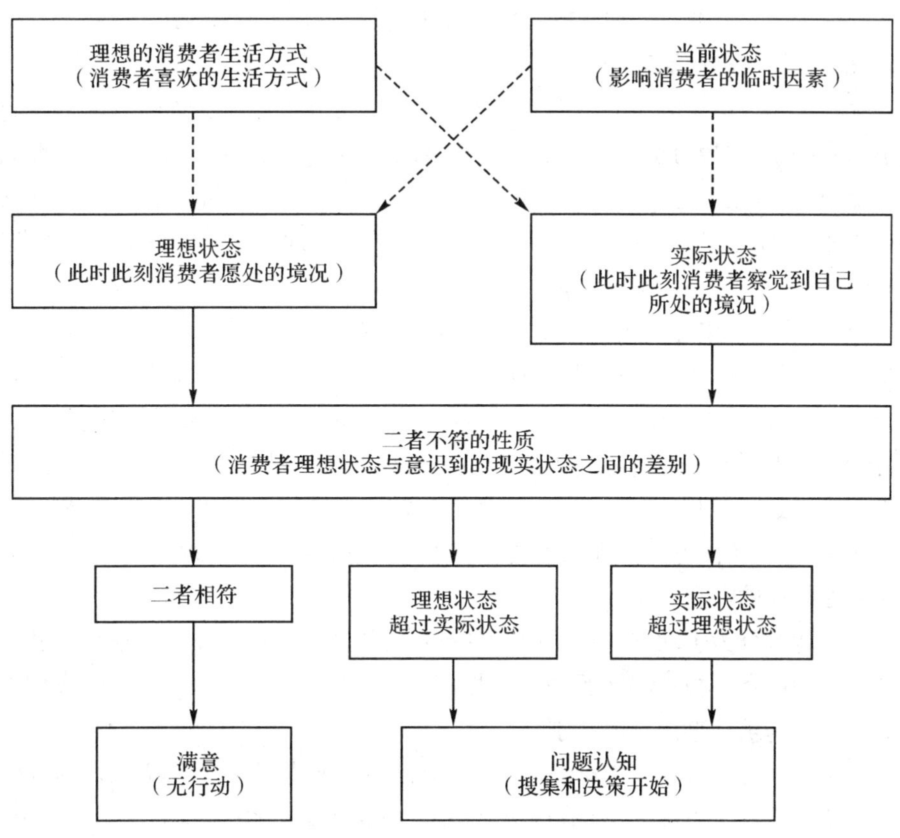

图 3-3　问题认知的过程

相反,当消费者的愿望与其觉察到的实际状态有差别时,问题认知便产生了。图 3-3 表明,一旦理想状态强于或不及实际状态,问题便存在了。比如,过得快乐而充实(理想状态)要胜过感到心烦(实际状态),结果便形成了问题认知。然而,假如你的室友出乎意料地组织了一个热闹的聚会,你发觉自己比平时期望的状态更加兴奋(实际状态),这同样会引起问题认知。

在图 3-3 中，消费者愿望被描述成消费者期望的生活方式与现时状态(时间压力、周围环境等)共同作用的结果。因此，自我概念与理想生活方式集中于户外活动的消费者会有频繁参加此类活动的愿望，高山上的积雪、海边温暖宜人的气候会使他们的这类愿望更加强烈。

消费者的生活方式与当前情境还决定了消费者对实际状态的认知。消费者的生活方式是决定其实际状态最主要的因素，因为生活方式是在资源约束条件下消费者选择如何生活。例如，一个选择哺育一大堆孩子、拥有大量财产、追求事业成功的消费者通常没有什么时间进行户外活动(实际状态)。此外，当前状况(放一天假、一个大项目即将交付、孩子生病了)也会对消费者如何认识其所处的实际状态产生重要影响。

需要强调的是，导致问题认知的是消费者对实际状态的感知或认识，而并非“客观的”现实状态。抽烟的消费者总相信抽烟并不危害健康，因为他们并没有把烟吞进肚子里。也就是说，尽管“现实”是抽烟有害，但这些消费者并未认识到这是一个问题。

2)解决被认知问题的愿望

消费者解决某一特定问题的意欲水平取决于两个因素：①理想状态与现实状态之间差距的大小；②该问题的相对重要性。举个例子，某个消费者希望自己的汽车不仅要满足他对型号与马力的要求，还要达到平均每加仑至少跑 25 英里的油耗水平。如果他现在的汽车油耗水平是每加仑 24 英里，尽管这二者存在差距，但这一差距并没有大到促使该消费者产生购买新车的愿望。

另一方面，即使理想与现实之间差距很大，如果问题并不十分重要，消费者也不一定会着手收集信息。某个消费者现在拥有一辆开了 10 年的丰田车，他希望能有一辆福特公司的新能源汽车，应当说差距是相当大的。但是，与他面临的其他一些消费问题(如住房、用具、食物)相比，这个差距的相对重要性可能很小。相对重要性是一个很关键的概念，因为所有的消费者都要受到时间和金钱的约束，只有相对更为重要的问题才会被重视和解决。总的来说，重要性取决于该问题对于保持消费者理想的生活方式是否关键。

3)消费者问题的类型

消费者问题可分为主动型与被动型。主动型问题是指消费者在正常情况下就会意识到或将要意识到的问题。被动型问题则是消费者尚未意识到的问题。下面这个案例清楚地说明了主动型问题与被动型问题的区别。

迪恩伯莱木材公司开发出一种新燃料——洪都拉斯脂松木。这种天然木材即使在潮湿的情况下也能用火柴一点即燃，且能持续燃烧 15 分钟。在燃烧过程中它不会爆出火花，因而安全性相对较高。这种木材可加工成 15 英寸长、直径为 1 英寸的木棍用于壁炉点火，或压成碎片用于引燃烧烤用的木炭。

在将该产品推向市场之前，公司进行了一项市场调查以预测需求和以此指导其营销策略的制定。两组潜在消费者接受了调查。第一组被访者被询问如何点燃壁炉，以及在此过程中遇到了哪些问题。几乎所有的被试都回答是用报纸，很少有人认为这有什么问题。接着公司向他们介绍了脂松木这种新产品，并询问他们购买该产品的可能性。结果只有很小一部分人表示有购买兴趣。

然而，富有戏剧性的是，在这些人实际使用该产品几个星期后，竟纷纷感到它是对现有引火方法的极大改进，并表示了继续使用该产品的强烈愿望。由此清楚地表明，旧产品问题是存在的(因为试用者均感到它大大优于旧产品)，只是大多数消费者没有意识到这一点。这就是被动型问题。在产品能够成功销售之前，公司必须唤起消费者对问题的认知。

与此形成对照，在关于点烧木炭的一组被试中，相当多的人表达了他们对于液体点火器安全性的担忧，这些人对安全性能更高的点火产品有着强烈的兴趣。这就是主动型问题。在此情况下，公司不用担心消费者对问题的认知，而应将营销重点放在向消费者描述该新产品是如何更好地解决消费者已认识到的问题。

从上面的例子可以看出，主动型与被动型问题需要运用不同的营销策略。主动型问题仅仅要求营销者令人信服地向消费者说明其产品的优越性，因为消费者对问题已经有了认识。对于被动型问题，营销者不仅要使消费者意识到问题的存在，而且还要使其相信企业所提供的产品或服务是解决该问题的有效方法。显然，做到这一点难度是很大的。

3.2.5 问题认知与营销策略

营销管理者通常关注四个与问题认知相关的问题。第一，他们需要弄清楚消费者面临的问题是什么；第二，他们要知道如何运用营销组合解决这些问题；第三，他们有时需要激发消费者的问题认知；最后，有些情况下他们需要压制消费者的问题认知。

1)消费者问题的衡量

发现消费者面临的问题有很多种方法。最常用的无疑是直觉，即管理者可分析某类特定的产品，然后逻辑性地决定可以做哪些改进。静音吸尘器和洗碗机就是针对消费者面临的潜在问题得出的合乎逻辑的解决方法。这一方法的缺点在于，通过这种途径识别出的问题可能对大多数消费者来说并不重要。因此，还需要发展和运用其他的研究技术。

比较典型的研究技术是调查，即询问大量消费者以了解他们所面临的问题。另一种常用的技术是集中小组访谈。小组由8～12名身份相近的人，如大学男生、律师或十几岁的女孩组成。将这些人集中到一起讨论一个特定的话题，现场则有一位主持人来引导，以防止讨论偏离正题。调查也好，集中小组访谈也好，都需要运用下列四种方法之一来识别问题。这四种方法是活动分析、产品分析、问题分析、情绪研究。

(1)活动分析。

活动分析集中于对某一具体活动如准备晚餐、修剪草坪或引燃壁炉之类活动的分析。调查法或集中小组访谈法试图找出在活动过程中消费者觉得会发生什么问题。如约翰森·万克斯公司进行了一次面向妇女的全国范围的调查，内容是她们怎样护理头发及遇到了哪些问题。调查揭示了一个现有的洗发水品牌均未能解决的问题——油腻。结果，该公司有针对性地开发出了 Agree 香波和 Agree Creme 清洗液，均大获成功。

最近在家庭主妇中做的有关“厨房问题”的调查显示，主妇们最感头痛的问题是厨房用品的摆设“缺乏条理”。相对而言，大多数人并不把食物的储藏当成什么问题，剩饭剩菜处理也不是大的问题。

(2)产品分析。

产品分析与活动分析类似,但不同的是其研究的是某一个特定的产品或品牌的购买与使用。比如,消费者被问到的问题可能与使用山地车或笔记本电脑有关。Curlee 服装公司使用集中小组访谈方法来分析男士服装的购买和使用。结果表明,很多人在购买男装时感到非常不放心,原因主要是对零售人员的动机和能力的不信任。于是,Curlee 公司发起了一项大规模的培训活动,通过专门设计的培训课程和拍摄的影视节目来培训其员工。

(3)问题分析。

问题分析采用了与上述几种方法截然相反的途径。它由一系列问题开始,要求被调查者指出哪项活动、产品或品牌会涉及这些问题。例如,涉及包装的一项研究,其问卷中会列出如下问题:

- 包装难以开启。
- 包装难以重新密封。
- 不便于倾倒。
- 包装不适合货架。
- 包装浪费的材料太多。

(4)情绪研究。

营销者对于情绪在决策过程中的作用的研究才刚刚起步。比较通常的方法是集中小组访谈和面对面的访谈。研究重点集中在两个方面:①与某一个特定产品相联系的情绪;②能够减轻或激发某种情绪的产品。

对于比较细微或敏感的情绪或产品,采用投影技术比较合适。另外,各种用于测试情绪和对广告的情绪反应的技术也可被用于测量消费者对各种决策情境的情感反应。

2)对问题认知的反应

一旦某个消费者问题被识别,营销者随即可能制定营销组合方案来解决该问题。这可能涉及产品开发或改进、分销渠道的变更、价格或广告创意的改变。举例来说,很多人出于健康或减肥的目的希望减少脂肪的摄入量,但他们又舍不得放弃享受美味食品和零食。于是霍希公司便研制出了"约克"牌薄荷小方糖——一种低脂糖果来解决这个问题。

当临近毕业,你会面对诸如买保险、申请信用卡等很多在经济独立、生活方式改变之初必然要经历的种种问题。企业对这些问题的了解会导致它们开发各种产品来解决这些问题,并通过人员推销和广告等手段将解决办法告知与你境况相似的人。

周末和晚间营业,是零售商对于消费者在其他时间段无暇购物这一问题的反应。解决这一问题对于双职工家庭来说尤为重要。

营销者对消费者问题认知的反应方式很多,上面描述的例子仅仅反映了其中很小的一部分。总之,每个公司都必须了解它能够解决哪些消费者问题,哪些消费者有此类问题,以及这些问题发生的条件。

3)问题认知的激发

有时营销者希望引起问题认知,而不只是被动地对其做出反应。例如,对于玩具营销者来说，应该通过在一年中的其他时候激发问题认知，以改变其销售过分依赖圣诞节的情况。比如，Fisher-price公司就在春季和夏季分别推出了以“雨天”和“晴天”为主题的促销活动。

(1)一般性问题认知与选择性问题认知。

引起问题认知有两种基本方式，即一般性问题认知和选择性问题认知。这两个概念与经济学中的一般性需求与选择性需求的概念相似。

一般性问题认知中涉及的差别即理想状态与现实状态之间的差别，可以通过同一类产品中的不同品牌来缩小。大致说来，当一个公司着力于影响消费者的一般性问题认知时，这个问题对消费者往往是潜在的或目前不甚重要，并且：①它处于产品生命周期的前期；②该公司占有很高的市场份额；③问题认知之后的外部信息收集相对有限；④需要全行业协作努力。

电话销售经常试图激起问题认知，一部分原因是因为销售人员能将外部信息收集并限于一个品牌。协作式或合作式广告通常集中于一般性问题认知。这方面最成功的两个例子是牛奶和猪肉。类似地，垄断性企业，如在烟草生产上处于垄断地位的美国烟草公司往往集中于一般性问题认知，因为任何销售量的增加都可能来自他们自己的品牌。

然而，如果一家小公司为某类产品创造一般性问题认知时，其最大的受益者可能是竞争企业而不是该公司自己。如果激发一般性问题认知的活动不经认真策划，那么即使占有较大市场份额的公司也会逐步失去市场。Bordens Creamette是全美销售量最大的面条品牌，最近它大张旗鼓地进行促销并改进其面条的配方。结果显示，与5.5%的全行业增长率相比，其销售量仅增长了1.6%。显然，其促销努力在更大程度上帮助了它的竞争对手。

选择性问题中涉及的差别只有某个特定的品牌能够予以解决。虽然增加一般性问题认知通常会导致整个市场的扩大，但企业更多地试图激发选择性的问题认知，也能增加或保持其自身的市场份额。

(2)激发问题认知的方法。

公司如何才能影响问题认知呢？由于问题认知由理想状态与现实状态的差异大小及其重要性所决定，因此，公司可以通过改变理想状态或对现实状态的认识来影响两者间差距的大小；或者，它可以通过影响消费者对现有差距重要性的认识来达成目的。

有证据表明，对于改变理想状态或现实状态的尝试，不同个体以及同一个体在不同产品领域的反应均存在差异。因此，营销者必须确保其选择的方式对于其所在产品领域和选择的目标市场均是合适的。

许多营销努力旨在影响消费者的理想状态。营销者常常通过广告宣传其产品的优越之处，并希望这些优点成为消费者欲求的一部分。

另一种可能是通过广告影响消费者对现有状况的认识。许多个人护理产品和社会性产品均使用这种方法。“即使你最好的朋友也会向你保密……”“Kim样样出色，而这种咖啡……”都是典型的激发消费者关注现在状态的例子。理想状态在这里是新鲜的空气和优质的咖啡，设计这些信息是为了引起消费者思考他们的现有状态是否与理想状态相吻合。

也有人对激发问题认知是否合乎道德产生怀疑。对于与社会地位和社会接受程度相关的各种问题而言，这类争论常在“创造需求”的主题下展开。

(3)问题认知的时机。

消费者常常在购买决策发生困难或找不到解决方法时产生问题认知：

当被困在大风雪中时我们才知道需要防滑履带。

在事故发生之后我们才想到买保险。

在春天我们想要一花圃的郁金香时才发现应在秋天时种下。

当我们觉得不舒服又不想驱车去药店时才想到该备点感冒药。

有时，营销者试图在事后再帮助消费者去解决问题，比如送药上门。但是更常用的策略是在问题发生之前就激发起问题认知。也就是说，如果消费者能够在潜在问题暴露之前就意识到并解决它们，那么对消费者自身和营销者来说都是有益的。

有些公司如保险公司，试图通过大众媒体的宣传引起问题认知，另外一些公司则更多地依赖卖场商品陈列和其他商场内的影响手段从而引起问题认知。制造商和零售商都参与了这方面的努力。比如，在雪季来临之前，一家大五金商店就在店内醒目处放了一个巨大的雪铲，旁边的广告牌上写道："还记得去年冬天你需要雪铲的时候吗？冬天将近，快快准备！"

4)压制问题认知

如前所述，竞争者、消费者组织、政府机构有时会在市场上传播引起某些问题认知的信息，而这些问题认知却往往是某些营销者希望避免的。美国烟草行业曾花大力气试图弱化消费者对与吸烟有关的健康问题的认知。比如，一则 Newport 香烟广告画面上是一对快乐的夫妇，标题是"享受人生"。显而易见，它可以被理解为试图减少由广告下方的强制性警示"吸烟有害健康"而带来的问题认知。

在名义型或有限型决策条件下购买的品牌，制造商往往不希望现有顾客对其品牌所存在的问题产生认知。此时，有效的质量控制与分销显得格外重要。另外，能使消费者对其购买产生踏实感的包装、说明等也有非常重要的作用。

技能训练

技能训练 1:读懂消费者

[实训性质]专业技能训练。

[实训目标](1)加深学生对影响消费者购买的因素和购买决策过程的理解和掌握，提高学生知识应用能力。

(2)锻炼学生的理解能力、分析能力及口头表达能力。

[实训内容]依据参考素材，也可发动学生事先收集情景素材资料。

[实训准备]学生事先利用业余时间收集情景素材并进行初步讨论，教师准备计时工具、打分记录表、情景范例、相关背景知识。

[实训流程]教师确定情景范例→学生分组讨论→学生分析阐述→教师点评→形成分析报告。

[操作要点](1)知识点：消费者购买决策过程。

(2)能力点：购买行为分析能力、口头表达能力、团队协作能力、应变能力。

(3)控制点：时间及课堂氛围。

(4)考核点：团队资料准备情况、讨论参与的积极性、语言表达是否清楚，思维的逻辑性等。

参考素材：

化工学院的小王准备买一台电脑，可是他对电脑知识一知半解，买电脑对他来说是个非常慎重的决策。于是他问了很多买过电脑的同学，仍觉得不放心，又去请教了老师，老师给了他一些有用的建议。但是很多同学说品牌机好，有的又说组装机划算，他为此也很伤脑筋。

请结合购买决策过程理论知识分析小王的购买行为。

技能训练2：情景模拟训练

[实训性质]专业基础素质训练。

[实训目标](1)加深学生对消费者需要和购买动机知识的理解，提高学生学习积极性。

(2)锻炼学生对消费者需求的认知、分析和把握能力。

(3)通过角色扮演锻炼学生的口头表达能力、应变能力及逻辑思维能力。

[实训内容]依据参考素材，也可发动学生事先收集情景素材资料。

[实训准备]学生事先利用业余时间收集情景素材并进行初步讨论，教师准备计时工具、打分记录表、情景范例、相关背景知识。

[实训流程]教师确定模拟情景→场地布置→确定角色→情景模拟→教师点评→分组循环。

[操作要点](1)知识点：消费者需要和购买动机。

(2)能力点：普通话水平、行为礼仪、逻辑思维、口头表达能力、应变能力。

(3)控制点：时间及课堂氛围。

(4)考核点：资料分析和准备情况，神态是否自然、角色扮演是否逼真、语言表达是否清楚、思维是否有逻辑性。

情景模拟参考素材：

著名的营销专家Joe. Girard曾写过《如何将任何东西卖给任何人》，他说：您所遇到的每一个人都有可能为您带来至少250个潜在的顾客。这对想开展自己事业的人们可是个再好不过的消息了。不过，根据Joe. Girard的理论，从反面来看，当一个顾客由于不满意离您而去时，您失去的就不仅仅是一个顾客，您将切断与至少250个潜在顾客和客户的联系，并有可能导致一个重大的损失，以至于您的事业在刚刚走上轨道的时候就跌上一大跤。

请选择一种商品或服务，学习并运用Joe. Girard理论，向全班的老师和同学推销，看能否激发老师和同学的购买动机和欲望，如何让推销对象满意？

技能训练 3:营销游戏——"变脸"对抗赛

[游戏目的]学会根据顾客的面部表情及形体语言等因素把握特定信息。

[游戏过程](1)学生分成两大组四小组。一大组表现,另一大组进行计时、评定。每一大组均分为甲、乙两个小组,甲组表现、乙组猜,完成后角色互换。

(2)分组后,所有学生同时准备5分钟,"表现小组"根据下面提示中的面部表情确定由谁表现及通过有情节的场景表现形式做出表现,每一小组表现完毕,"猜小组"有30秒时间讨论,决定答案。

提示:面部表情

快乐/悲伤　　令人高兴的惊奇/令人不高兴的惊奇

担忧/愤怒　　关切/无聊　　匆忙/有兴趣

(3)在学生中评选一名最佳表现者。

[游戏规则](1)在每组模拟表演的过程中,本组所有学生都必须参加。

(2)在讨论的过程中,每组负责人要做好讨论计划和讨论记录。

(3)在某位同学讨论发言的过程中,其他同学不得随意打断。

[游戏准备]桌子、凳子、纸张、笔、表演所用器具等。

[注意事项](1)讨论过程中要注意控制时间。

(2)要有创新意识、表演技巧和协作精神,使模拟表演过程充满乐趣。

技能训练 4:典型案例分析

[案例 1]

苹果推出大屏幕 iPhone6

2014年8月29日凌晨,苹果对外正式发布了今年新品发布会的邀请函。从邀请函上来看,苹果发布4.7英寸和5.5英寸两款iPhone6新机。显然,今年对苹果和iPhone来说会是非常不寻常的一年,因为这是苹果首次放弃原来的坚持,首次推出新款的大屏幕iPhone手机。

从适合升级的用户和消费者人数考虑,此前使用iPhone的人群中,适合升级新款手机的主要是那些使用运营商合约机的用户,以及那些运营商支持提前升级的用户。显然中国国内的运营商已经从iPhone的销售中尝到了甜头,虽然不再是之前的"得iPhone者得天下",但也相去不远。因此中国国内的运营商已经采取了一系列的相应措施,保证那些合约未到期的老用户也能提前换机。这也是为何此次升级行动可能吸引更多消费者的原因。

很难指出到底有多少用户是因为iPhone屏幕尺寸一直没有变化,从而改投Android手机阵营的。也不知道会有多少用户因为iPhone屏幕变大了,而将从Android阵营转回iOS阵营。但是从市场份额以及身边市场的变化来看,不得不说,在我们身边越来越多的人开始使用5.0英寸以上屏幕的手机。而三星的超大屏 Note 系列，其受欢迎的程度已经不用多说了。

从大屏幕手机在市场中占据越来越多的份额可以看出，多数用户对于大屏幕的需求还是很强烈的。毕竟屏幕是手机的第一视窗，改变最明显，带来的体验变化也是最强烈的。“同样是那么贵的手机，别人的屏幕比我的大，为什么?”相信这也是很多普通用户的想法。苹果一旦祭出大尺寸屏幕的 iPhone 手机，势必会颠覆原有“小巧便携”的市场形象，但也一定会吸引很多原本因为屏幕尺寸而不选择 iPhone 的用户。

从中国市场的情况来看，自从苹果新任 CEO 库克上台之后，苹果与中国的关系日趋紧密，如今的苹果在中国市场可以说是风生水起。这不仅仅是因为苹果与运营商的紧密合作，还包括其对灰色市场的控制。与此同时，中国对运营商的补贴也有动态调节，此前的消息称中国监管部门已经要求运营商减少补贴。而这将会让消费者倾向购买更加便宜的机型。

虽然这可能会产生相反的效果：来自溢价品牌的高价手机毕竟还是可以在比较富裕的消费者中重新树立它们的地位，成为身份的象征。而一旦失去了这种地位，相信“土豪”们可能会选择更为稀少（难撞机）的手机，不过毕竟这是少数，而且苹果一直以来定位的高端形象早已深入人心。

资料来源：iPhone 中文网，2014 年 8 月 29 日

思考题：

（1）内驱力、诱因与购买行为有什么关系？

（2）苹果在推出大屏幕手机前，在市场销售中遇到的主要问题是什么？他们准备如何解决？

[案例点评]驱动力是消费行为的起点，不管是内部的还是外部的都可以成为驱动力，而诱因则是促使具体购买行为产生的催化剂。苹果最终放弃了原有的“单手操控”的坚持，积极迎合消费者市场的需要，顺应潮流推出了 5.5 英寸大屏幕 iPhone6 手机，用更好的视觉及操控效果作为诱因，力图重新把时尚消费者拉回 iOS 阵营。

[案例 2]

红叶超市的购物环境

红叶超级市场营业面积 260 平方米，位于居民聚集的主要街道上，附近有许多各类商场和同类超级市场。红叶超市的营业额和利润虽然还可以，但与同等面积的商场相比还是不够理想。通过询问部分顾客，得知顾客认为店内拥挤杂乱，商品质量差、档次低。

听到这种反映，红叶超市经理感到诧异，因为红叶超市的顾客没有同类超市多，经常是别的超市人头攒动而本店较为冷清，顾客怎会感觉拥挤呢？本店的商品

都是货真价实的，与别的超市相同，怎说质量差、档次低呢？

经过对红叶超市购物环境的分析，经理发现了真实原因。原来，红叶超市为了充分利用商场的空间，柜台安放过多，过道太狭窄，购物高峰时期就会造成拥挤，顾客不愿入内，即使入内也不易找到所需的商品，往往是草草转一圈就很快离去；商场灯光暗淡，货架陈旧，墙壁和屋顶多年没有装修，优质商品放在这种环境里也会显得质量差、档次低。

为了提高竞争力，红叶超市的经理痛下决心，拿出一笔资金对商店购物环境进行彻底改造：对商店的地板、墙壁、照明和屋顶都进行了装修；减少了柜台的数量，加宽了走道，仿照别的超市摆放柜台和商品，以方便顾客找到商品。果然，整修一新开业后立刻见到了效果，第一个星期的销售额和利润比过去增加70%。可是随后的销售额和利润又不断下降，半个月后降到了以往的水平，一个月后甚至低于以往的水平。为什么会出现这种情况呢？

观察发现，有些老顾客不来购物了，增加了一批新顾客，但是新增的顾客没有流失的老顾客多。对部分顾客的调查表明，顾客认为购物环境是比原先好了，商品档次也提高了，但是商品摆放依然不太合理，同时商品价格也提高了，别的商店更便宜些，一批老顾客就到别处购买了。

听到这种反映，红叶超市的经理再次感到诧异，因为红叶超市装修后一般商品的价格并未提高，只是调整了商品结构，减少了部分微利商品，增加了一些正常利润和厚利商品，其价格与其他超市也相同。

思考题：

(1)红叶超市与周边超市质量、价格都相差不大，为什么消费者会有不同的感觉？

(2)红叶超市针对问题进行了改进，但很多老顾客却流失了，请你提出解决的办法。

[案例点评]消费者的购买行为是经营决策的基础，在超市购买行为中顾客会关注购物环境、购物的便捷性和找寻货品的方便性等因素。超市货品价格也会从顾客心理价格层面对购买行为产生直接的影响，所以需要全方位地思考超市的经营。

课后训练

1)单项选择题

(1)消费者面对同样的刺激因素产生不同的购买反应，这被称为是受到购买者“黑箱”的影响。所谓购买者“黑箱”，是指对刺激因素产生行为反应的(　　)。

A. 心理转换过程　　B. 购买的盲目性

C. 购买的随机性　　D. 无序性行为过程

(2)(　　)性购买行为发生在购买价值较低、产品差异性不大的场合。

A. 复杂　　B. 多变

C. 习惯　　D. 和谐

(3)“习惯性购买行为”一般会发生在下面哪种产品的购买行为中( )。

A. 小汽车 B. 房子 C. 自行车 D. 啤酒

(4)“复杂性购买行为”就是指消费者购买特定产品时，面对的市场情况为：“品牌差异”( )，而其“购买介入程度”又( )。

A. 大、高 B. 大、低 C. 小、高 D. 小、低

(5)学前期(6岁以前)儿童消费者的心理特征不包括( )。

A. 消费情绪开始较为稳定 B. 模仿性消费特点突出

C. 消费情绪不稳定 D. 消费中学会了比较

(6)按消费者购买目标的选定程度区分不包括以下哪种类型( )。

A. 确定型 B. 半确定型

C. 不确定型 D. 风险型

(7)某种相关群体中有影响力的人物称为( )。

A. 意见领袖 B. 道德领袖

C. 精神领袖 D. 经济领袖

(8)个人为了人身安全和财产安全而对防盗设备、保安用品、保险产生的需要是( )。

A. 生理需要 B. 社会需要

C. 尊重需要 D. 安全需要

(9)( )是指存在于人体内驱使人们产生行为的内在刺激力，即内在需要。

A. 刺激物 B. 诱因

C. 反应 D. 驱使力

2)第二课堂

兰州博信商贸有限公司是一家从事文具办公用品批发与零售的商贸公司，在兰州市区及周边地区进行文具的批发与零售业务。目前，该公司准备在兰州石化学院大学生创业基地开一家门店，并且招聘一名能掌握大学生消费心理与行为特征的门店经理，负责这家门店的经营与管理。

分析与思考：如果你去应聘这家公司的门店经理，你觉得需要掌握哪些大学生消费心理与行为方面的能力和知识。

课外任务：

(1)在实地调查与仔细观察的基础上，设计关于大学生文具消费心理与行为的调查问卷，并且展开问卷调查。

(2)独立拟写一份“大学生文具消费心理与行为特征及营销策略”的调研报告，字数在3000字左右。

(3)班级组织策划一场门店经理模拟应聘活动，邀请老师作为企业招聘代表参加评议，最后由老师进行点评与总结。

3)资料研读与分析

[资料1]

用高效的营销活动可以吸引消费者

中国政府已经公布一系列明确的政策,来刺激国内的消费,以此抵消外部出口需求的下降给中国经济所带来的负面影响。因此,中国经济发展所面临的真正问题,是国内消费能否快速增长,或者是否能够增长到足以弥补出口下降所带来的损失。有些人可能会认为,我们目前只能等待全球经济慢慢复苏,从而得以重新启动出口引擎。但是,像 Steven Roche 等很多头脑清醒的人物都已经公开表示,全球经济复苏并不会使得对中国的出口需求恢复到以前的水平。所以,Roche 等人以及许多中国领导人都开始致力于推行促进国内消费增长的政策及事务。国内的消费量必须足够大,因为中国国内还有很充足的生产能力以及劳动力来得到运用。对于即将到来的显示性消费增长,我们称为"消费主义"。

中国的消费一直保持着稳健的增长。但是,为了促使消费得以迅速增长,有些问题我们将不得不去面对。中国政府已经制定了两大积极政策来鼓励消费,一方面,政府对消费者的购买行为提供直接奖励,且形式多样,如面向消费者和零售商提供补贴、折让以及其他措施;另一方面,政府加强了社会保障体系建设,适度扭转中国高储蓄的文化习惯,从而将一定量的储蓄释放到消费市场上。我认为,今年将是一个营销大年,主要是因为,仅仅依靠财政政策,不能将一个重视储蓄的文化转变成一个乐于消费的文化。因为文化的改变,是一项艰难而又重大的改变。中国人在储蓄方面显得非常理性,这源于百姓的忧患意识。每个家庭都想存钱,以便在危急关头可以渡过难关,这深深植根于中国文化。我自己就是在储蓄文化中长大的。所以,任何从储蓄习惯到消费行为的转变,实际上都是一次文化思潮。而这一思潮可以由企业通过营销来引导。事实上,营销就是拉动政府财政政策这一马车的骏马,依靠它,我们可以有效地降低社会储蓄率,实现消费增长。

很多年前,美国也曾遇到过此类问题。到1975年,美国的储蓄率高达70%,虽然美国早先就建立了安全救助体系、社会保障体系(19世纪30年代)及医疗保障体系(19世纪70年代初)。一直到菲利普·科特勒所著的《营销原理》得以出版,并在新兴营销学与实践方面提出先进的理念,营销的推动作用才开始在美国显现。很多大学建立了市场营销系,并随着科技的发展而不断发展相应的营销课程。于是,很多管理人才、营销人才从学校毕业后,进入美国各地的消费品企业。这些企业在市场研究、品牌建设、市场细分、品牌推广等方面投入了大量的人力、物力和财力。这些企业采取的营销手段,有持续的媒体推广、灵活定价、渠道联盟以及销售管理,从而有助于企业最终完成整个销售过程和营销循环。所以,美国企业能够通过高效的营销活动来吸引消费者。今天,由于中国的监管及政府、文化足够强大,它们能够控制好营销的发展,并使其在一定范围内发挥作用。

我们要谈论的是把45%的储蓄率降低到一半左右。这样,几万亿存款中的一半，就可以拿到国内市场进行消费，促进国内经济的持续增长，从而抵消出口领域的下滑。

现在，真正的问题出现了——如何营销？这也是企业家们面对的问题。许多外资企业善于营销，它们大量投资于产品研发、推广，从而刺激消费者，让消费者掏钱来消费，获取自己向往的价值，从而满足生活必需品和娱乐产品之外的需求。换句话说，消费者可以购买自己渴望得到的产品，实现中国所需要的巨大消费增长。因此，我们面临着这样一个问题，中国企业以及政府能否支持，而且有决心、有方法来与长袖善舞的外资企业进行竞争，帮助企业家获得市场增长份额。当然，我们还有很多其他困难要克服。

企业家们要谨记的是，在这个营销大年里，营销是拉动财政政策的那匹马，它可以帮助居民降低储蓄率，我们需要考虑的是控制好战略。加强企业投入，发现人才，培养人才，这就要靠中国的大学去开设相应的学科，培养更多的营销人才了。

资料来源：米尔顿·科特勒，《新营销》，2009(12)

分析与思考：

面对全球金融危机，经济下滑，扩大内需是应对出口下降的有力措施，可是面对中国的高储蓄现状，我们应怎样通过营销改变消费者的行为？

[资料2]

认知和习惯决定消费者行为

我们在生活中经常会发现：消费者知道吸烟有害于身体健康还要去吸烟，消费者知道麦当劳、肯德基是“垃圾”食品还偏偏带着孩子去吃，消费者知道方便面没有营养还要义无反顾地去消费。反之，为什么很多对消费者有益的产品，消费者却不买账？有时候消费者明知道是好东西却对其无动于衷，很多很多的为什么着实让人费解。我想大家都不会忘记春节联欢晚会上赵本山、范伟表演的《卖拐》的小品，有些消费者就像范伟在小品中表演的人物一样，越是“忽悠”他越相信，讲实话反而却被他误解甚至还会遭受到责骂。

那么，到底是什么因素导致消费者这么奇怪呢？

其实很简单，这都是消费者的认知和习惯造成的。

企业在营销中一味地强调品牌的创新、差异化和品类独占等，但在实际操作中企业必须关注消费者所关注的，不能一味地做广告宣传、促销诱导。企业必须关注消费者的认知和习惯，这一点才是企业营销成败的关键。消费者很多固有的认知、习惯和已经定势的思维方式是很难改变的，如果企业一定要改变的话，就必须做好付出巨大代价的准备，甚至是做好迎接失败的准备。

作为企业的营销者必须明白这一点，消费者的认知和习惯有些是可以改变的，但有些是很难改变的，即使能改变，那也需要时间和付出巨大的代价。就以吸烟为例，人们都知道吸烟有害身体健康，很多人也在尝试着戒烟和倡导戒烟，但为什么还有那么多的消费者在吸烟呢？一是传统习惯造成，二是固有认知造成。从传统习惯上讲，吸烟已成为男人在工作、生活中必不可少的一部分；从认知上说，他们把吸烟看作是男人的一种特殊象征，认为吸烟很有男人味、很酷、很潇洒等。所以对于健康问题，烟民们早已把它抛在脑后。另外，吸烟对健康的影响是潜移默化的，所以烟民基本上认为吸烟虽影响健康但无大碍。正是因为如此，很多戒烟类的产品虽然大张旗鼓地宣传吸烟的危害，但它在短时间内是很难打开市场的，原因就在于其没有解决烟民固有的认知和习惯问题，所以戒烟类产品想在短时间内达到香烟的市场份额是不现实的。改变烟民的认知和习惯是一个长期的过程，不是一朝一夕能完成的。

前些年，很多媒体和一些营养专家一直在说麦当劳和肯德基出售的是“垃圾”食品，但为什么麦当劳和肯德基并没有因此倒闭，而且生意依然是那么红火呢？也许很多人会说，那是因为他们善于经营，但值得我们肯定的是麦当劳和肯德基在品牌认知方面做得非常优秀，值得我们借鉴和学习。我们很多中餐店虽然明知道自己的饭菜营养丰富却始终超越不了这两家出售“垃圾”食品的快餐店。我们常说这是经营问题，实际这也是企业没有很好地解决消费者认知和消费习惯的问题。

因此，企业在推出新品类和新概念的产品和服务时，要考虑如何解决消费者的认知和习惯问题，要考虑企业有没有足够的实力和能力来改变消费者的认知和习惯，否则，就有可能从“先行者”变成“先烈”。这样的失败例子也不在少数。例如，天冠当初推出纯净酒，把“除甲醇，有益健康”作为产品利益诉求和价值主张，原本是出于关注消费者的健康，但它没有从根本上了解消费者饮酒习惯和认知问题，也没有考虑到爱喝酒的人并不太注重健康；另外，它所主张的与中国的饮酒文化所倡导的“酒逢知己千杯少”“舍命陪君子”“不醉不归”等传统文化相违背，再加上它是一种新型现代纯净白酒（酒质确实不错），与传统酒确实有很大的区别，所以消费者无论从饮酒习惯和认知上都不能接受它，天冠纯净酒的失败也就在所难免。另如当年旭日升推出茶饮料时，也没有很好地解决消费者对传统茶和茶饮料的区别以及消费者对茶饮料的认知和习惯问题，所以最终导致失败。

想必大家也不会忘记五谷道场非油炸方便面。2005 年底，五谷道场以“非油炸”这一概念高调进入方便面市场，一时打破了油炸方便面一统天下的局面，从而将方便面划分为“油炸”和“非油炸”两大类。可惜的是，五谷道场正值如日中天之时却遭受资金链断裂，最后也难逃失败的下场。五谷道场开创的“非油炸”方便面是一个新品类，应该说其在建立消费者的认知和改变消费者的习惯方面做得还是比较成功的，但它没有明白要改变消费者的认知和消费习惯，不仅仅是营销策略问题，更需要庞大的资金做后盾，在进行频繁的软文炒作投放时，在进行铺天盖地的广告宣传时以及在不计成本地开展促销时就应该明白这一点。改变消费者认知和习惯不是一件容易的事情，不但要在营销策略上做好准备，在资金上更要做好充分的准备，否则很难取得成功。

综上所述，企业必须明白产品和品牌的成功在于很好地建立认知和建立消费者的消费习惯。建立认知的基础和关键是定位，没有准确的定位，就不能很好地建立认知，不能建立认知，也就不可能培养消费者的消费习惯，这一点营销者必须牢记。

资料来源：杨旭，中国营销传播网，2009(12)

分析与思考：

结合教材中影响消费者购买因素的内容，思考一下消费者对产品的认知和消费习惯对购买行为有什么样的影响。

项目4 目标市场营销模式

【知识目标】

(1)掌握市场细分的概念及市场细分的程序和步骤。

(2)理解市场细分的原理和理论依据,掌握市场细分的原则和标准。

(3)了解目标市场的评估及影响目标市场选择的因素,掌握目标市场的基本战略。

(4)掌握市场定位及重新定位策略。

【能力目标】

(1)通过案例分析,领会市场细分、目标市场对企业营销活动的意义,提高市场分析能力。

(2)通过情景模拟,从情境出发,选择相应的目标市场战略,提高市场营销操作能力。

(3)通过讨论、竞争性发言,提高语言表达能力。

(4)通过营销游戏,增强团队沟通与协作能力。

【开篇案例】

P&G的洗衣粉市场营销策略

洗衣粉是人们生活中必不可少又非常常见的日用品之一。人们洗衣服时用洗衣粉才能把衣服洗干净,但他们对洗衣粉有许多要求,比如经济性、漂白力、柔软作用、清新气味、强力或柔软等,他们也需要许多液体的洗衣剂。人们需要洗衣粉能具有这些优点中的一部分,一些人认为洗净力和漂白力是最重要的,另一些人认为柔软蓬松是最重要的,还有一些人需要中性和略有香味的。因此,洗衣粉购买者中有三个群体或子市场,每个子市场需要一组专门的产品特点。

宝洁公司确认了至少11种洗衣剂的子市场,但还有数不清的再分子市场。它推出了不同的品牌设计,去适应每个子市场的专门需要,诸如以下几个P&G的品牌就定位在不同的子市场中。

Tide牌是“这样强,它把纤维都洗净”,这是适合各种家庭洗衣服用的洗衣剂,专洗最难洗的。“汰渍进去,脏物跑开”,漂白剂汰渍是“这样管用,它把纤维都变白”。

Bold牌是有纤维膨松剂的洗衣粉,它“洗涤、蓬松还能控制静电”。Bold牌的液体洗衣剂加了蓬松香味剂。

Gain牌是P&G公司最早的加酶洗衣粉,它的定位是给您干净和气味清新的衣服,它“清新得如阳光一般”。

Dash牌是P&G公司推出的实惠产品,不仅“专攻污渍”,而且“还是最经济的”。

Dreft牌是为儿童的尿布和衣服设计的,内含硼砂,“自然界的天然甜美物质,带给您可信赖的洁净”。

Ariel 牌是为西班牙语系的市场设计的强力洗涤剂，它是墨西哥最畅销的洗衣剂，也是P&G 公司在欧洲的主要品牌。

通过细分市场并拥有几个洗衣剂品牌，P&G 公司为有各种偏好的消费者群体都提供了产品，它全部品牌的产品在美国 32 亿美元的洗衣剂市场上占有 53%的市场份额，这绝不是一个品牌能办得到的。

【案例点评】

市场具有多元异质性，企业的资源是有限的，细分市场，发现需求，锁定目标市场，进而满足各个市场的需求，是企业营销获得成功的必由之路。

目标市场营销是工业经济中最好的营销方法，它能比其他任何营销方式都更好地去兼顾大规模生产方式追求的“成本经济性”和营销观念所要求的“最好地满足顾客需求”。在企业的营销活动体系中，市场调研、市场细分、目标市场选择及市场定位构成了企业营销体系的战略性 4ps 组合。通常，我们把市场细分、目标市场选择和市场定位构成的策略组合称为目标市场营销模式（即 STP 模式，见图 4-1）。

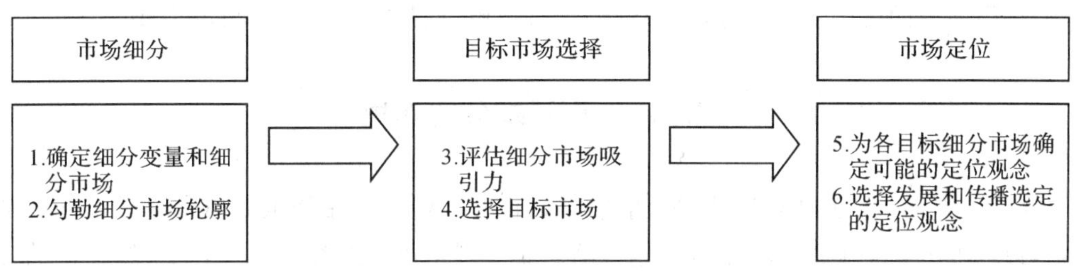

图 4-1 目标市场营销(STP)模式

任务 4.1 认识市场细分

4.1.1 市场细分的概念及起源

市场细分是 20 世纪 50 年代才出现的概念。50 年代前，企业往往把消费者看作是具有同样需求的整体市场，所以大量生产单一品种的产品，用普遍广泛的分销方式和同样的广告宣传方式进行销售。但是，由于消费者的需要是有差异的，这样的销售方式使他们不满。50 年代，美国宝洁公司发现消费者由于洗涤不同的纤维织物的需要，不满足于单一品种的肥皂，于是生产了三种不同性能、不同牌子的洗衣肥皂：第一种是洗涤软性纺织品的碱性小的肥皂，第二种是洗涤较脏衣服的强碱肥皂，第三种是多种用途的全能肥皂。这些肥皂满足了不同消费者的需求，使其在肥皂市场上获得最大的市场份额。营销专家总结了这一实践经验，提出了市场细分这一概念。

从概念上理解，市场细分是企业根据构成总体市场消费需求及购买行为的差异性，将整体市场划分为若干个相类似的消费者群（子市场）的过程。目的是使在同类产品市场上，同一细分市场的顾客具有更多的共同性，不同细分市场之间需求具有更多的差异性，以使企业明确有多少数目的细分市场及各细分市场需求的主要特征。市场细分的主要依据包括消费需求的差异性、消费需求的相似性和企业经营能力的局限性。

理解市场细分的含义应注意以下几点：

第一，市场细分的立足点是市场消费需求的不同。

第二，市场细分并不是产品的划分，而是消费群的划分。

第三，市场细分的过程是子市场之间求异存同、子市场之间求同存异的过程。

在20世纪50年代，市场细分的概念由美国市场营销学家温德尔·斯密首次提出后，其产生与发展经历了以下几个主要阶段：

大量市场营销阶段：企业大量生产某种产品，并通过众多渠道大量推销产品，试图用这一种产品来吸引市场上的所有购买者。

产品差异市场营销阶段：企业生产销售多种外观、式样、质量、型号的产品，但这时的产品差异并不是由市场细分产生的，而是站在企业的立场上以不同的产品去满足不同的需要。

目标市场营销阶段：企业通过识别不同的消费者群体，选择其中的一个或几个作为目标市场，运用适当的市场营销组合，集中资源为目标市场服务，满足目标市场需要。

4.1.2 市场细分的作用

在当今人们生活水平不断提高、消费需求日益多样化、产品和服务越来越扩大的经济社会中，市场细分是一项重要的市场营销策略。企业根据市场细分的原理，把市场营销的力量集中到一小群购买者上，就可更好地为顾客服务，实施有效的竞争，从而更有效地达到企业的盈利目标。具体来说，市场细分的作用有以下几个方面：

第一，有利于发现市场机会。市场细分可更精确细致地分析市场机会，使自己处于有利的地位。如何认识市场？如果不对市场进行细分化研究，市场始终是一个“混沌的总体”，因为任何消费者都是集多种特征于一身的，而整个市场是所有消费者的总和，呈现出高度复杂性。市场细分可以把市场丰富的内部结构层层抽象出来，发现其中的规律，使企业可以深入、全面地把握各类市场需求的特征。另外，市场需求是已经出现但尚未得到满足的购买力，在这些需求中有相当一部分是潜在需求，一般不易发现。企业运用市场细分的手段往往可以了解消费者存在的需求和满足程度，从而寻找、发现市场机会。同时，企业通过分析和比较不同细分市场中竞争者的营销策略，选择那些需求尚未满足或满足程度不够，而竞争对手无力占领或不屑占领的细分市场作为自己的目标市场，并结合自身条件制定出最佳的市场营销策略。

第二，有助于掌握目标市场的特点，从而更好地为顾客服务，发挥最大的市场营销效果。

第三，有利于制定市场营销组合策略。进行市场细分有利于企业确定经营方向，有针对性地开展营销活动。市场营销策略组合是由产品策略、价格策略、促销策略、分销策略所组成的。企业通过市场细分确定自己所要满足的目标市场，找到自己资源条件和客观需求的最佳结合点，这有利于企业集中人力、物力、财力，有针对性地采取不同的营销策略，取得投入少、产出多的良好经济效益。

第四,有利于提高企业的竞争能力、社会效益。市场细分不仅给企业带来了良好的经济效益,而且也创造了良好的社会效益。因为,一方面,细分化可以使不同消费者的不同需求得到满足,提高了生活水平;另一方面,有利于同类企业合理化分工,在行业内形成较为合理的专业化分工体系,使各类企业各得其所、各显其长。

4.1.3　市场细分的依据

营销学家们认为,市场包含着无数的购买者,每个购买者的需求和欲望千差万别,他们的购买着眼点各不相同,这就是消费需求的"异质性"理论,它是市场细分的基础和依据。

要想进行市场细分就必须寻找细分的依据和标准,为便于研究,这里我们把市场特点鲜明的两个部分即消费者市场和产业市场分别加以叙述。

1)消费者市场细分的依据

一般来说,消费者市场细分的依据可以概括为四大类,即地理环境、人口状况、消费者心理和购买行为,每个方面又包含了一系列的细分因素。消费者市场细分的一般标准如表 4-1 所示。

表 4-1　消费者市场细分的一般标准

划分依据	典型细分
地理标准	国界、区域、地形、气候、城乡、人口密度、交通条件、其他
人口标准	国籍、种族、民族、宗教、职业、教育、性别、年龄、收入、家庭人数、家庭生命周期、其他
心理标准	社会阶层、生活方式、性格、购买动机、其他
行为标准	追求利益、对广告的反应、购买频率、使用频率、使用者地位、对渠道的信赖度、对价格敏感程度、品牌忠诚度、其他

(1)地理标准。这种按消费者生活的地理环境来细分市场的方法,是一种传统的细分方法。俗话说"一方水土养一方人",消费者居住的地区和地理条件不同,其需求和欲望也不同。生活在草原和山区、内陆和沿海、温带和寒带、城市和乡村的人们对同一种产品有各自不同的需求和偏好。比如,对于自行车这一产品来说,乡村和城市消费者的需求截然不同。在乡村,人们不仅把自行车当作一种交通工具,有时还把它当作运输工具,因此,他们要求自行车结实、耐用、价格实惠;而在城市,自行车作为一种代步工具,人们更关注自行车的品牌、款式、颜色、轻便,对价格则不太敏感。由于地理位置的不同和气候的差异,就食品而言,我国北方居民爱吃咸的,南方人口味较清淡。

地理因素是一个静态因素,往往容易辨别,对于分析研究不同地区消费者的需求特点、需求总量及其发展变化趋势有一定意义,有助于企业开拓区域市场。但是,即使居住在同一国家、地区、城市的消费者,其需求与爱好也并不相同,有时差别也很大,因此还要进一步按其他标准细分市场。

(2)人口标准。运用人口因素细分市场,是根据人口统计变量因素将市场进行细分。由于不同国籍或民族的、不同年龄和性别的、不同职业和收入的消费者,其需求和爱好是大不相同的,因此,人口统计变量与消费者对商品的需求爱好和消费行为有密切关系,而且人口统计变量资料比较容易获得和进行衡量。由此,人口因素是市场细分中常用以区分消费者群体的标准。例如,性别细分一直运用于服装、理发、化妆品和杂志领域,以收入水平细分市场是汽车、服装、旅游等行业的长期做法,按年龄将消费者分为青年、中年、老年等不同的消费者群体在食品、娱乐等企业很普遍。但是,越来越多的情况是,采用多种人口统计变量来进行综合市场细分,尤其是当单一变量无法准确划分时。例如,某服装公司以性别、年龄和收入三个变量将市场划分为多个细分层面,每个层面有更细致的描述,如企业可为月收入在6000元以上的年轻女性市场提供高档职业女装。除了上述方面,经常用于市场细分的人口变数还有家庭生命周期、家庭规模、国籍、种族、宗教等。

此外,在按年龄细分市场时应该注意,随着社会经济发展及人们物质和精神文化生活的提高,生理年龄已不能完全表明一个人的健康、工作、兴趣等状况,而心理年龄日益发挥着更大的作用。企业不应仅看到人的生理年龄,还应注意心理年龄。例如,玩具、电子游戏已不再是儿童的专利,更多的成年人加入了玩具和电子游戏市场。又如,美国福特汽车公司曾按购买者年龄来细分汽车市场,针对想买跑车的年轻人推出了该公司的"野马"牌汽车。令人惊讶的是,许多中、老年人也争相购买"野马"牌汽车,调查后得知,原来年纪大的人认为驾驶"野马"牌汽车可使他们显得年轻。显然,"野马"牌汽车市场的对象不应该再以生理年龄,而应以心理年龄为依据划分。

(3)心理标准。根据购买者所处的社会阶层、生活方式、个性特点等心理因素细分市场称为心理细分。心理因素是比较复杂的动态因素,企业必须根据消费者的不同心理变化,随时进行调查研究,获得可靠的资料,从而便于确定自己的目标市场。这里介绍如何按照消费者的个性、生活方式、购买动机和消费习惯等进行市场细分。

消费者的个性往往影响了其购买决策和购买行为,可以说,消费过程就是他们自觉和不自觉地展示自己性格的过程。为此,营销者越来越注意给他们的产品赋予品牌个性,树立品牌形象,以符合相对应的目标消费者的个性,求得其目标市场的认同。例如,在20世纪50年代,美国福特汽车公司和通用汽车公司就曾利用个性特征来推销福特牌和雪佛兰牌汽车,性格独立的、易冲动的、机灵善变的、自信的消费者喜欢福特车,而保守的、节俭的、计较利益的、冷静的消费者则喜欢通用公司的雪佛兰汽车。

生活方式是指一个人或家庭对消费、工作、娱乐的特定习惯和倾向性态度,是影响消费者的欲望和需求的一个重要因素。人们的生活方式不同,对商品的需求也就不同。一个消费者的生活方式一旦发生变化,他就会产生新的需求。因此,越来越多的企业按照消费者不同的生活方式来细分市场,并按照生活方式不同的消费者群体来设计不同的产品和安排市场营销组合。例如,大众汽车公司专为"奉公守法的好公民"式的消费者设计了经济、安全和少污染的汽车;为"玩车族"设计和生产出华丽、灵活和外形时髦的汽车。

消费者购买特定商品的动机是满足自己的特殊利益要求。例如,就消费者购买洗发用品而言，有的是为了去头屑、止痒，有的是为了使头发柔顺、飘逸，也有的是为了营养发质等。著名的宝洁公司就是根据这种购买动机的差异进行市场细分，分别推出了“海飞丝”“潘婷”“飘柔”等个性鲜明的品牌产品，“海飞丝”的突出功能是去头屑，“潘婷”的突出功能是营养保健，而“飘柔”的突出功能是光滑柔顺。又如，有的消费者购买昂贵的名牌商品，追求其质量，也同时为了显示其经济实力和社会地位；有的消费者身穿奇装异服，为的是突出其个性；有的消费者喜欢购买洋货，是为了满足其崇洋心理等。企业根据心理因素细分市场，可以为不同的子市场设计专门的产品，采用有针对性的营销组合策略。

(4)行为标准。根据消费者不同的购买行为细分市场，即企业按照消费者购买或使用某种产品的时机、消费者所追求的利益、使用者的情况、使用频率、对品牌的忠诚度等行为变量来细分市场。例如，消费者购买某些商品往往有特定的时机，在我国，春节、元宵节、端午节、中秋节等节日形成了某些特定商品购买的高潮，学生在寒暑假时为旅行社提供了特殊的旅游需求，情人节、圣诞节、母亲节等使巧克力、贺卡、鲜花成为热销商品，这些都为企业提供了不同时机的细分市场。企业可以根据顾客对商品的使用情况将顾客划分为从未使用者、曾经使用者、准备使用者、初次使用者和经常使用者五个细分市场，也可以根据顾客对商品的使用次数或数量，将市场细分为少量使用者、中量使用者和大量使用者等。不同的情况需要区别对待。例如，潜在使用者和经常使用者需要不同的营销方法。一般来说，具有高度市场份额的公司，特别注重将潜在的使用者变为实际使用者，以扩大其市场份额；而较小的公司则设法吸引经常使用者，以维持其市场份额。企业可以根据这些购买行为因素细分市场，推出适合细分市场所需要的产品。

需要指出的是，以上四种主要的细分标准只是对企业市场细分实践在理论上的总结和概括。在实际操作中，选择细分标准是一项创造性的工作，应根据需要灵活组合。例如，一个消费者在购买商品时，总与他的收入、性别、年龄、职业、个性、购买动机等因素有关，消费者也必然处于某一特定的地理位置，但是，其中必有一些最主要的决定性因素。因此，在实际工作中，市场细分不能只考虑某个方面的因素，而要根据产品特点，将使消费者之间产生明显差别的若干因素结合起来进行市场细分，这样才能选择出比较理想的目标市场。

2)产业市场细分的依据

许多用于细分消费者市场的变量同样适用于产业市场，如追求的利益、使用者的情况、使用数量、品牌忠诚度等。但是，产业市场毕竟具有不同于消费者市场的特点，它比消费者市场更加复杂，而且交易数额巨大。因此，产业市场的细分依据也有其独特性(见表 4-2)。

表 4-2　产业市场细分的依据

划分依据	典型细分
行业类别	轻工、冶金、煤炭、军工、机械、服装、食品、电子、纺织、汽车、航空、船舶、化工、其他
用户规模	大型企业、中型企业、小型企业、大客户、中客户、小客户
地理位置	国界、区域地形、气候资源、自然环境、城乡、城市规模、生产力布局、交通条件、其他
行为标准	使用者地位、追求利益、使用频率、购买频率、购买批量、购买周期、购买目的、品牌忠诚度、对渠道的信赖度、对价格敏感程度、对服务的反应、其他

(1)行业类别。用户的行业类别包括农业、轻工、食品、纺织、机械、电子、冶金、汽车、建筑等。用户的行业不同,其需求有很大差异,即使是同一产品,军工与民用对质量要求就不同。军事用户要求产品质量绝对可靠,供应准确及时,对价格不太在意;民用工业用户要求质量良好,服务周到,价格适中。针对上述不同要求,企业应在市场细分的基础上采取不同的营销策略。

(2)用户规模。用户规模包括大型、中型、小型企业,或者大用户、小用户等。不同规模的用户,其购买力、购买批量、购买频率、购买行为和购买方式各不相同。一般来说,大用户数目少,但购买额较大,对企业的销售有着举足轻重的作用,应予以特殊重视,可保持直接的、经常的业务联系;对小用户则相反,数目多但单位购买量较少,企业可以更多地利用中间商来进行产品推销工作。

(3)地理位置。用户所处的地理位置对于企业的营销工作,特别是产品的上门推销、运输、仓储等活动有很大的影响。地理位置相对集中,有利于企业营销工作的运筹、开展。每个国家和地区,由于自然资源、气候条件和历史等因素的影响形成了具有某些特点的区域。如我国山西等省的煤炭工业区,形成了对矿山机械的需求市场。按用户的位置细分市场,有助于企业将目标市场选择在用户集中的地区,有利于提高销售量,节省推销费用,节约运输成本。

(4)行为标准。用户的行为标准包括追求利益、使用率、品牌商标忠诚度、使用者地位(如重点户、一般户、常用户、临时户等)和购买方式等。

4.1.4 市场细分的原则

企业可根据单一因素,亦可根据多个因素对市场进行细分。选用的细分标准越多,细分后相应的子市场也就越多,每一子市场的容量相应就越少。相反,选用的细分标准越少,子市场就越少,每一子市场的容量则相对较大。如何寻找合适的细分标准,对市场进行有效细分,在营销实践中并非易事。一般而言,成功、有效的市场细分应遵循以下基本原则:

1)可衡量性

可衡量性指细分的市场是可以识别和衡量的,即细分出来的市场不仅范围明确,而且对其容量大小也能大致做出判断。有些细分变量,如具有“依赖心理”的青年人,在实际中是很难测量的,以此为依据细分市场就不一定有意义。

2)可进入性

可进入性指细分出来的市场应是企业营销活动能够抵达的,即是企业通过努力能够使产品进入并对顾客施加影响的市场。一方面,有关产品的信息能够通过一定媒体顺利传递给该市场的大多数消费者;另一方面,企业在一定时期内有可能将产品通过一定的分销渠道运送到该市场。否则,该细分市场的价值就不大。比如,生产冰淇淋的企业,如果将我国中西部农村作为一个细分市场,恐怕在一个较长时期内都难以进入。

3)有效性

有效性指细分出来的市场,其容量或规模要大到足以使企业获利。进行市场细分时,企业必须考虑细分市场上顾客的数量以及他们的购买能力和购买产品的频率。如果细分市场的规模过小，市场容量太小，细分工作烦琐，成本耗费大，获利小，就不值得去细分。

对营销策略反应的差异性。这是指各细分市场的消费者对同一市场营销组合方案会有差异性反应，或者说对营销组合方案的变动，不同细分市场会有不同的反应。如果不同细分市场顾客对产品需求差异不大，行为上的同质性远大于其异质性，此时，企业就不必费力对市场进行细分。另一方面，对于细分出来的市场，企业应当分别制订出独立的营销方案。如果无法制订出这样的方案，或其中某几个细分市场对是否采用不同的营销方案不会有大的差异性反应，便不必进行市场细分。

任务4.2　选择目标市场

市场细分的主要目的是选择目标市场。目标市场是企业为满足现实或潜在需求而开拓和准备进入的特定市场，即企业在市场细分的基础上，根据自身资源优势准备为之服务的顾客群体。通过市场细分，企业首先要认真评估各个细分市场；然后根据自己的营销目标和资源条件选择适当的目标市场，并决定相应的目标市场策略。

4.2.1　目标市场的评估

评价细分市场是进行目标市场选择的基础，企业要选择目标市场，首先要确定有哪些细分市场是可供选择的，因为并不是所有的细分市场都适合本企业。因此，在确定目标市场之前，要对细分市场进行分析评估。企业评估细分市场主要从三个方面考虑：一是各细分市场的规模和潜力，二是各细分市场结构的吸引力，三是企业本身的目标和资源。

1）市场规模和潜力

企业在评估细分市场时首先要考虑细分市场有没有适当的规模和良好的发展前景。适当规模是相对于企业的规模和实力而言的。较小的市场相对于大企业来说不值得涉足；规模较大的市场相对于小企业来说又缺乏足够的资源进入，并且小企业在大市场中也无力与大企业竞争。市场潜力则决定着企业能否在这个细分市场上持续、稳定地发展。如果细分市场属于没有发展前途的夕阳产业，或是产品处于生命周期的衰退期，即使这个细分市场目前还有较大的销售量，对于企业来说，也是没有前途的市场。

2）市场结构的吸引力

市场结构的吸引力是指由某一细分市场内经营者的数量与质量、市场进入与退出的限制、产品销售与供应状况等因素所组成的市场结构对其长期盈利能力的影响。如果某个市场已有数量众多、实力强大的竞争者，该市场就会失去吸引力；如果某个市场可能吸引新的竞争者加入，他们将会投入大量资金来争夺市场，提高市场占有率，则这个市场也没有吸引力；如果某个市场存在现实的或潜在的替代产品，这个市场也不具有吸引力。例如，目前我国的冰箱、空调、微波炉等家用电器的市场竞争对手数量多，实力雄厚，其整体生产能力大大超过了市场需求，处于饱和状态，因此对于采取常规的方式进入其中某一细分市场的企业来说，一般是无利可图的。

3)细分市场的特征与企业总目标和资源优势的吻合程度

企业进行市场细分的根本目的是要发现与自己的资源优势能够达到最佳结合的市场需求。企业的资源优势表现在其资金实力、技术开发能力、生产规模、经营管理能力、交通地理位置等方面。既然是优势，必须是胜过竞争者的。消费需求的特点如能促进企业资源优势的发挥将是企业的良机，否则，将会出现事倍功半的情况，对企业造成资源的浪费，严重时甚至造成很大的损失。

4.2.2 如何选择目标市场

企业在对细分市场进行评估比较之后，还要决定自己是以全部细分市场，还是以某些或某个细分市场作为自己的最佳目标市场，这就是在选择企业目标市场策略时所要考虑的问题。通常有以下五种模式供参考：

1)市场集中化

如图 4-2(a)所示，企业选择一个细分市场，集中力量为之服务，其中较小的企业一般专门填补市场的某一部分。集中营销使企业深刻了解该细分市场的需求特点，采用有针对性的产品、价格、渠道和促销策略，从而获得强有力的市场地位和良好的声誉，但同时也隐含着较大的经营风险。例如，企业专门为老年消费者提供各种档次的服装，企业专门为这个顾客群服务，虽然能建立良好的声誉，但一旦这个顾客群的需求潜量和特点发生突然变化，企业就要承担较大的风险。

2)产品专门化

如图 4-2(b)所示，企业集中生产一种产品，并向所有顾客销售这种产品。例如，服装厂商向青年、中年和老年消费者销售高档服装，企业为不同的顾客提供不同种类的高档服装产品和服务，而不生产消费者需要的其他档次的服装。这样，企业在高档服装产品方面就会享有很高的声誉，但一旦出现其他品牌的替代品或消费者流行的偏好转移，企业将面临巨大的威胁。

3)市场专门化

如图 4-2(c)所示，企业专门服务于某一特定顾客群，尽量满足他们的各种需求。

4)选择专门化

如图 4-2(d)所示，企业同时选择几个细分市场，每一个细分市场对企业的目标和资源利用都有一定的吸引力，但各细分市场彼此之间很少或根本没有任何联系。这种策略能分散企业的经营风险，即使其中某个细分市场失去了吸引力，企业还能在其他细分市场获得盈利。

5)完全市场覆盖

如图 4-2(e)所示，企业力图用各种产品满足各种顾客群体的需求，即以所有的细分市场作为目标市场。例如，上例中的服装厂商为不同年龄层次的顾客提供各种档次的服装，一般只有实力强大的大企业才会采用这种策略。再如，IBM 公司在计算机市场、可口可乐公司在饮料市场开发诸多的产品，以满足各种消费者需求。

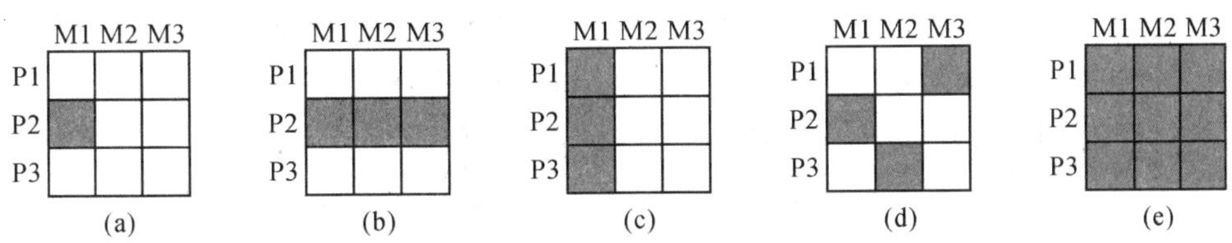

图 4-2　目标市场的五种模式

4.2.3　目标市场营销策略

根据各个细分市场的独特性，结合公司经营的目标，有三种目标市场策略可供选择。

1)无差异性市场营销策略

无差异性营销战略指公司只推出一种产品，或只用一套市场营销办法来招揽顾客。当公司断定各个细分市场之间很少有差异时可考虑采用这种大量市场营销策略。企业把整体市场看作一个大的目标市场，不进行细分，用一种产品、统一的市场营销组合对待整体市场，如图 4-3 所示。

无差异性营销策略的优点是可以降低成本。由于产品单一，企业可实行机械化、自动化、标准化大量生产，从而降低产品成本，提高产品质量；无差异的广告宣传，单一的销售程序，降低了销售费用；节省了市场细分所需的调研费用、多种产品开发设计费用，使企业能以物美价廉的产品满足消费者需要。无差异营销策略也有其不足：不能满足不同消费者的需求和爱好。用一种产品、一种市场营销策略去吸引和满足所有顾客几乎是不可能的，即使一时被承认，也不会被长期接受，容易受到竞争对手的冲击。当企业采取无差异营销策略时，竞争对手会从这一整体市场的细微差别入手，参与竞争，争夺市场份额。

在相当长的一段时间内，可口可乐公司因拥有世界性的专利，仅生产一种口味、一种规格和形状的瓶装可口可乐，连广告词也只有一种。它所实施的就是无差异性市场营销战略，期望凭借一种可乐来满足所有消费者对饮料的需求。

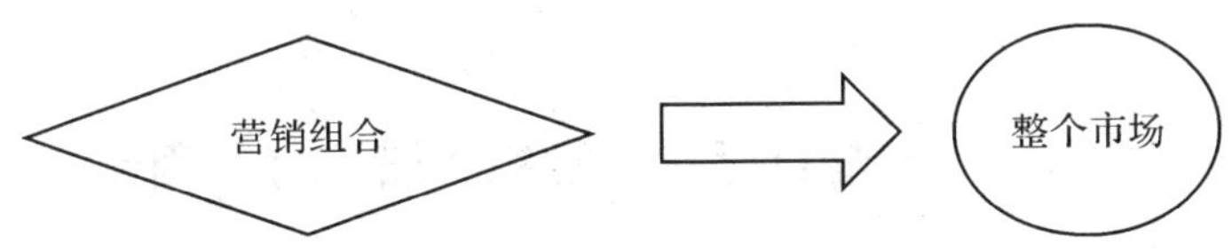

图 4-3　无差异性市场营销策略

2)差异性市场营销策略

企业把整体市场划分为若干个需求与愿望大致相同的细分市场，然后根据企业的资源及营销实力选择不同数目的细分市场作为目标市场，并为所选择的各目标市场制定不同的市场营销组合策略，如图 4-4 所示。其最大的优点是在产品设计或宣传推销上能有的放矢，分别满足不同地区消费者的需求，增加产品的总销售量，同时使公司在细分小市场上占有优势，从而提高企业的知名度，在消费者心中树立良好的公司形象。缺点是会增加各种费用，如产品改良成本、制造成本、管理费用、储存费用。

美国爱迪生兄弟公司经营了900家鞋店,分为4种不同的连锁店形式,每一种形式都是针对一个不同的细分市场,有的专售高价鞋,有的专售中价鞋,有的专售廉价鞋,有的出售时髦鞋。在芝加哥斯泰特大街3个街区短短的距离内就有该公司的3家鞋店。尽管这些商店彼此很近,但并不影响相互的生意,因为它们是针对女鞋市场上的不同细分市场。

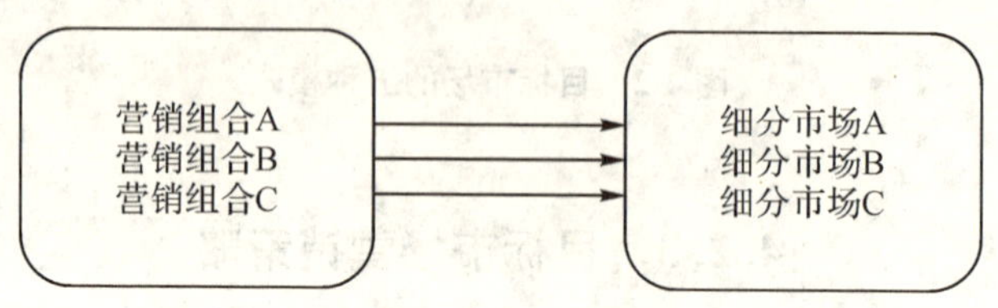

图 4-4 差异性市场营销策略

3)密集性市场策略

把企业资源集中在一个或几个小型市场,不要求在较多的细分市场上得到较小的市场份额,而要求在较小的市场上得到较大的市场占有率,如图4-5所示。这一战略适合资源薄弱的企业,但经营者承担的风险较大。

奥康原本是一家小规模的制鞋公司,在皮鞋市场上的竞争力较弱。它通过市场调查和细分后,了解到皮鞋市场上有各种不同的皮革制成的皮鞋,款式有150多种。但有很多消费者喜欢在家穿轻便舒适的皮便鞋,该公司决定以此消费者群体作为目标市场,集中企业的一切资源,专门生产这种皮便鞋,从而使公司在竞争激烈的皮革制品市场上站稳了脚跟,获得了很大的经济效益。

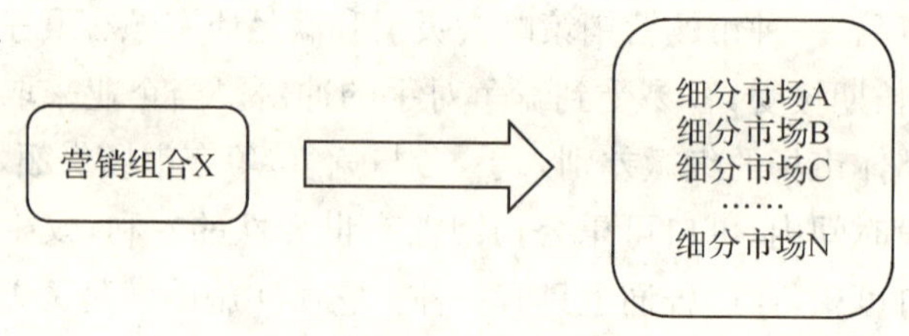

图 4-5 密集性营销策略

4.2.4 影响目标市场营销策略选择的因素

上述目标市场营销策略的三种类型各有优缺点,因而各有其适用的范围和条件。一家企业究竟采用哪种策略,应根据企业资源、产品特点、市场特点、产品生命周期阶段以及竞争者的营销策略等具体情况来决定。

1)企业资源

如果企业规模较大,资金、技术、营销等实力雄厚,可以考虑采取差异性市场营销策略或无差异性市场营销策略;反之,如果企业实力不强,规模较小,则最好采用密集性市场营销策略。企业初次进入市场时,往往采用密集性市场营销策略,在积累了一定的成功经验后再采用差异性市场营销策略或无差异性市场营销策略，以扩大市场份额。

2）产品特点

如果企业所生产的产品属同质产品，即不同竞争者所生产的这类产品不存在较大的差异，有其相似性和同质性，如面粉、矿泉水、普通钢材等，则企业以无差异性市场营销策略为主；反之，若企业生产的产品属差异性产品，可采用差异性市场营销策略或密集性市场营销策略。

3）市场特点

市场特点包括市场规模、市场需求与市场位置等。如果消费者的需求和偏好相似，企业则可以采用无差异性市场营销策略；反之，如果企业面对的市场是差异性市场，消费者之间的需求特性相差很大，则企业应在细分市场后，采用差异性市场营销策略或密集性市场营销策略。

4）产品生命周期

产品生命周期包括引入期、成长期、成熟期和衰退期四个阶段。处在引入期和成长期的产品，市场营销的重点是引导和巩固消费者的偏好，最好实施无差异性市场营销策略；当产品进入成熟期后，市场竞争激烈，消费者需求日益多样化，可改用差异性市场营销策略或密集性市场营销策略，以开拓新市场，满足新需求，延长产品生命周期。

5）竞争者的营销策略

企业在选择目标市场营销策略时，必须考虑竞争对手的状况及其采用的策略。一般来说，企业的目标市场营销策略应与竞争者有所区别。如果强大的竞争对手采取无差异性市场营销策略，企业则可以实行密集性市场营销策略或差异性市场营销策略；如果企业面临的是较弱的竞争者，必要时企业可采用与之相同的策略，凭借实力击败竞争对手。当然，这只是一般原则，并没有固定模式，营销人员在实践中应根据竞争力量对比和市场具体情况做出灵活选择。

任务 4.3　市场定位概述

企业在经过市场细分，并选定目标市场后，还面临着如何对待当前与未来的众多竞争者的问题。在激烈的竞争中，企业如何脱颖而出，以鲜明的特色吸引目标顾客，占据一席之地或保持长期的领先地位，这就关系到企业的竞争优势问题，而科学的市场定位是关键。

4.3.1　市场定位的含义

市场定位是指企业根据所选择的目标市场的竞争情况和自己的优势，塑造企业和产品在目标顾客中的良好形象，确立企业合适的竞争地位。也就是说，这里所指的“位”，是产品在消费者感觉中所处的地位，是一个抽象的心理位置的概念。市场定位的实质在于对已经确定的目标市场，从产品特征出发进行更深层次的剖析，进而确定企业营销组合，最终要落实到具体产品的生产和推销上。市场定位的任务就是创造产品的特色，使之在消费者心目中占据突出的地位，留下鲜明的印象。

企业产品的市场定位是否准确，直接关系到营销结果的成败。定位正确，可以发挥企业的资源优势，拥有足够的市场，确保生产经营活动的顺利进行；定位失误，寻找不到合适的市场，即使投入较高的营销费用，仍不能拥有大量的购买者，使企业陷入不利的生产经营境地。

企业市场定位的核心内容是设计和塑造产品的特色或形象。这种特色或形象可以是实物方面的，也可以是心理方面的，或两者兼而有之。有的可以从产品实体上表现出来，如形状、规格、成分、色彩、性能和构造等方面；有的可以从价格水平上表现出来，如高价、低价、满意价、折扣价和地区价等方面；有的可以依据消费者的心理表现出来，如显示产品的时尚、朴素、清淡、典雅和热烈等；有的还可以通过质量、档次、包装等来反映。显然，产品不同，产品特色或个性的表现形式也会有所不同。例如，提到汽车，凯迪拉克以其豪华舒适、宝马以其卓越功能、丰田以其经济可靠、沃尔沃以其安全性而著称。随着市场上商品越来越丰富，与竞争者雷同、毫无个性的产品无法吸引消费者的注意，也就无法在市场上立足。

4.3.2 市场定位的方式

1)比附定位

比附定位就是攀附名牌，比附名牌来给自己的产品定位，借名牌之光来使自己的品牌生辉。比附定位方法有两种：

(1)甘居“第二”，就是承认同类产品中另有最负盛名的品牌，自己只不过是第二而已。如艾维斯连续 13 年亏损，但自从它承认自己是第二，便开始盈利了。它的广告语是：“艾维斯在租车行业屈居第二。”那干吗还找我们？因为我们更努力。

(2)攀龙附凤。其切入点如上述，首先承认同类产品中已有卓越成就的名牌，本品牌自愧不如，但在某地区或某方面还可以与这些最受欢迎和信赖的品牌并驾齐驱，如“宁城老窖——塞外茅台”。

2)属性定位

这是指根据特定的产品属性来定位。例如，健力宝——运动饮料；摩尔香烟——女士烟；“泰宁诺”镇痛药的定位是“非阿司匹林的镇痛药”，以显示药物成分与以往的镇痛药有本质的差异。

3)利益定位

这是根据产品所满足的或提供的利益、解决问题的程度来定位。比如，中华牙膏定位为“超洁爽口”；洁银牙膏定位为“疗效牙膏”；美国米勒推出了一种低热量的“Lite”牌啤酒，定位为“喝了不会发胖的啤酒”。

4)与竞争者划定界线定位

它是指与某些知名产品做出明显区分，给自己的产品定一个位置，如汽水——“非可乐”型饮料。

5)市场空当定位

这是指企业寻找市场上尚无人重视或未被竞争对手占据的位置，使自己推出的产品能适应潜在目标市场的需要。

4.3.3 市场定位的策略

1)抢占或填补市场空位策略

抢占或填补市场空位策略是企业把产品定位于目标市场的空白处。例如,“利郎”商务休闲装进入服装市场时填补了男士休闲高档衣物的空位。这种定位战略的明显优势是企业可以避开激烈竞争的压力,风险小、成功率高。因为,填补市场空白定位是避强就虚,其目标市场不是竞争者已经占领或正要占领的领域,而是被竞争者所遗忘和忽略的市场,故企业产品能够迅速在市场上站稳脚跟,并能在消费者或用户心目中迅速树立形象。同时,空当定位从其本来意义上讲就是创新,而创新一旦成功,就能很快地确立企业的竞争地位,且由于局部的垄断还可以获取相当的超额利润。在采用这种策略前,企业应明确三个问题:

(1)市场空白处的潜在顾客数量。市场出现空白,也许并非其他竞争者熟视无睹,而是该处缺乏需求,市场容量太小,这一点尤其应值得注意。

(2)技术上的可行性。企业应当有足够的技术能力生产市场空白处的需求产品,否则,企业选择了这种策略也只能是望洋兴叹。

(3)经济上的合理性。即企业填补市场空位要有利可图。

2)与现有竞争者共存的策略

这种策略是企业把自己的产品定位在与现有竞争者的同一位置上,与现有竞争者和平共处。对于竞争者来说,如果有足够的市场份额,而且其既得利益没有受到多大损害,一般是不会在乎市场上多出一个竞争对手的。因为,激烈的对抗常常会两败俱伤,很多实力不雄厚的中小企业经常采用这种定位策略。例如,继天津大发小面包汽车面市之后,昌河、长安、佳宝、五菱等相继面市,各汽车厂家使用的就是与现有竞争者共存的策略。

企业采用这种策略的好处:由于竞争者已开发出相同的或类似的产品,本企业可以节省大量的研究开发费用、降低成本,同时也能节省一定的推广费用,减少可能带来的风险。企业采用这种策略前应明确两个前提:一是该市场的需求潜力是否还很大,还有没有很大的未被满足的需求;二是企业推出的产品能否有自己的特色,能否与竞争产品一比高低,并很快立足于市场。

3)逐步取代竞争者的策略

取代竞争者的策略就是逐步将竞争者挤出原有地位并取而代之。如果企业实力十分雄厚,有比竞争者更多的资金,能生产出比竞争者更好的产品,不甘于与竞争者共享市场,则可以采取这种取代策略。比如,以生产空调为主的江苏春兰集团,20 世纪 90 年代末突然生产出“春兰虎”“春兰豹”摩托车,一面市就很快地取代了本田以高档摩托车独霸市场的态势并占领了警用摩托车市场。企业要实施这种定位策略,必须比竞争对手有明显的优势,提供比竞争者更加优越和有特色的产品,并做好大量的推广宣传工作,提高本企业产品的知名度和美誉度,冲淡顾客对竞争者产品的印象和好感。当然,采用这种策略的风险是相当大的,成功了,企业可以独占鳌头,一旦失败,就会使企业陷入进退两难或两败俱伤的境地。因此,采用这种策略的企业应事先做好充分的准备。

4.3.4 市场定位的主要任务

市场定位的主要任务,就是在市场上使企业的产品与竞争者有所不同。为获得竞争优势而进行的市场定位包括两项主要任务:一是要确定企业可以从哪些方面寻求差异化,二是找到企业产品独特的卖点。

1)寻求差异化

差异化是指设计一系列有意义的差异,以使本企业的产品同竞争对手的产品区分开来。雷同、相近的东西很难让人记忆深刻,只有显著的差异才使人难以忘记。企业要在实践中突出自己与竞争对手的差异性,有五种基本途径:

产品差异化。企业可以使自己的产品区别于其他产品,尤其像汽车、服装、家具、商业建筑等产品可以实现高度差异化。这种产品的差异化可以通过多种方式获得:增加产品的基本功能、提高产品的性价比、延长产品的预期使用寿命、提高产品的可靠性及通过改变产品的风格与设计方式等方面,以实现差异化。

服务差异化。竞争的激烈和技术的进步,使实体产品建立和维持差异化越来越困难,于是,竞争的关键点逐渐向增值服务转移。服务差异化日益重要,主要体现在订货方便、交货及时和安全、安装、客户培训与咨询和维修养护等方面。例如,通用电气公司不仅向医院出售昂贵的X光设备并负责安装,还对设备的使用者进行认真培训,并提供长期服务支持。

渠道差异化。通过设计分销渠道的覆盖面、建立分销专长和提高效率,企业可以取得渠道差异化优势。比如,戴尔电脑、雅芳化妆品就是通过开发和管理高质量的直接营销渠道而获得差异化的。

人员差异化。培养训练有素的人员是一些企业,尤其是服务性行业的企业取得强大竞争优势的关键。例如,1994年,上海航空公司率先招聘"空嫂",打破国内航空业界的常规,"空嫂"们以其良好的服务赢得了赞誉。

形象差异化。形象是公众对企业及其产品的认识与看法。企业或品牌形象可以对目标顾客产生强大的吸引力和感染力,促使其形成独特的感受。有效的形象差异化需要做到:建立一种产品的特点和价值方案,并通过一种与众不同的途径传递这一特点;借助可以利用的一切传播手段和品牌接触(如标志、文字、媒体、气氛、事件和员工行为等),传达触动顾客内心感受的信息。例如,耐克因其卓越的形象,在变幻莫测的青年消费者市场上始终保持着吸引力。

2)寻求独特的"卖点"

任何产品都可以进行各种程度的差异化。然而,并非所有商品的差异化都是有意义或有价值的。有效的差异化应当能够为产品创造一个独特的"卖点",即给消费者一个鲜明的购买理由。有效的差异化应遵循以下基本原则:

(1)重要性。该差异化能使目标顾客感受到较高的让渡价值带来的利益。

(2)独特性。该差异化竞争者并不提供,而是由企业以一种与众不同的方式提供。

(3)优越性。该差异化明显优于消费者通过其他途径而获得的相似利益。

(4)可传播性。该差异化能被消费者看到、理解并传诵。

(5)排他性。竞争者难以模仿该差异化。

(6)可承担性。消费者有能力为该差异化付款。

(7)营利性。企业将通过该差异化获得利润。

3)避免定位失误

一般来讲,企业在定位时必须避免以下三种主要的定位错误:

(1)定位不足。指企业差异化设计与沟通不足,消费者对企业产品难以形成清晰的印象和独特的感受,认为它与其他产品相比没有什么独到之处,甚至不容易被消费者识别和记住。

(2)定位过分。指企业将自己的产品定位过于狭窄,不能使消费者全面地认识这种产品。例如,一家同时生产高、低价位产品的企业使消费者误以为只能提供高档产品。定位过分限制了消费者对企业及其产品的了解,同样不利于企业实现营销目标。

(3)定位模糊。指由于企业设计和宣传的差异化主题太多或定位变换太频繁,致使消费者对产品的印象模糊不清。混乱的定位无法在消费者心目中确立产品鲜明、稳定的位置,所以难以成功。

4.3.5　重新定位策略

重新定位一般有以下三种情况:

1)因产品变化而重新定位

这是因产品进行了改良或产品发现了新用途,为改变顾客心目中原有的产品形象而采取的再次定位。

有的企业因市场竞争等原因,不断地否定自己的产品,又不断地对产品进行改良。当改良产品出现后,其形象、特色等定位也随之改变。

许多产品在投入使用过程中会超出发明者当初的设想而发现一些新用途,为了完善产品的形象,扩大市场,产品需要重新定位。比如,苏打不仅是药品,还有清洁除臭作用,可用于冰箱、厕所除臭,于是苏打产品又被重新定位于家用除臭剂。剃须安全刀片是美国吉列公司发明的,近 50 年来一直是刀片市场的王牌。20 世纪 60 年代初,吉列刀片受到 BIC 公司的不锈钢刀片的冲击,一些顾客纷纷放弃吉列,转而使用 BIC 公司的产品。为扭转不利局面,吉列推出世界上第一把双片剃须刀片,其定位改为“剃须更彻底”。6 年后,吉列公司又推出便携式剃须刀,其定位又改变为“安全便利”。

2)因市场需求变化而重新定位

由于时代及社会条件的变化以及顾客需求的变化,产品定位也需要重新考虑。如人们生活富裕了,要养生,要保健减肥,因而希望食品中糖分尽量少些。某一品牌奶粉在 20 世纪 50 至 60 年代针对消费者喜爱强调含糖分,进入 80 年代则强调不含糖分,正好迎合人们“只要健康不要胖”的心理。

3)因扩展市场而重新定位

市场定位常因竞争双方状态变化、市场扩展等而变化。美国约翰逊公司生产的一种洗发剂，由于不含碱性，不会刺激皮肤和眼睛，市场定位于“婴幼儿的洗发剂”。后来，随着美国人口出生率的降低，婴幼儿市场日趋缩小，该公司改变定位，强调这种洗发剂能使头发柔软，富有色泽，没有刺激性。万宝路香烟最早是一种女性香烟，其包装采用细腻的图案和柔和的字体，广告中出现的则是女性形象。后来该公司为了扩展市场，将其定位改变为男性香烟，将包装改为红白两色对比鲜明、字体刚劲有力的男性化设计，广告片则聘用外表刚毅的男性明星，其画面大多为荒野、骏马和西部牛仔，并大力赞助赛车、足球等激烈的体育比赛，从此该产品成为男性喜爱的名牌香烟，销路也随之剧增。

重新定位是重要的，但是变中要求稳，否则频繁改变定位会造成品牌形象的混乱，也会加大成本开支。

技能训练

技能训练1:识别产品卖点一分钟训练

[实训性质]专业技能训练。

[实训目标](1)领会市场细分与定位理论。

(2)锻炼学生的表达能力、综合分析能力、创新思维能力。

[实训内容]介绍(演示)自己购买某一品牌产品(如手机、服装)的理由。

[实训准备]学生事先归纳、讨论身边常见商品的卖点，熟悉商品属性与顾客需求的对应关系；教师准备计时器、计分表、范例、相关背景知识。

[实训流程]教师确定演练顺序→学生跑步上台→问候大家→阐述选定的产品卖点→致谢→返回座位。

[操作要点](1)知识点：市场细分、目标市场选择与市场定位。

(2)能力点：营销理论应用能力、口头表达能力、应变能力。

(3)控制点：时间及课堂氛围。

(4)考核点：演讲的神态、举止(语音语调、站姿、表情、肢体动作)，阐述内容的理论性、完整性、连贯性，时间控制。

技能训练2:情景模拟训练

[实训性质]专业基础素质训练。

[实训目标](1)加深学生对营销基本原理的理解，提高学生学习积极性。

(2)通过角色扮演锻炼学生的口头表达能力、应变能力及逻辑思维能力。

[实训内容]依据参考素材，也可发动学生事先收集情景素材资料。

[实训准备]学生事先利用业余时间收集情景素材并进行初步讨论，教师准备计时工具、打分

记录表、情景范例、相关背景知识。

[实训流程]教师确定模拟情景→场地布置→确定角色→情景模拟→教师点评→分组循环。

[操作要点](1)知识点:目标市场战略、市场细分与目标市场选择。

(2)能力点:普通话水平、行为礼仪、口头表达能力、应变能力。

(3)控制点:时间及课堂氛围。

(4)考核点:团队资料准备情况、模拟神态是否自然、角色扮演是否逼真、语言表达是否清楚、思维的逻辑性及时间控制。

情景模拟:

(1)某学院拟为在职教师集体采购电脑,确定以招标的形式,价位定在 7000 元左右。为把这件事情办好,院领导决定成立招标组,对外发布招标信息,并定于近日公开竞标。学院招标组由信电系、管理系的专家组成(由一组同学扮演招标组),接到任务后他们先了解手提电脑的市场行情,了解教师的需求,决心为教师们买到性价比最好的电脑。经过充分准备,招标会议开始了。会上,IBM,DELL,AMPL,HB 和联想等公司(分别由几个小组扮演)来参加产品说明和价格竞标,竞争非常激烈。

(2)现有 A 公司在泡泡糖市场中处于垄断地位,B 公司欲进入这一市场,并成立了市场开发部,研究 A 公司产品的不足,以寻找市场空间。经过周密分析,B 公司终于发现了 A 公司产品有以下不足:

一是以成人为对象的泡泡糖市场正在扩大,而 A 公司仍把重点放在儿童身上。

二是 A 公司产品口味单一,市场需求要求多样化。

三是 A 公司生产条状泡泡糖,缺乏新样式。

四是 A 公司产品价格出现零头,顾客购买不便。

B 公司针对调查结果,开始建立自己的目标市场,并制定相关的营销策略。你认为 B 公司如何发现市场机会? B 公司应当把目标市场选择在哪里? B 公司的营销管理应当怎样制定目标市场策略?

技能训练 3:典型案例分析

[案例 1]

思科帝国沉浮兴衰:多元化失败伤及核心业务

2011 年 7 月,国际著名网络解决方案供应商思科公司(CISCO)宣布,将裁员 6500 人,并将位于墨西哥的机顶盒生产厂出售给富士康,该厂的 5000 名员工也将随之转移。此前思科关停了 Flip 视频摄像机业务及 Eos 视频与社交平台。

不久之前,思科还在大举向新市场扩张,投资数十亿美元收购了网络会议服务商 WebEx、视频通讯公司 Tandberg 和摄像机公司 Flip。短短几年间究竟发生了什么?

过于成功 思科现在的困境是典型的“因自己的成功而受害”。在网络股泡沫最严重时，思科一举超过微软，成为全球市值最高的公司——毕竟，当时互联网的运行正是建立在该公司生产的设备之上。此外，思科当时已在企业网络电话产品方面取得了一些成功。

网络股泡沫破灭使思科也深受打击。市值超过微软后仅一年，该公司就宣布裁员11%。思科的问题包括两个方面：①在其活跃的市场，思科确实占据统治性地位，但该市场衰退时，思科也会随之衰退；②投资者希望看到增长，而企业网络硬件市场看起来已经增长到了极限。思科2007年3月收购WebEx时，业内人士就指出，思科已经拥有交换器和路由器市场70%～90%份额，但投资者仍希望思科实现更大增长。

新型多元化 从2003年开始，思科启动了新型多元化战略，出资5亿美元收购了家庭网络产品供应商Linksys，进入消费网络市场。业内人士称，这代表思科的收购战略发生了变化，此前该公司的收购目标都是小型公司，往往是拥有技术，但尚未推向市场的企业，而Linksys已经是其所在市场的领袖，思科通过收购它直接进入了全新市场。随后思科又斥资69亿美元收购机顶盒厂商Scientific Atlanta。

思科2007年宣布，接入互联网的美国家庭中，有一半都使用了Linksys或Scientific Atlanta的产品，随着家用和企业网络设备市场发展成熟，思科只能继续向新市场扩张。为了防止90年代向电话产品市场拓展时遭到的反垄断指控的重演，该公司只能向网络硬件之外的领域扩张。

社交与协作 2007年初，思科收购了社交网络工具提供商Five Across，进入全新领域，随后收购Utah Street Networks部分资产，后者是社交网络Tribe.net的经营方。

不过，这两次收购规模不大，2007年3月以32亿美元巨资收购WebEx才标志着“新思科”的开始。这是在全新领域巨资收购市场领袖，表明思科严肃考虑不再局限于网络设备，而开始进军软件业务。

同年，思科发布了Eos，这是一个向在线社区提供多媒体内容的平台，可能使用了Five Across和Utah Street公司的技术。

思科向其他市场拓展的最显著举措是收购Flip Video数码摄像机制造商Pure Digital，现在看来这或许是失败决策，但当时这必须放到思科的整体视频战略下考虑。

痴迷视频业务 向社交和协作软件拓展时，思科同时向视频领域深入发展。而且，该公司在社交网站方面的野心似乎较为突兀，视频则是个合乎逻辑的发展。

早在20世纪90年代，思科就通过推出早期网络电话产品和进行一系列收购，进入了电话服务领域，这些业务看起来与其企业网络基础设施产品是天作之合，可正如前面所述，这引发了联邦商业委员会(FTC)的警惕。视频业务同样与思科的核心业务契合。

思科2006年推出了网真(TelePresence)产品线，尽管售价高达30万美元，据《Fast Company》杂志统计，这是思科2008年发展最快的产品。思科还为内部员工推出了类似于YouTube的视频分享网真。视频业务是2008年思科的焦点，当时甚至有传言称思科可能收购 Adobe。

2009 年 1 月，也就是思科收购 Pure Digital 不久前，克里斯·阿肯伯格(Chris Arkenberg)撰文指出："任何增加网络流量，使其更加拥挤不堪的东西都能让思科高兴，视频是门大业务，而且存储大量视频将要求相关企业购买更好、更强的路由器，以应对流量增长。"

因此，收购 Pure Digital 看似水到渠成之事，将思科成功的消费科技产品与迅速发展的企业视频技术沟通起来。

狂欢结束 或许 2008 年思科的网络设备市场份额开始下滑时，上述策略的缺陷已经显现，该公司 2009 年悄然裁员 2000 人。但是，多数社交和视频项目仍在继续推进，2010 年 6 月思科发布了企业社交网络平台 Quad，2010 年 11 月又发布了两款社交 CRM(客户关系管理)产品。

2011 年 4 月，狂欢终于结束。思科宣布，尽管 Flip 摄像机卖出了 200 万台，但公司仍决定终止该产品生产，5 月份该公司又宣布关停 Eos 平台。业内共识是，Flip 无法获得足够利润，这或许是因为智能手机兴起，后者也拥有拍摄与分享视频的功能——思科本应在 2009 年就意识到这一点。

思科近来一直在讨论重组与重新定位，但这到底意味着什么还不清楚。在一份内部备忘录中，思科首席执行官约翰·钱伯斯(John Chambers)写道："我们的战略是合理的，但在执行上出了偏差。"但该备忘录未能具体阐释思科将做出何种改变。

目前思科仍有消费技术、视频技术和社交技术产品，该公司下一步将出售哪些业务尚未可知，有传闻称其将卖掉 WebEx 和 Linksys。

核心业务受损 同时，思科在最重要的领域中流失了市场份额，正如科技博客 GigaOM 撰稿人史黛西·希金博萨姆(Stacey Higginbotham)所说："思科的疏忽使竞争对手为网络领域的下一个大趋势——统一的网络——制定规则。"她这里指的是 OpenFlow 基金会，Facebook、谷歌和雅虎等公司均参与其中。

海量数据和云计算正在改变企业的网络需求，戴尔、惠普和甲骨文等公司已在利用这一趋势，思科也并未完全错过云计算发展，它拥有统一计算系统(Unified Computing System)。可是业界往往认为，试图在视频领域取得进展时，思科把云计算业务拱手相让给了其他公司。为了满足投资者的要求，思科徒劳地试图拓展到其他市场，反倒严重损害了核心业务。

该公司的前景真的如此之差吗？不一定。但作为一家上市公司，思科的命运不仅受客户影响，还受制于投资者。好消息是，至少好产品和盈利能力永不过时，思科的境况比 RIM 仍要好得多。

资料来源：腾讯科技—IT 新闻，2011 年 7 月 20 日

思考题：

(1)你认为思科公司成功和失败的经验及教训有哪些？

(2)你理解多元化经营的要点是什么？如何处理主导产品与相关产品的关系？

(3)谈谈你对跨领域多元化经营存在的风险的认识。

[案例点评]思科公司的多元化战略失败,究其深层原因是经营战略决策的失误。多元化经营是一种理念、一种经营模式,有其存在的价值,且有成功先例可援。但作为一家国际上市公司,受到投资者的业绩压力推动,思科公司在多元化的过程中显得有些盲目,在迅速扩张的步伐中逐渐丧失了自己原有核心业务的优势地位,进而导致了商业经营上的失败。多元化经营的基础是量力而为、抓住核心、步步为营,在稳扎稳打的同时一定要处理好主导产品与相关产品之间的关系,牢牢把握企业自身的核心竞争力。

[案例 2]

碧桂园——给您一个五星级的家

20 世纪 80 年代末 90 年代初,中国房地产业轰轰烈烈地"火"了一把,碧桂园后来者居上,于 1993 年破土动工。但此时,房地产市场已经进入市场低谷。如何面对日趋低迷的房地产销售状况?

为此,碧桂园先后请来了顾问王志刚(新华社名记者)和陈荣彪(敦煌人),在他们参与策划后,决定以兴办"碧桂园学校"为切入点,突破传统的只能满足人们基本生活需求的"温饱型"和"小康型"的生活方式,把立足点定位于具有高尚生活质量和品位的"理想型"和"高尚型"的现代家居方式,创新地把"碧桂园——给您一个五星级的家"作为定位,使碧桂园短期内以一个崭新的社区形象为人们所熟悉,在房地产业大获全胜。

思考题:

在房地产市场不景气的特殊阶段,碧桂园却因为一种深具长远意义的策划而取得了令人称奇的成功,这种对住房定义颠覆性的改变对我们有什么启示?

[案例点评]碧桂园成功之处在于在小区办贵族学校,使碧桂园房地产形象升华为带有教育服务的"理想型""高尚型"的现代家居生活场所。

课后训练

1)单项选择题

(1)按照消费者的国籍来细分,消费者市场属于(　　)。

A. 地理细分　　B. 心理细分　　C. 人口细分　　D. 行为细分

(2)对于经营资源有限的中小企业而言，要打入新市场适宜用(　　)。

A. 集中市场营销　　B. 差异性市场营销

C. 整合市场营销　　D. 无差异性市场营销

(3)在(　　)条件下，卖主和买主只能是价格的接受者而不是决定者。

A. 垄断竞争　　B. 寡头垄断　　C. 完全竞争　　D. 纯粹垄断

(4)国内家电生产企业主要产品已进入产品生命周期的成熟期，它们选择的目标市场涵盖战略应当是(　　)。

A. 大量市场营销　　B. 差异性市场营销

C. 集中市场营销　　D. 无差异性市场营销

(5)娃哈哈牛奶通过营销创新把目标市场从小孩扩展到成年人，这种战略是(　　)。

A. 市场开发　　B. 产品开发　　C. 市场渗透　　D. 多元化战略

(6)(　　)差异的存在是市场细分的客观依据。

A. 产品　　B. 价格　　C. 需求偏好　　D. 细分

2)第二课堂

(1)以学校所在地区的老年保健品市场为例，选择合适的细分标准对其进行细分，并选择目标市场，运用市场定位理论设计产品卖点。

(2)独立拟写一份某产品的目标市场选择方案。

(3)建立 3～7 人的营销小组，分组讨论各自拟写的方案，并在讨论的基础上将各自的方案进行修改完善。

(4)每个小组完成一份完整的目标市场选择方案并进行答辩评比。

3)资料研读与分析

[资料 1]

细分市场的饮料巨头们

一进入家乐福的果汁陈列区，第一眼看到的便是农夫果园的堆头，足有 1.5 米高的堆头整齐地排列着农夫果园的系列产品。

在周末的下午 5:30，营销人员对 PET 瓶果汁饮品的一些主要品牌做了 15 分钟的定点观察，结果农夫果园的动销率远远高出很多老牌产品，现场统计如下：

PET 瓶果汁饮品主要品牌动销率

品种	酷儿	农夫果园	统一	康师傅	第五季	娃哈哈	汇源
人次	12	10	9	7	6	3	4
数量(瓶)	16	14	12	8	6	3	5

从竞争的角度看，农夫果园仅仅只是果汁饮料领域的跟随者，早有汇源果汁，后有诸多大牌企业：可口可乐推出的酷儿、康师傅、娃哈哈、统一等，几乎都大力进入了果汁产品市场。那么，饮料的发展有何规律，果汁目前又处于何种状况？让我们看看以下的资料。

2010—2012 年我国饮料平均每户购买金额(单位:元)

年份	碳酸饮料	果汁饮料	茶饮料
2010	25.48	8.76	7.80
2011	23.54	10.12	18.65
2012	20.70	16.30	20.90

2012 年的果汁饮料大战中,表现最抢眼的品牌非可口可乐旗下的“酷儿”莫属,“酷儿”在众多竞争对手中胜出,在中国区推出时间不足一年,便迅速跃升至果汁市场的前三位,广州、上海、北京等城市均出现一股“酷儿”热潮,销量呈倍数增长。

“酷儿”在中国市场,细分的目标群体是 6～14 岁的儿童,此举跳出大部分果汁品牌针对女性市场的人群定位。“酷儿”博得了小孩子的喜爱,成为他们指定购买的果汁品牌。针对直接购买者的家长,可口可乐公司还通过理性诉求强调功能利益点:果汁里添加了维生素 C 及钙,这无疑给注重孩子健康的父母们吃了定心丸,酷儿果汁由此走红。

顶着大大的脑袋,右手插着腰、左手拿着果汁饮料,陶醉地说着“Qooo……”的蓝色娃娃在广告和终端活动的推广下,成了家喻户晓的名人,更成为儿童最喜欢的卡通人物。

资料来源:肖志营,“酷儿”——细分市场的超级霸主,中国营销传播网,有改动

分析与思考:

在中国的饮料市场上,每一个响亮的名字背后都有一个神话般的故事。从资料来看,2012 年前后,中国果汁饮料处于产品生命周期的哪个阶段?为什么?酷儿果汁是用哪种标准来细分市场的?这种细分标准有何优点?

[资料 2]

迅销优衣库:非典型日企大陆成长史

成立于 1984 年的迅销公司是服装业的“小字辈”,比 H&M 晚了 37 年,比 ZARA 历史也少了 9 年,2011 年踏上全球化之旅时,ZARA 已探入优衣库的大本营——日本市场。经过 20 多年高速发展,优衣库以 800 多家门店的规模超越许多老牌服装厂商,成为日本服装零售第一品牌,并在 11 个国家和地区拥有 2000 多家门店。但优衣库始终缺乏 ZARA 那样鲜明的时尚先锋的特色,及颠覆零售业的管理模式——以单品来看,大多属于“家常”风格的基本款,远没有欧洲品牌那股由内而外散发的绚丽。

的确,优衣库从根本上不属于标准的快时尚品牌,那是 ZARA 所开创的全新市场,旨在满足年轻人对最新潮流及时触碰的心理。而柳井正则在服装行业呈现

时装化、高档化的蜕变初期，以“低价休闲服”的概念为基础独辟蹊径，通过色彩明快而丰富的基本款、物美价廉、独特的面料创新等特色，在休闲和时尚之间开辟市场空间——那是生活基本需求与高于生活的期望之间的微妙距离。

一切正如柳井正所言：“人们对于服装的定义，除了高价且质量一流的名牌货，就是廉价但低品质的非名牌货。”他对《环球企业家》说：“我们就是要打破这样的概念，创造价格实惠且优良、同时带有时尚感元素的服装。”

所有新生意创始人的内心都隐含着财富以外的诉求，在现代商业史上，这种诉求通常带有改变世界的革新意识。亨利·福特要为人民制造汽车，比尔·盖茨希望世界上每个人拥有一台电脑，ZARA 们也无不如是。2011 年 4 月，柳井正出席“如意·2011 中国服装论坛”发表主题演讲时说：“我认为优衣库的使命是开发具有革新性的休闲服饰，提高全世界所有人的生活质量。”

2008 年全球金融危机之后，众多知名跨国品牌一片萧条，优衣库却在国际服装界声名鹊起。2009 年，优衣库以高销量脱颖而出，柳井正借此荣登日本首富。去年，全美零售业协会(NRF)授予他国际品牌奖，表彰优衣库在经济形势严峻情况下倾听消费者需求的举措。《商业周刊》2010 年的“全球最具创新力企业 50 强”排行中，迅销公司首次入围。随着索尼、丰田等老牌日本标杆性企业在偶像的黄昏中沉寂，优衣库成为新一代日本企业精神的最佳代言者。

然而，柳井正深知要达到目标的必经之路，要在不同时期调配多重元素的比例，是对服装公司的极大挑战。这位个子不高、头发灰白、不苟言笑的老人，他的自传正在中国大陆盛行，名字叫《一胜九败》。这多少代表着他近十年来的商业态度。

2002 年，柳井正退居二线，3 年后因公司经营陷入困境重出江湖，率领优衣库二次创业。而在 2009 年登顶后，优衣库想增加时尚元素，却遭遇销量下滑。在反复与颠簸中，优衣库逐步接近目标。

现在，在几近饱和的本土日本市场上，优衣库难再有爆发式成长，海外扩张是实现终极目标的唯一方式，而一衣带水的中国市场最被柳井正看好。“全球最重要的市场在中国，还有受中国影响的华侨生活习惯等会影响东南亚，从这点看中国的影响力会越来越大。”柳井正说，“今后谁能在中国市场占有领导地位，就会在全球市场占有领导地位，所以我也想在中国市场占据领导地位。”

近期，迅销公司首席运营官 Naoki Otoma 宣布，预期到 2020 年大中华市场(包括大陆、香港和台湾地区)，优衣库店铺总数将超过日本市场，达到 1000 家，将成为该品牌最大的零售市场。

对于目前掌管 70 多家大陆门店的优衣库大中华区总裁潘宁来说，这何其之难。在这个消费环境尚在进阶的市场，服装零售业的发展面临太多挑战：人才的极度匮乏，市场过于分散，消费者需求多样且多变。潘宁也告诉本刊，因为人才等方面的挑战，就门店发展而言，开到 100 家是一道坎，从 100 家到 200 家发展较快，但从 500 家到 1000 家的复制则会困难许多。

与此同时，将 80%生产放在中国大陆的优衣库还将应付中国劳动力成本上涨、原材料价格不稳定等客观险境。何况，中国本土已有模仿者紧随其后，凡客诚品的创始人陈年就曾公开表示“我们就是要成为中国的优衣库”。一位凡客高管也对本刊说：“优衣库是从下延伸到上的品牌代表，以丰富的搭配塑造品牌是凡客的目标。”

通往荣耀之路，往往布满荆棘。这就是优衣库正在经历的。在这种背景下，心怀高远的优衣库决意回到最原始的起点：提升平效（即每月每平方米销售额）数字，在服装零售业，最关键的数据是最有力的武器。一个业内公开的秘密是，在中国目前的快时尚界，优衣库以4万元人民币的平效位于榜首，ZARA为3万元，而本土品牌美特斯·邦威的数字是2万元。

优衣库究竟是如何做到这点的？

“你是主角”

上海南京西路的优衣库大陆旗舰店，占中国大陆全部门店销售额的比例高达10%。店长朱伟堪称优衣库中国历程的见证者。但在他的内心，始终有件事情耿耿于怀。

那是2003年，朱伟刚成为优衣库上海中山公园店一名普通店员。每天早上一到店，就要仔细、反复擦拭橱窗玻璃。一天早上，店外经过一对母女，母亲对只有三四岁的女儿说：“以后一定要好好念书，不然你……”母亲指着朱伟，暗示说。

这位母亲表达出一种中国社会独有的偏见。在这个崇尚自我实现的时代，“兜售服装”这类工作难以得到主流价值观的尊重。何况，作为传统零售业，枯燥、无聊是大部分从业者的感受，还被认为没有技术含量，“谁都能做”，工资水平长期偏低。

但另一方面，中国现代零售业发展不超过20年，种种原因，都导致中国零售业在各个层级上优秀人才匮乏。“目前来看，在中国从事快时尚服装零售，最大的挑战就是人才的缺失。”Me&City总经理周龙告诉《环球企业家》。

对于潘宁来说，2011年的头等大事，就是为即将到来的门店疾速扩张储备人才。2011年，300名大学毕业生加入了优衣库，所有人皆从一线店员开始做起，凭实力晋升。新进员工被鼓励认真工作的理由非常实在：提高生活质量，“你钱少只能喝白水，有钱了就能喝豆浆，更有钱能喝牛奶，再有钱就买一头牛挤奶。”朱伟对《环球企业家》说，“我鼓励新人说，为了每天喝新鲜的牛奶，大家努力工作吧。”

为了不让简单枯燥的工作磨灭热情，优衣库提供了一个透明翔实的晋升制度。通过统一的教育工具——工作中培训（on Job Training）实行计划。同一级别的晋升、考试都有统一面试，面试标准也严谨、细致。“在优衣库，黑就是黑，白就是白，错就是错，对就是对。”朱伟说，“这是完全公平、实力主义的一个企业。”

在中国的优衣库，有40%的店长是像朱伟这样，从员工升迁上来，收入是店员时的10倍甚至更多，打破零售业收入低下的诅咒。在优衣库，店长被视为公司的“最高经营者”，“不采取‘店长是公司主角’的管理机制，零售业就很难繁荣。”柳井正如此认为。1998年，优衣库在日本深陷业绩下降的窘境，柳井正预感到这样下去公司命运将不堪设想,他发起一场改革,其中一项就是"经营不应以公司总部为主导,而应以门店为中心;店长是公司主角"。

公司总部中高层也有不少源于门店,潘宁本人就是优衣库的晋升模板:"我进入公司 16 年。一开始也是在日本优衣库门店清扫,喊欢迎光临,叠衣服,每天重复这些。"

据悉,优衣库 2011 年在全球范围内招聘了 1500 名毕业生,其中 1200 人来自日本以外的国家。"我希望把他们培养成中层管理人,能够设立、达成目标,同时也希望他们能做到影响全公司的工作。这必须要实行、立刻实施、一定实施。"柳井正说。

实力主义只是员工自我驱动的一个动力而已,在优衣库,"感恩"文化是销量及品牌提升的基础。

和其他快时尚品牌一样,优衣库采取的是自助式购物方式(Help Yourself),店员不在消费者身边给予建议。这种购物方式在西方司空见惯,但中国很多消费者并不习惯,他们仍惯性地向店员求助,询问颜色、尺码等问题。

在中国实践这种购物方式对门店服务质量提出了很高要求,这常被来自欧美的服装品牌忽视。2011 年上半年,ZARA 品牌多次被消协批评,原因是质量存在问题,而且价签与实际价格不符。据 ZARA 内部人士向本刊透露,ZARA 内部将 2011 年多次被投诉的真正原因归结为"服务不到位",才使消费者堆积了埋怨情绪。

但要推行"顾客是上帝"这种"真理",知易行难,往往意味着所有员工必须存有同心,不断重复细致、琐碎的工作,甚至还得忍气吞声。朱伟告诉本刊,在门店,最考验员工服务态度的项目是折叠衣服,折叠好的衣服随时都会被顾客再次打开,短短打量几秒,再随手扔回货架上。若没受过严格训练,店员难以忍受。但在优衣库,店员被要求必须微笑着迅速再次叠好,叠衣服时还需用余光察觉旁边是否有顾客,以免打扰他们挑选。

严格的培训造就细腻的服务。潘宁感慨地说,有不少员工因为优衣库"几近严苛的要求"而中途放弃。

为了训练员工学会微笑,优衣库设定了一项"咬筷子"的练习:让一名员工咬住筷子,用纸遮住眼睛,让其他员工体会,如果没有眼睛的微笑,单是嘴做出微笑的形状,仍然无效。而训练员工养成叠衣服的习惯,则通过定期检查员工的衣柜来实现,"如果连自己的更衣箱都没有办法整理得很好,很难想象在卖场当中能够很好地服务顾客。"朱伟说。

即使有高强度的训练,中国人的内敛个性和粗放的服务理念还是会阻碍服务质量。当店长或层长发现店员没有主动给顾客递购物篮,会立即指出,并且要求他和店长一起工作 3 分钟。"看我的工作好吗? 看我为顾客递送购物篮,看我的微笑好吗? 这是一个真正的微笑,这才是对顾客服务。"

每周五,总部会派专门的检查团队到每家门店检查商品陈列、购物环境、海报张贴等情况,并最终反馈给该店店长。潘宁也会时不时巡店,朱伟记得,在一次周一例会上，潘宁点名批评了南京西路店。“我去店铺买衬衫，发现商品尺码不齐全。当我站在货架前翻动商品，员工却只顾着自己工作，没有和我打招呼，说早上好。”

在严格训练下，优衣库门店店员见到任何一名顾客都会高喊“欢迎光临”，无论对方有没有回应；只要顾客挑选了衣服，员工就必须立即取上购物篮，递到顾客手中。收银台一般只启动一到两台机器，但是一发现排队人数增多，立即会有店员小跑过来，再启动一台收银机。雨天，店员还会在印有“UNIQLO”的纸包装袋外再套一个透明塑料袋，防止纸袋被淋湿——一切细到极致。

“你要能够给顾客超越他们期待的东西，顾客才能成为你忠实的粉丝。每一天，你把顾客招呼好，让他满意，让他去购买一件衣服，从每一件衣服的销售中我们获取微薄的利润。从简单重复的工作中积累财富，你才能得到回报。”潘宁如是激励员工。

感恩之心的培养亦是滴水成河。在优衣库，员工每次培训中的最后都会被获赠一样礼物：一张刻录了培训中欢笑与泪水的DVD，且最后一天会集体观看。每次培训结束，每个人都会收到其他人赠予的一张“感谢卡”(Thank You Card)——“你好，这几天的研修对我的帮助很大。”共同经历一番严苛的训练，互帮互助从而累积友情，“每一个人几乎都会哭。”朱伟说，“服务行业非常非常辛苦，要让员工知道，哪怕一点点事情，都要最大化地去感谢别人。”

朱伟时不时会和员工一起搬货架：“这不是单纯地搬货架，而是向员工表达感激心情。”当员工耗费力气调整商品布局，或销量提升时，朱伟会在早会上当众表扬：“因为你昨天的努力，商品卖得非常好，非常厉害。”

细小的坚持积淀了优衣库高品质的服务，而这被柳井正视为达成“世界第一”的唯一路径。“我们经常对员工一张嘴就是‘世界第一’的标准。”潘宁说，“那么相应的服务就应该是最好的。”

4万元的秘密

高品质的服务，是支撑优衣库中国4万元高平效的基础。

“高平效是服装企业确保盈利的关键。”掌管Me&City品牌的周龙告诉本刊，“需要在产品开发和商品组合上下功夫，在店铺陈列和管理上全面发力，并且做好最后一平方米的销售。”

对于不够时尚、强调以基本款自由“百搭”的优衣库而言，实现高平效尤为不易——没有令人眼前一亮的新潮设计，意味着优衣库必须从其他方面下足功夫。

在优衣库的门店内，人形模特和海报上的模特，是和顾客沟通、最终说服顾客购买的重要“人物”。在这些模特身上，各种基本款服装通过行色各异的、巧妙的搭配，表现出触手可及的时尚感。这样的搭配方式甚至使日本产生了一个新的词语——Decoqlo，这个词语是将英语单词Decoration和Uniqlo各取一半，意思是使用优衣库的基本服装作为凸显自己个性的服装搭配品。因而，一旦发现某些商品不好卖，人形模特就会被悄悄换上这些装束，推动顾客购买。同时，店内的商品布局也会做相应调整。

当然,商品如果真的不受欢迎,当店员听到顾客提出“如果某些部分稍做修改的话会更好”或者“这件衣服看着不吸引人”,就会立即反馈给总部,该产品将停止生产。同样,一线员工们的建议也会促发畅销单品的诞生。2010 年秋天,优衣库的男式羊仔毛外套在中国如期上市,门店员工发现上市一周后,S 号销售一空,经过仔细观察,员工发现购买 S 号的都是女性顾客,反馈到总部后,很快,女式羊仔毛外套被迅速生产,搁上货架——在快时尚界,这种迅速反馈显得尤为重要,季节更迭和时尚潮流导致服装需求变化疾速,对一线员工的建议做出快速决断,往往能把握住转瞬即逝的商机。

除此之外,恰逢其时的促销手段也是提高平效的有效方法。2011 年端午节前后,南京西路旗舰店中将近有一半的商品都挂上了“限时特价”的红牌子,而降价商品中,有多款是当季推出的新品。在服装零售业,这是不按常理出牌的做法。一般新品上架很少参与降价,只待快过季或盛大节庆时才会有折扣,ZARA 和 H&M 等快时尚品牌无不如此。

久而久之,这种方式会让消费者怀有“原价虚高”的怀疑,以及“再等一下就会降价”的预设心理,使得没在促销时期的门店生意冷清。而这种做法另一个弊病在于,“降价太早,容易损失原本应得的利益,而如果太晚的话则导致库存,一分钱也拿不到。”柳井正的思考是,“经营者需要判断什么是最好的降价时机?”

以此为起点,柳井正创造了一种“限时特价”的新型促销方式:在某一段时间内(3 天或者一周)将价格下调 20 元到 50 元不等。这种做法和超市的限时降价相似。如此一来,既不会造成消费者对商品价格的刻板印象,反而有利于诱导犹豫不决的消费者下定决心购买。“如果通过‘限时特价’让顾客购入一件衣服。这件衣服他们中意的话,或许会再次购入其他的颜色,或者向亲朋好友进行推荐。”柳井正如是总结“限时特价”的效果。

主推限定商品也就成为优衣库员工每天的重要工作之一。每一个来店的顾客,都会被员工提醒说:“您好,这是我们现在的限定活动。”“可能成功概率只有 1%,但是你说 100 次,会有 1 个人购买。”朱伟说。

众所周知,促销也是消化库存的重要手段。在以速度著称的服装零售业,库存关乎公司流动资金的充足度,稍有不慎,库存积压过多,会威胁公司生存。

在优衣库,门店亦是库存管理的关键部门。每月月初,每家门店店长会依据上个月的销售状况,决定这个月每件单品的进货数量,“门店有营业额的预算,如果营业额是 100 元,门店库存数量是 200 元,就有警报。”朱伟告诉《环球企业家》。眼下还是炎炎夏季,但优衣库门店已经开始销售秋装(这是很多快时尚品牌常见的手法)。“如果现在还都是夏天的商品,可能是库存不良的表现。”每当门店有滞销品时,店长便会向总部要求申请变价。“价格变更是向本部提案。今天提案,下午就能收到反馈,第二天就可以以变更后的价格进行销售。”朱伟说。在一向以决策链条漫长、观念保守的日本商界,半天的速度堪称“异类”。

非典型日企

尽管这两年也是一路波折,并注定未来一直颠簸下去,但优衣库仍缔造了日本企业近年来罕见的成功。对日本商界来说,这是久违的荣誉。自20世纪80年代索尼们伴随日本经济的腾飞在全球商界崭露头角,此后鲜有真正具影响力的国际化日本企业。"我自己亲身经历过日本经济泡沫破裂,"从优衣库日本门店成长为公司高管的潘宁说,"当时日本的研发能力、制造能力都非常强,没有得到很好发展,正因为思路上的封闭,只看重国内市场。"另一方面,思路上的封闭和保守让一些形式上实现跨国经营的企业吃尽苦头,2010年陷入质量危机的丰田汽车便是典型例证。

从很大程度上说,迅销因为具备有别于传统日企的开放性,才有可能发展到今日的规模。这一点,与公司创始人即灵魂人物柳井正紧密相关。"优衣库的很多东西都是从外界学来的,这需要经营者有很开放的头脑。"潘宁说。

2011年毕业的大学生在应聘优衣库时,问潘宁是否需要学习日语,潘摆手否认:"你们把英文学好。"从2012年3月起,优衣库日本总部的公用语将变成英语,"我们和欧美企业是并肩的。"

潘宁本人对这种开放性深有体会。众所周知,尽管实现海外扩张,但日本企业在其他地区的负责人也常由日本人担任,且论资排辈的情况相当严重。但过去20多年与中国服装工厂的合作,让柳井正意识到,中国也有优秀的企业家。土生土长的北京人潘宁凭借在香港市场的一举成功,迅速赢得柳井正信任。潘宁1995年4月进入优衣库,半年内被提升为店长,1999年来到广州负责生产管理事务所的建立,加入优衣库整10年时,被任命为大中华区总裁,统管大陆、香港和台湾市场。"他认为在中国肯定是中国人做得好,这种想法在日企中几乎没有。"潘宁说,"他将自己定位在源于日本的国际企业,国际企业要发展好一定要有当地人才。"

作为"战后日本"一代中一名普通年轻人,柳井正为何能够形成这种非典型的思维方式?

年轻时代的柳井正喜欢随性的生活。在早稻田大学浑浑噩噩度过四年,柳井正在日本本土零售超市吉之岛工作。半年后,学生气浓厚的柳井正对工作再提不起半点兴致,从而辞职,在东京游荡半年后,郁郁寡欢的柳井正回到家乡山口县,到父亲公司的男装店帮忙。

柳井正发现,男装店的同事们毫无效率。在父亲的信任下,他包揽了采购、销售、财务等几乎所有工作,突然,柳井正从中体会到无限乐趣。"我一直认为自己是一个性格内向、不适合做生意的人,"柳井正说,"但一段时间下来,意外发现我其实也很能干,那种最终把商品卖出去的成就感,能在一瞬间让我充满快乐。"

为了做好生意,柳井正开启了海外考察之旅。他被粗具规模的GAP,ESPRIT激起了好胜心,又从美国大学唱片店"Help Yourself"(自助服务)的形式中吸取灵感。他隐约感觉到,当时年轻人穿着便宜的休闲服,其实暗藏巨大商机。直到后来,优衣库的供应链系统也是"师从"香港品牌佐丹奴。应该说,早在创业初期,柳井正本身具有的开放姿态、擅于学习的能力便根植优衣库的基因,延续至今。

由开放而来的创新,继而成为优衣库定位成功之外的另一个立身之本。柳井正不满足于简单、传统的成衣制造,而要将科技界的标新立异引入自己的企业。

比如,早在21世纪初,优衣库就开始尝试在日本进行网上销售,电子商务热潮直至今日才全面爆发;在中国市场,优衣库也领先其他的零售消费品品牌,于2009年4月在淘宝推出品牌旗舰店,这无疑帮助优衣库树立了全国品牌知名度。此后,为了维护优衣库在全球的统一形象,优衣库在官网平台上也开设了购物功能。

除了销售渠道上的推陈,在更关乎竞争力的产品创新方面,优衣库也不乏代表作:具备保暖特殊科技的HEATTECH、具有强吸汗功能的内衣……这些都是目前门店里销售最佳的单品。当然,一定程度上,正因为优衣库以基本款著称,在时尚创新方面无法同ZARA和H&M比拟,属于优衣库的独到创新才显得更为迫切。当本刊将"如何在传统服装公司保有不断创新"的问题抛给柳井正时,他的反应颇为机敏:"当今社会科技这么发达,有那么多好的技术,为什么这些技术不能用在衣服上?……我们确实和传统零售业有不同之处,我们会不断地追求新的东西。"

依靠售卖服装这桩传统生意,在以消费电子及汽车工业鼎盛的日本,柳井正已蝉联两年首富。个人财富积累到一定程度,生性自由的柳井正反而减少了对财富的执念。2011年3月,日本经历有史以来最严重的大地震,他以个人名义捐助10亿日元,用于赈灾。对现阶段以"企业经营者"自居的柳井正,商业以外的荣誉更令他着迷。与此同时,他也一直在寻求生意本身的超越:"优衣库是一个让所有人都能穿上优质服装的新型企业。迅销希望成为改变服装、改变城市、改变世界的公司。"

资料来源:和讯网—商学院,2011年8月2日

分析与思考:

市场营销活动的主体是企业,市场营销管理是企业经营管理的核心内容和工作重点。企业满足市场需求,实现利润最大化是通过市场营销活动实现的。而客户体验水平的好坏,直接反映了市场营销活动是否真实有效。本案例充分体现了对于现代服务性行业而言,市场营销的核心就是想尽各种办法提高客户体验,满足顾客的需求才是市场营销的根本所在。市场营销观念是企业市场营销活动的指导思想,是企业的灵魂。为了保证企业经营的健康发展,树立正确的营销观念是重中之重。

(1)如何看待优衣库在传统服装行业获得如此巨大的成功?

(2)假如你是某家服装企业的老总,面对激烈的市场竞争,你会如何考虑本企业的发展战略?

项目 5 产品策略

【知识目标】

(1)理解整体产品的概念。

(2)掌握生命周期各阶段的特点及营销策略。

(3)掌握产品组合策略。

(4)熟悉新产品开发程序。

(5)掌握品牌决策与包装决策。

【能力目标】

(1)通过基本素质训练,锻炼思维与理解能力。

(2)通过专业素质训练,提高品牌策划能力。

(3)通过综合营销案例模拟训练,塑造学生积极进取的精神、诚信的品质,激发学生合作共赢意识,提升学生团队协作及社会适应能力。

【开篇案例】

足球鞋的变革

足球鞋最早是由英国人于 1895 年制造出来的。当时每双鞋 585 克,到 20 世纪 50 年代,鞋重仍有 500 克,一双足球鞋重几克,轻几克,甚至足球界的行家也未引起关注。但世界最大的体育用品厂商——联邦德国爱迪达公司对此却做了专门的研究,结果发现鞋的重量与运动员的体力消耗关系极大,在每场 90 分钟的足球比赛中,平均每个运动员要在场上跑 10000 步,若每只鞋减轻 100 克,就可以大大增强运动员在场上的拼搏能力。半个多世纪以来,鞋的重量之所以减不下来,主要是始终保留了鞋上的金属鞋尖。实际上,在 90 分钟的比赛中,每个运动员的脚碰到球的时间总共不到 3 分钟,就是最好的前锋能接触到球的时间也不到 4 分钟。因此鞋的关键不在鞋尖的坚硬而在鞋的重量要轻。于是,公司果断摒弃了金属鞋尖,设计出重量只有原来一半的高质量足球鞋。新产品一投放市场,就深得足球界人士的青睐。

【案例启示】

有些事物人们司空见惯,以为是理所当然的,但往往被打破常规的人所推翻,从而带来产品的革新,获得成功。新产品的开发一定不能缺少这种创新思想。

任务 5.1 认识产品与产品生命周期

产品是市场营销组合中最重要,也是最基本的因素。因为,企业在制定营销组合策略时,首先必须决策发展什么样的产品来满足目标市场需求。

5.1.1 整体产品概念

产品是指能提供给市场,供其使用和消费的,可满足某种欲望和需要的任何东西,包括实物、劳务、场所、组织和思想等。产品整体包括三个层次:核心产品、有形产品和附加产品。(图 5-1)

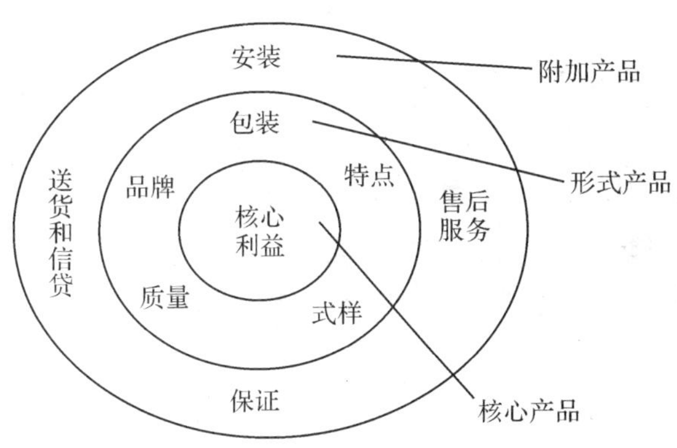

图 5-1 产品的整体概念

1)核心产品

核心产品是最基本的产品层次,是指购买者购买某种产品时所追求的主要效用和基本利益,是消费者需要的中心内容。例如,人们购买手机不是为了获得这样一台机器,而是为了能通过手机接打电话,满足与外界信息沟通的需要。这种满足消费者与外界信息沟通的需要就是手机这种产品的核心产品层次。

2)形式产品

形式产品是指核心产品借以实现的外在具体形式,通常由五个标志组成,即品质、特征、式样、品牌和包装。核心产品相对抽象,这种抽象产品的核心效用和利益必须转化为产品的基本形式,才能顺利地进行交易活动。例如,某人购买了华为 P7 手机,这里的华为就是品牌、P7 就是式样,它们都是手机的形式产品。

3)延伸产品

延伸产品是指人们购买有形产品时所获得的全部附加服务和利益,或消费者购买形式产品所得到的利益总和,它包括安装、调试、咨询、送货、售后服务和保险等内容。例如,人们购买手机时,厂家会提供手机使用说明书、软件免费升级调试、承诺售后 1 年内免费更换或维修等,这些就是手机这种产品的延伸产品。

5.1.2 产品市场生命周期

产品市场生命周期,是指产品经过研究开发,从进入市场开始,直到最终退出市场为止所经历的全部时间。产品市场生命周期一般可分为四个阶段:投入期、成长期、成熟期和衰退期。典型的产品寿命周期曲线如图 5-2 所示。

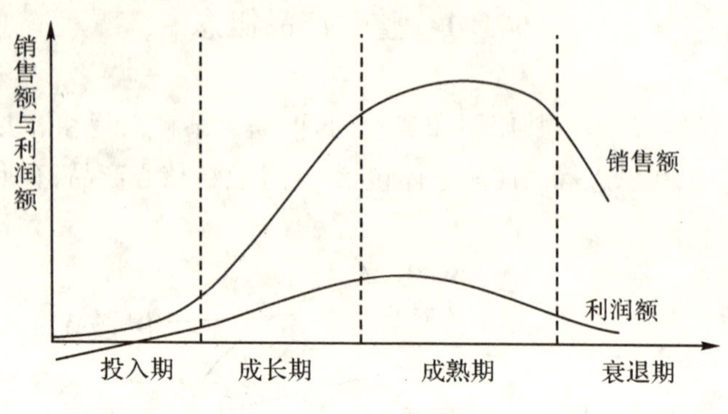

图 5-2 产品生命周期

1)典型产品生命周期的几个阶段及其特点

产品生命周期各阶段在营销属性上有不同的特点,如表 5-1 所示。

(1)投入期。

新产品刚刚投入市场,此时顾客对产品还不了解,除了少数追求新奇的顾客外,几乎没有人实际购买该产品。在此阶段产品生产批量小,制造成本高,广告费用大,产品销售价格偏高,销售量极为有限,企业通常不能获利。

(2)成长期。

顾客对产品已经熟悉,大量顾客开始购买,市场逐步扩大。企业的销售额迅速上升,分销渠道畅通,生产成本大幅度下降,利润迅速增长;与此同时,竞争者纷纷加入。

(3)成熟期。

经过成长期之后,随着购买人数的增多,市场需求逐渐趋于饱和,产品便进入了成熟期。此时,销售量达到顶峰,销售增长速度缓慢直至销售增长率开始下降;生产量大,生产成本低,利润高但增长率低;产品普及率高但需求减少;整个行业竞争格局基本稳定。

(4)衰退期。

产品老化,随着科技的发展、新产品和替代品的出现以及消费习惯的改变,最后被淘汰;产品的销售量和利润持续下降;生产能力过剩;价格竞争激烈;许多企业退出市场。

表 5-1 产品生命周期各阶段的特点

投入期	成长期	成熟期	衰退期
呈上升趋势,斜率较小,曲线比较平坦	呈上升趋势,斜率变大,曲线陡峭	缓慢上升,后缓慢下降,斜率从正变负曲线,比较平坦	呈下降趋势,斜率绝对值大,曲线比较陡峭

2)如何判定产品所处生命周期的阶段

能否正确判断产品处在生命周期的哪个阶段,对企业制定相应的营销策略非常重要。企业最常用的判断产品生命周期阶段有下面两种方法。

(1)类比法。

所谓类比法,指的是根据以往类似产品生命周期变化的资料,通过数据对比从中得到启发，进而预测本产品所处的生命周期阶段的方法。比如，传统的功能手机从研发、发展到最终被市场淘汰，经历了特定的过程，而作为最核心利益不变的智能手机的发展也应该与之有相似之处，因此通过对比预测智能手机的生命周期发展阶段。

(2)销售趋势分析法。

销售趋势分析法借助于销售增长指标，通过对经验数据的比较，进而判定产品所处的生命周期阶段，以指导市场营销活动实践。具体标准参考表5-2。

销售增长率(η)=(本年度的销售量－上年度的销售量)/上年度的销售量×100%

表5-2 产品生命周期阶段判别表

η	周期阶段
η<10%，且不稳定	投入期
η>10%	成长期
0.1%<η<10%，稳定	成熟期
η<0	衰退期

3)产品生命周期各阶段的营销对策

(1)引入期。

①产品策略。由于投入期产品刚推出不久，各种性能并未完善，表现不够稳定，消费者之所以接受该新产品，更多出于好奇、尝鲜的心理，但是这种心理并不能持续过久，因此产品质量应该同步提升，否则不能带给消费者价值满足感。因此，此时的主要任务在于加快产品定型，完善性能，稳定质量。

②价格和促销策略。投入期企业可以通过促销成本与价格水平的组合制定四种有效的营销策略，如图5-3所示。

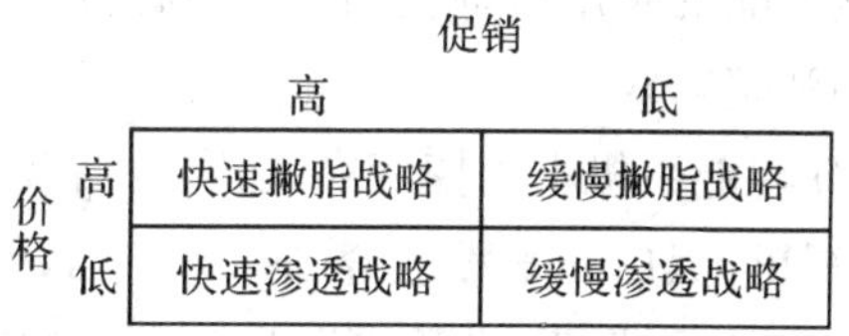

图5-3 价格和促销组合策略

a. 快速撇脂，指以高价格和高促销水平推出新产品的策略，高价格——迅速收回投资并获取高的利润；高促销——尽快熟悉商品，打开销路。

适用环境：产品鲜为人知；了解产品的人求购心切，并不太在乎价格；产品存在着潜在的竞争对手，必须尽快培养对本产品"品牌偏好"的忠实顾客。

b. 缓慢撇脂，指以高价格和低促销水平推出新产品的策略，高价格——迅速收回投资并获取高的利润；低促销——希望付出比较少的成本。因此，实施该策略的目的是最大可能地赚取利润。

适用环境：市场规模有限，大多数顾客已经了解该产品，顾客愿意支付高价，没有剧烈的潜在竞争。

c. 快速渗透，指以低价格和高促销水平推出新产品的策略，低价格——可以刺激消费需求，提高市场占有率；高促销——为了迅速吸引消费者，扩大销售量。总体而言，实施该策略的目的在于尽可能获取最高市场占有率，以及后期能有较长的稳定收益期。

适用环境：市场规模大；消费者对该新产品知晓甚少，但对价格比较敏感；潜在竞争对手多且竞争激烈。

d. 缓慢渗透，则是指低价格和低促销策略。企业通过低价扩大销量，同时希望尽可能降低企业成本。

适用环境：市场规模大，产品适用面广，市场对价格敏感，存在潜在的竞争对手。

③渠道策略。此时市场规模尚小，为了提高效率，一般采取短渠道，以加强消费者与企业之间的联系。

(2)成长期。

企业在成长期的主要目的是尽可能维持高速的市场增长率。为此，可以采取以下策略：

①产品策略。改进产品质量、式样、包装等，以适应市场的需要。

②价格策略。适当降低价格以提高竞争能力和吸引新的顾客。

③渠道策略。开辟新的渠道，扩大商业网点，顺应增长趋势；开辟新的市场领域。

④促销策略。改变广告宣传目标，由建立和提高知名度逐渐向建立产品信赖度转移。

(3)成熟期。

成熟期是企业收获的黄金时期。这一时期，大多数购买者都已经接受该产品，销量巨大而稳定，同时成熟后期又会缓慢下降。因此，延长产品的成熟期是该阶段的主要任务。

①市场改进策略。市场销售量＝该产品使用人数×产品使用率

增加使用人数：争取尚未使用者，抢竞争对手的顾客。

产品使用率：促使增加使用次数，促使加大每次使用量。

②产品改进策略。发展产品的新用途，使产品转入新的成长期。改良产品的特性、质量和形态等以满足日新月异的消费需求。

质量改进——例如，某款智能手机本来摔一次就坏，以后改成从6楼掉下来都没事。

特性改进——例如，电视机：黑白——彩色，普通——液晶平板等。

③营销组合改进。通盘考虑营销4Ps组合，不断进行组合创新与改进。

(4)衰退期。

在衰退期，由于技术进步，消费者需求偏好变化，销售额和利润不断下降，企业往往处于微利或者无利状态。

①收获。维持销售，逐渐缩减成本，尤其是研发和固定投资，可以大增现金流。

②维持。在未解决行业的不确定因素前，保持原有投资水平。

③放弃。对于衰退过快的产品，可以立即抽取资金，投入其他产品。但需要注意的是，对于已经销售出去的产品还要保证其已承诺的服务，否则将会给企业的声誉造成不良影响。

任务5.2　产品组合决策

5.2.1　产品组合及其衡量维度

1)产品组合及相关概念

产品组合,是指一个企业生产与经营的产品花色品种的配备,包括所有的产品线和产品项目。例如,NEC公司的产品组合是通信与计算机,米其林公司的三条产品线是轮胎、地图和餐饮服务。

(1)产品线(Product Line)。产品线也称产品大类,是指企业生产与经营的一组核心产品层次内容相同的密切相关的产品。这里的密切相关,指的是产品都是面向具有同质需求的顾客,并且通过同一渠道销售。

(2)产品项目(Product Item)。产品项目就是产品线中一个明确的产品单位,它可以按尺寸、外形、价格等产品属性来区分,也可以依品牌来区分。例如,男士西装、男士休闲装及男士风衣等。

2)产品组合的衡量维度

为了使企业的产品组合更为合理、资源配置更加有效,企业必须对从何角度对产品组合的合理程度最高进行判断。通常衡量产品组合可以通过四个维度进行,见图5-4。

(1)宽度(Width),是指一家企业所拥有产品线的数量。

(2)长度(Length),是指一家企业产品组合中的产品项目总数。

(3)深度(Depth),指产品线中每一产品有多少品种。

(4)关联度(Consistency),指各条产品线在最终用途、生产条件、分销渠道等方面相互关联的程度。

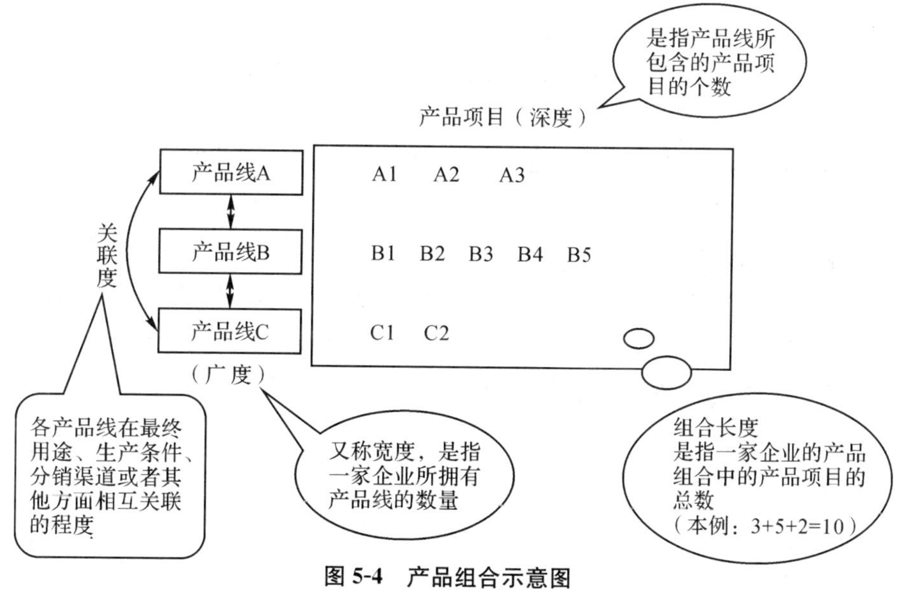

图5-4　产品组合示意图

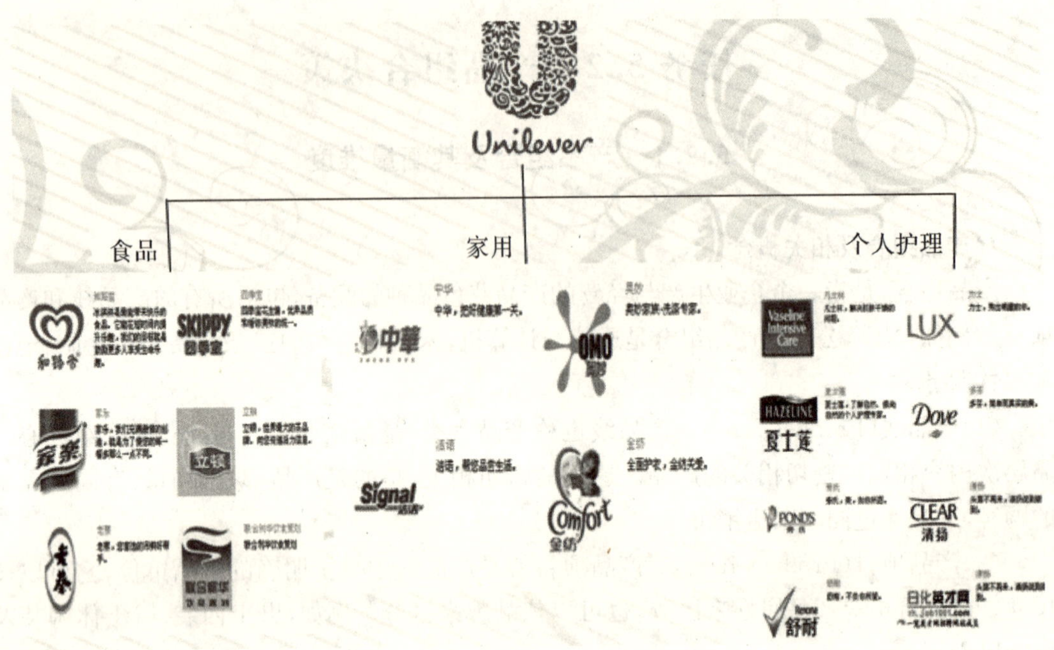

图 5-5　联合利华产品组合图(部分)

例如,假定联合利华的产品组合如图 5-5 所示(摘取部分,仅做教学参考)。从图 5-5 可以看出联合利华生产食品、家用和个人护理三大类产品,所以产品的组合宽度为 3。其中,食品产品线有 6 个产品项目,家用产品线有 4 个项目,个人护理产品线有 8 个项目,所以其产品组合长度为 18(6+4+8)。如果假设中华牙膏共有三种规格(220 克、180 克及 120 克)和两种配方(炫白、薄荷),那么它的深度就是 6(3×2)。最后,由于联合利华每条产品线都属日化用品,通过比较一致的渠道(沃尔玛、世纪联华等)出售。因此,公司产品组合的关联度较强。

5.2.2　如何做出产品组合决策

在对产品组合的衡量维度有了一定认识之后,企业就可以进行产品组合的优化分析,并决定产品组合的调整策略。

1)产品组合优化分析

企业需要知道产品线上每一个产品项目的销售额和利润,以明确各个产品在整个销售贡献中的地位。除此之外,还需要了解每个产品的市场轮廓,综合考虑两方面因素之后,最后决定哪些项目需要发展、维持、收获或者放弃。

(1)销售额和利润。

图 5-6 列举了某企业一条产品线的销售情况,该产品线共含 5 个产品。A 产品占总销售额的 50%,占总利润的 35%。前两个产品共占总销售额的 80%和总利润的 65%。如果这两个项目突然受到竞争者的打击,产品线的销售额和利润就会急剧下降。把销售额高度

集中于少数几个项目之上，则意味着产品线具有脆弱性，务必小心监视并保护好具有重要贡献作用的产品项目。对于 D 产品，仅占到产品线销售额和利润额的 5%，可以考虑将其从产品线上撤除，除非它后期体现出强劲的增长潜力。

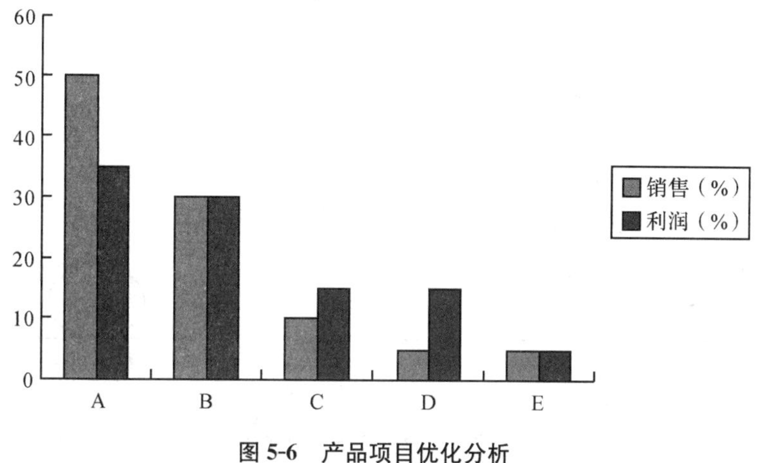

图 5-6 产品项目优化分析

(2)市场轮廓。

产品市场轮廓，是指确定本企业产品项目在市场竞争中的相对位置。其经常采用一种被称为波士顿矩阵的产品组合评价方法，如图 5-7 所示。该评价方法以相对市场占有率和市场增长率两个指标对产品进行归类：横坐标的相对市场占有率（本产品市场占有率与最大竞争者的市场占有率之比）以 1.0 为界划分高低；纵坐标的市场增长率以 10% 为界划分高低，图示中的圆圈面积代表该产品的相对销售规模，最终分成四类产品，分别是明星产品（高占有率，高增长率）、金牛产品（高占有率，低增长率）、问题产品（低占有率，高增长率）和瘦狗类产品（低占有率，低增长率）。

①明星类产品：初期需要大量现金支持其快速增长，等到增长放缓，则逐步成为金牛类产品。

②金牛类产品：企业比较成熟稳定的产品，虽然增长缓慢，但市场占有率高，可以给企业带来比较多的现金。

③问题类产品：企业当中前途不明朗的产品，应该考虑是增加投资宣传使其成为明星类产品，还是精简投资使其与其他产品合并乃至淘汰。

④瘦狗类产品：面临衰退期的产品，企业应选择维持经营或是淘汰。

2)产品组合决策

企业经过产品组合衡量与优化分析之后，接下来可以根据市场需求和竞争形势，结合自身实力展开产品组合的调整工作。

(1)产品线扩展。

企业的每一个产品都有其独特的市场定位，如果企业一开始专注于生产中等档次的产品，随着市场行情的变化以及企业自身发展的需要，企业可以增加高档产品的生产，这称为产品线向上扩展策略，同理，企业也可以推出低档次产品，这成为产品线的向下扩展策略。

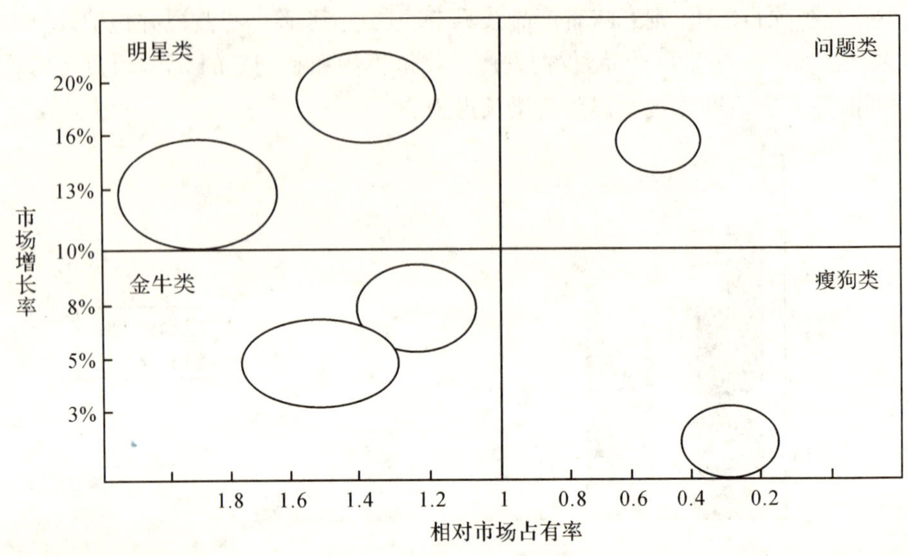

图 5-7 波士顿矩阵分析法

当然如果条件允许，企业可以同时进行双向扩展。

(2)产品线填补。

当企业遇到市场繁荣、资源壮大等良好时期，可以考虑在现有产品线的范围内，增加新的产品项目，以填补现有产品线，更好地满足市场需求。

(3)产品线收缩。

当市场不景气或原料、能源供应紧张时，缩减产品反而可能使总利润上升。

(4)产品线现代化。

当遭遇产品组合宽度、长度、关联度等各方指标恰当，但生产方式却相当落后的境遇时，企业就必须考虑引进崭新的生产方式以改进产品线，即采取产品线现代化策略。

任务 5.3 新产品开发决策

根据生命周期理论，产品的衰退是必然的，作为企业不能随之而消亡。当一家企业能够做到：在某些产品面临衰退之时，另一些新产品已进入快速成长期；当某些产品处在成熟期时，一些产品已开始在市场推出。那么，这家企业将处于良性循环状态，而这也是新产品开发的意义之所在。

5.3.1 新产品的概念与类型

对于新产品，不同于一般科技开发上的新产品含义，营销领域倾向于从“产品整体概念”角度来理解，认为产品在任何一个层次上的更新，只要能给消费者带来新的利益，即可视为新产品。具体可以区分为四种新产品：

(1)完全创新新产品。

产品在造型、结构、性能等方面完全是创新的、前所未有的。

(2)升级换代新产品。

在性能、结构方面有重大突破与改进的产品。例如,电脑发展历程:电子管—晶体管—集成电路—大规模集成电路,每次都是对前一次的升级。

(3)改良新产品。

产品在原有基础上有改进,如设计、装置、用料等,但原来用途不变。

(4)模仿新产品。

又称本企业新产品,原产品质量、用途等均不变,在外观或造型等方面稍有改进。

5.3.2 新产品开发的程序

新产品遵循一套严格的程序展开,这能一定程度提升新产品开发的成功概率。具体步骤如图 5-8 所示。

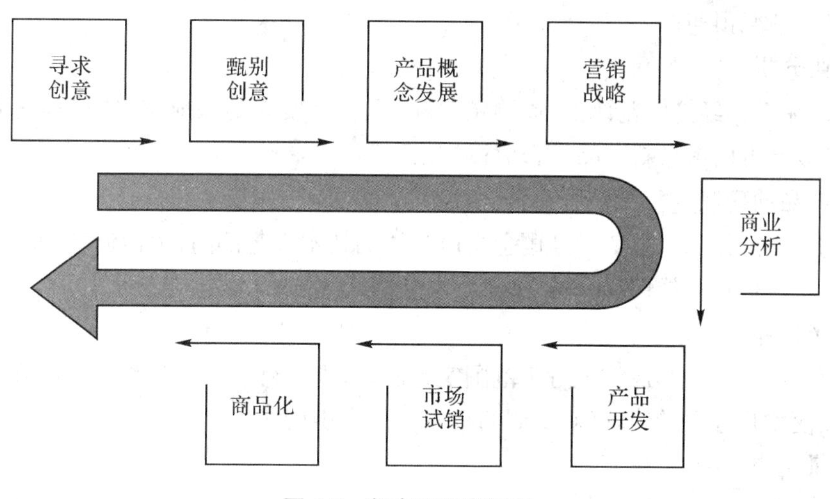

图 5-8 新产品开发程序

1)创意形成

新产品开发过程的第一个阶段是寻找产品创意,即对新产品进行设想或创意的过程。一个好的新产品创意是新产品开发成功的关键,缺乏好的新产品构思已成为许多行业新产品开发的瓶颈。

企业通常可从企业内部和企业外部寻找新产品构思的来源。内部人员包括研究开发人员、市场营销人员、高层管理者及其他部门人员。这些人员与产品的直接接触程度各不相同,但他们总的共同点是熟悉公司业务的某一方面或某几方面。企业可寻找的外部构思来源有顾客、中间商、竞争对手、企业外的研究和发明人员、咨询公司、营销调研公司等。

不管来自哪里,其产生不外乎四种方式:灵感、偶发事件、顾客需求和创造力技巧。企业应该注意了解顾客需求,训练员工的创造力技巧。

2)创意筛选

创意筛选阶段经常是对十几个概念进行评价,目的仅在于甄选出具有更高接受度的概念，不做其他营销成分的评价。一般甄选出 3～5 个接受度高的概念。

3)概念的形成与测试

概念形成就是以消费者的语言对产品加以描述。例如，企业计划生产某智能手机，可将这一产品构思描述为“供 25～35 岁的青年人使用，可以被遥控、通话、阅读信息等，以及前方两米范围形成具体图像，手指可以在空气中操控图像”这一新产品概念。

概念测试是指用几组目标消费者来测试新产品概念。越是具体、形象的阐述越会增加测试的可信度。概念测试的目的在于估计每个概念的市场量、目标人群、价位接受度等，为是否进行产品测试阶段起支持作用。

4)初拟营销计划

初步确定新产品的营销计划，具体包括以下内容：

(1)描述目标市场，主要从目标市场是谁、有什么样的特点、规模有多大等方面进行描述。

(2)预测产品第一年的预期价格、分销渠道、销售量。

(3)经营情况预期。

5)商业分析

对新产品进行经济效益评价，预测销售额、推算开发与销售成本、估算利润和投资回报率，从经济效益方面考察新产品是否值得推出。

6)新产品的研制

通过上述分析之后，把新产品概念交由具体的技术工艺部门，由他们转换成真正的实体产品，这一阶段极具挑战性。

7)市场试销

对已经制订的营销方案，进行小范围实地测试，主要目的在于考察新产品在现实市场上的表现，以便发现存在的问题，对后期的批量上市提供借鉴。

8)批量上市

新产品试销成功后，就可以正式批量生产、全面上市。此时企业需做好四个方面的工作：确定新产品的最佳投放时机，确定新产品的投放地区，精确锁定新产品的目标市场，最后加强营销 4Ps 策略的运作。

任务 5.4　品牌与包装决策

5.4.1　品牌决策

1)品牌的概念

如今越来越多的企业意识到品牌的重要性，品牌意识已深入人心。那么究竟什么是品牌呢？目前，理论界对于品牌的定义并不统一，本书采用菲利普·科特勒的观点：“品牌是一种名称、术语、标记、符号或设计图案，或是它们的相互组合，用以识别企业提供给某个或某群消费者的产品或服务，并使之与竞争对手的产品或服务相区别。”

2)品牌内容

从本质上说,品牌是为了传递一种信息,一个品牌能表达六层意思。

(1)属性:一个品牌首先给人带来特定的属性。例如,梅塞德斯代表昂贵、优良制造、工艺精良、耐用、高声誉。

(2)利益:一个品牌绝不仅仅限于一组属性,消费者是购买利益而不是购买属性。属性需要转换成功能和情感利益。例如,“耐用”可以几年不买车,“昂贵”则使自己受人羡慕。

(3)价值:品牌体现了生产者的某些价值观。例如,梅塞德斯体现了高性能、安全和威信。

(4)文化:品牌可以蕴含和象征某种文化。例如,梅塞德斯意味着德国文化:高效率、高品质。

(5)个性:品牌还能代表一定的个性。例如,梅塞德斯可以使人想起一位不会无聊的老板(人),一头有权势的狮子(动物)或一座质朴的宫殿(物)。

(6)使用者:品牌还体现了购买或使用这种产品是哪一类消费者,这对于公司细分市场、市场定位有很大帮助。例如,梅塞德斯,我们期望看到坐在车后的是位55岁的高级经理,而不是一位24岁的女秘书。

3)品牌与商标

品牌英文名Brand,商标是Trade Mark,两者是完全不同的概念。

(1)商标是一种法律用语,是生产经营者在其生产、制造、加工、拣选或者经销的商品或服务上采用的,为了区别商品或服务来源、具有显著特征的标志,一般由文字、图形或者其组合构成。经国家核准注册的商标为“注册商标”,受法律保护。

(2)商标与品牌。商标与品牌既有联系又有区别,其联系主要表现为:它们都是无形资产,都具有一定专有性,其目的都是为了区别于竞争者,以助于消费者识别,所以商标与品牌经常被混淆使用。两者区别主要表现在:商标一般都要注册,它是受法律保护的一个品牌或品牌的一部分,其产权可以转让和买卖;品牌比商标有更广泛的内涵,品牌代表一定文化,有一定个性,而商标则是一个标记。

4)品牌决策

品牌决策是产品策略中一个非常重要的组成部分,灵活运用好各种品牌策略可以为企业带来丰厚的利润,然而品牌决策是一项复杂的系统工程,当中涉及因素众多,因此也是非常困难的一个过程。一个完整的品牌运营过程包括以下多方面的品牌决策,如图5-9所示。

(1)品牌化决策。

①无品牌策略。适用于未经过加工的原材料;不会因生产商不同而造成产品不同;生产简单,选择性不大;临时性或一次性生产。

②品牌化策略。品牌策略是指企业的营销部门对其销售的产品确定相应的品牌。是否需要命名品牌,这是企业营销管理的重要方面。如宝洁的个别品牌策略。宝洁公司名称是P&G。宝洁没有成为任何一种产品和商标,而根据市场细分的洗发、护肤、口腔等几大类,又采用个别品牌策略。在中国市场上,香皂用的是“舒肤佳”,牙膏用的是“佳洁士”,卫生巾用的是“护舒宝”,洗发水就有“飘柔”“潘婷”“海飞丝“等品牌,洗衣粉有“汰渍”“洗好”“欧喜

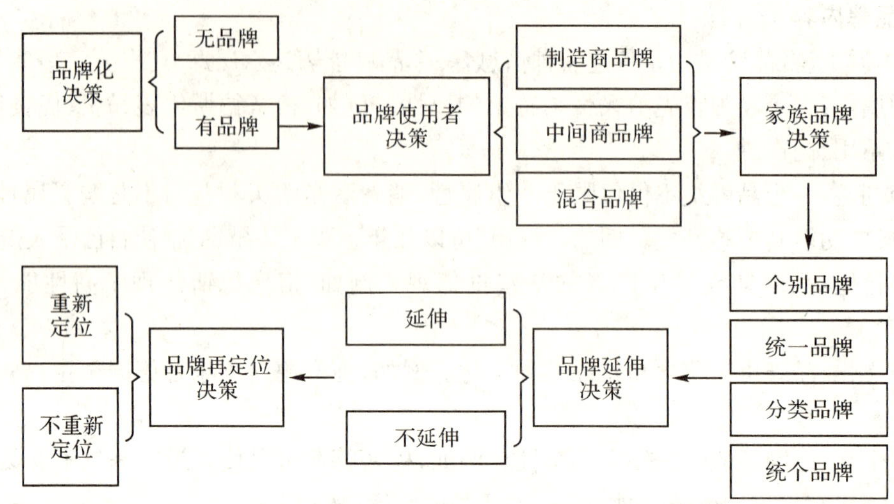

图 5-9 新产品开发程序

朵”“波特”“世纪”等 9 种品牌。多品牌的频频出击，使公司在顾客心目中树立起实力雄厚的形象。

(2)品牌归属决策。

品牌归属决策是指决定品牌所有权归谁所有的问题。现实生活中随处可见制造商品牌：例如，伊利、光明牛奶、九阳豆浆机等；也到处可以看到经销商品牌：例如，世纪联华的自有品牌、沃尔玛的自主品牌等。或者可以采取混合品牌策略，即部分产品用厂商自己的品牌，部分产品使用中间商的品牌，具体影响因素视产品品种、企业实力等综合决定。

(3)家族品牌决策。

①个别品牌。不同产品使用不同品牌。其好处在于它没有将公司的声誉系在某一品牌的成败之上，假如某一品牌的产品失败了或者出现了低质情况，也不会损害制造商的名声。例如，P&G 和 Unilever 公司采取的就是这种品牌策略。

②统一品牌。所有产品使用一个品牌名。采用该战略的主要好处是，引进一个产品的费用较少，因为不需要进行“品名”调查，或不需要为建立品牌名称认知和偏好而花费大量广告费。例如，GE、娃哈哈等公司采取的就是这种品牌策略。

③分类品牌。如果某公司生产截然不同的产品大类，则使用共同的家族品牌名称就不太合适。例如，苹果公司：Mac 电脑、iPhone 手机、iPod 数码音乐播放器、iPad 平板电脑、iTunes 音乐商店。其采纳的就是这种品牌策略。

④统个品牌(母子)。这些公司名称可使产品正统化，而单个品牌名称又可使新产品个性化。例如，本田、惠普公司都采取这种策略。

(4)品牌延伸决策。

品牌延伸指的是把现有品牌应用到新的产品上，使新产品直接冠名为已有品牌。采取这种策略主要是想借助现有品牌的影响力，快速建立新产品的市场效应与声誉。例如，娃哈哈公司一开始生产娃哈哈 AD 钙奶，然后又生产矿泉水，命名为娃哈哈矿泉水，这种就是娃哈哈品牌的延伸。品牌延伸决策需当心产品技术及市场关联性等问题，否则一旦延伸失败，将给原来的产品销售造成不可估计的后果。

(5)品牌重新定位决策。

随着时代的发展,市场环境发生巨大变化,市场的消费需求特点可能发生改变,当某一品牌原先的定位不能满足目标市场的要求时,此时企业应当重新考虑赋予品牌新定位的问题。重新定位一般不得已而为之。比较成功的例子有美国万宝路的重新定位。

5.4.2 包装决策

《韩非子·外储说左上》有个"买椟还珠"的故事。这个故事原意是讽刺郑国人不识珠宝高贵,但也说明了产品包装的重要性。

"佛靠金装,货靠包装""三分长相,七分打扮"……这些俗语都可以形容商品包装对经营的重要作用。商品包装是产品从生产领域到消费领域的"嫁衣",其作用不仅是保护产品和便于携带,更重要的是起着无声推销员的作用。

1)包装含义

包装行为:包装的设计管理活动。

容器:一切用于盛装、包裹商品的物品。

包装可以分为内包装、中包装和外包装(储运包装)。

包装的功能如下:

(1)保护产品。防止产品受损害。

(2)提供便利。便于运输、储存,便于识别、购买、携带和使用。

(3)促进销售。包装会美化产品。

(4)增加利润。能提高产品附加值,是无声的推销员。

2)包装设计的要求

(1)包装的结构造型要新颖美观,使用方便。

(2)包装的大小和形状,要适宜产品的运输、储存和消费者的购买习惯。

(3)与商品价值和质量相匹配。

(4)图案、色彩不能与宗教信仰和民族习惯相抵触。

(5)文字说明与商品性质相一致。

(6)包装材料要环保。

3)包装策略

(1)类似包装策略。各种产品采用相同的色彩和图案,可以节省包装费用,树立产品形象,利于新产品进入。

(2)等级包装策略。不同等级的产品包装不同,以此扩大销售。

(3)配套包装策略。将多种使用上相互关联的产品放在统一包装容器内,方便实用,带动多种产品购买。

(4)再使用包装策略。包装盒改为其他用途,刺激购买欲望。

(5)附赠品包装策略。对儿童、青少年和低收入者比较适用。

技能训练

技能训练:典型案例分析

“残缺”的“产品”

这是一家全球化的庞大的电梯维修企业,但是由于顾客关系管理出了点问题,有一段时间它一直亏损。为了找出顾客流失的真正原因,企业进行了一次大规模的顾客调查。调查表是建立在“维修和养护可以为顾客提供有益的服务”这样一个前提之上的。定量分析和调查的结果表明,这家企业的服务质量低劣,而且服务价格过高。这样的结果明显与现实不相符合,作为一家最重要的电梯维修企业,他们的员工接受了最好的培训,他们拥有最好的检测设备、最好的维修工具和设备,维修所需的配件种类也是最为齐全的。

为了反映真实的情况,找到更加根本的原因,公司进行了第二次调查。调查的范围包括100名曾接受过服务的顾客,也包括那些办公楼和家属住宅楼的顾客。

虽然调查结果进行了一些修正,但是流失顾客所表述的意见却基本是一致的:“我们非常清楚贵公司拥有一流的设备和一流的员工,也知道大多数的情况下你们的工作是令人满意的,但是我们对你们提供服务的方式感到不舒服,也无法相信贵公司的维修人员能像你们承诺的那样开展维修工作,而且你们通常对诸如维修准确时间之类的问题不做出承诺。虽然公司一些维修人员能够对顾客所关心的问题表示关注,但大多数的维修人员却表现出冷漠的态度,甚至于扔下未修完的电梯扬长而去。对这些行为我们无法忍受,做贵公司的顾客让人感觉很累、很复杂。所以我们认为你们的服务质量低劣,而且价格过高。”

资料来源:克里斯廷·格鲁诺斯著,韩经纶等译,《服务管理与营销:基于顾客关系的管理策略》(第二版),电子工业出版社2002年版,第40~41页

思考题:

(1)电梯维修公司的问题到底出在哪里?

(2)结合案例,谈一谈你是怎样理解顾客价值和顾客满意的。

(3)如果你是决策者,你会相应地做出什么调整?

课后训练

1)单项选择题

(1)产品生命周期衰退期的特点是(　　)。

A.快　　B.好　　C.长　　D.转

(2)产品线的数目是指产品项目的(　　)。

A. 广度　　B. 宽度　　C. 深度　　D. 关联度

(3)人口普及率在50%～90%之间属于(　　)。

A. 投入期　　B. 成长期　　C. 成熟期　　D. 衰退期

(4)(　　)是新产品开发的第一步。

A. 市场试销　　B. 产品研制　　C. 产品构思　　D. 商业分析

2)第二课堂

按5～8名同学一个小组进行划分,分组讨论产品整体概念对企业营销活动的影响。请在学习产品策略的基础上,针对自己所熟悉的一家企业产品策略进行分析,并提交一份最优产品策略分析报告。

3)资料研读与分析

小王的烦恼

小王是一家企业的销售员,他刚刚接到经理的通知,看来他9月份的定额似乎完不成了。这已是第三个月,他一直未完成任务。除非他以后有较大起色,否则很难实现年度配额。这样他将失去年终奖。在谈话中,小王被告知他是唯一一个完不成任务的销售员,这对他的前途将产生很坏的影响。

小王有一个老客户表现出对该企业某种大型机器的兴趣,因为售价几万元,一旦成交,小王将扭转被动局面。但是他知道这种机型不适合这位客户的生产线,别的客户已出现此类问题,但这位客户尚不知道。其他销售员却依旧在销售此类机器,公司虽然正在采取纠正措施,但短期内机器仍将有问题。当然,小王也不想失去奖金和这份工作。

思考题:

(1)如果是你,该怎样去做?

(2)小王的销售经理怎样做才能帮他?

(3)公司对于机器的质量问题将采取什么措施?

项目 6　价格策略

【知识目标】

(1)理解定价影响因素,掌握产品定价的正常程序。

(2)掌握定价的基本方法以及常用策略。

(3)熟悉消费者对价格变动的可能反应。

(4)掌握价格调整的策略。

【能力目标】

(1)通过基本素质训练,锻炼思维与理解能力。

(2)通过专业素质训练,提高价格制定能力。

(3)通过案例模拟训练,激发学生合作共赢意识,提升学生团队协作及社会适应能力。

【开篇案例】

机智的价格应对策略

休布雷公司在美国伏特加酒的市场上,属于营销出色的公司,其生产的史密诺夫酒,在伏特加酒市场的占有率达23%。后来另一家公司推出了一种新型伏特加酒,其质量不比史密诺夫酒差,每瓶价格却比它低1美元。按照惯例,休布雷公司有3种对策可选择:

(1)降价1美元,以保住市场占有率。

(2)维持原价,通过增加广告费用和推销支出来与对手竞争。

(3)维持原价,听任其市场占有率降低。

由此看出,不论该公司采取上述哪种策略,休布雷公司都处于市场的被动地位。但是,该公司的市场营销人员经过深思熟虑后,却采取了对方意想不到的第4种策略。那就是,将史密诺夫酒的价格再提高1美元,同时推出一种与竞争对手推出的新伏特加酒价格一样的瑞色加酒和另一种价格更低的波波酒。

这一策略,一方面提高了史密诺夫酒的地位,同时使竞争对手的新产品沦为一种普通的品牌。结果,休布雷公司不仅渡过了难关,而且利润大增。实际上,休布雷公司的上述3种酒的味道和成分几乎相同,只是该公司懂得以不同的价格来销售相同的产品策略而已。

【案例点评】

市场竞争中,价格调整不可避免,当面对竞争对手的价格挑衅行为时,企业应沉着冷静,全面分析竞争对手的价格方针、价格调整策略及目的,然后有针对性地给予回应。

任务6.1　掌握基本定价步骤

尽管20世纪50年代以后,由于科技和经济的发展、消费水平的提高,非价格因素在现代市场营销过程中的作用越来越突出，但价格仍然是市场营销组合中一个十分敏感而又难以控制的因素，它直接关系着需求量的多少和利润的高低，影响着营销组合的其他因素，并在一定程度上具有战略意义，决定着企业营销的成败。

企业在初次定价时，应遵循以下程序有条不紊地展开，首先分析定价目标，考虑影响因素，然后最终选择定价方法和策略制定产品的价格。如图 6-1 所示。

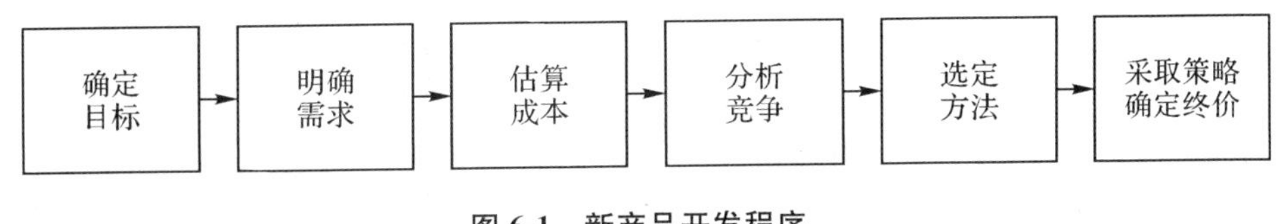

图 6-1 新产品开发程序

6.1.1 选择定价目标

公司必须决定它想给特定的产品达到什么样的定价目标。假如公司已经仔细地选定了它的目标市场和进行了市场定位，那它的市场营销战略，包括价格将是相当明确的。一般而言，可以通过定价追求以下四个目标：

1)生存

如果公司遇上生产力过剩或激烈竞争或者要改变消费者的需求时，它要把维持生存作为它们的主要目标。为了保持工厂开工和使存货能出手，它们必须制定一个低的价格并希望市场是价格敏感型的。

2)当期利润最大化

许多公司想制定一个能达到最大当期利润的价格。它们估计需求和成本，并据此选择一种价格，这个价格将能产生最大的当期利润、现金流量或投资报酬率。

3)市场份额领先地位

一些公司想取得控制市场份额的地位，他们相信本公司赢得最大的市场份额后将享有最低的成本和最高的长期利润，于是他们制定尽可能低的价格来追求市场份额的领先地位。这个目标的一个变种是追求一个特定的市场份额增长。

4)产品质量领先地位

一个公司可以树立在市场确立产品质量领先地位这样的目标。这一般要求收取一个高的价格来弥补高的产品质量和研究及开发的高成本。

6.1.2 确定需求水平

公司可能收取的每一种价格都将导致一个不同水平的需求以及由此对它的营销目标产生的不同效果。在正常情况下，需求和价格是反向关系，也就是说，价格越高，需求越低，反之亦然。如图 6-2 所示。

就威望商品来说，需求曲线有时是呈正斜率的，即价格越高，需求量越大。

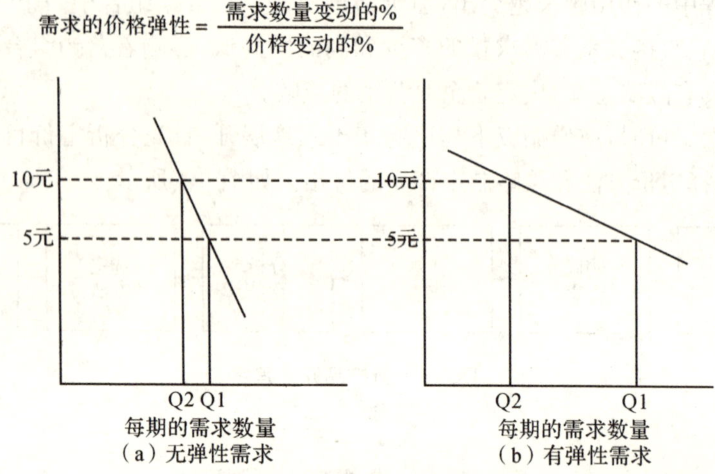

图 6-2 无弹性需求和有弹性需求

6.1.3 估算成本

需求为公司制定其产品价格确定了一个最高限度，而成本是底数。公司想要制定的价格应包括所有生产、分销和推销该产品的成本，还应包括对公司所做的努力和承担风险的一个公平的报酬。

1)成本类型

(1)固定成本(Fixed Cost)，是指不随生产或销售收入的变化而变化的成本。固定成本的发生与生产水平无关。

(2)变动成本(Variable Cost)，是指随着生产水平的变化而直接发生变化的成本。

2)不同生产水平下的成本特性

假如德州仪器公司已建造了一个日产 1000 台掌上计算器的固定规模的工厂，假如每天生产的单位不多，每个单位的成本就高。当生产量达到每天 1000 台时，平均成本就降低了，因为有更多的产品分担固定成本。生产量达到 1000 台以后，平均成本增加了，因为生产效率降低了：工人们不得不为等待机器而排队，机器更经常地发生故障，同时工人们在工作中难免互相妨碍。如图 6-3(a)所示。

假如德州仪器公司相信它能够一天销售 2000 台的产品，它应该考虑建造一座大的工厂。这家工厂将使用更有效率的机器并做更有效的工作安排，这时一天生产 2000 台产品的单位成本将比一天生产 1000 台产品的单位成本来得少。这在长期的平均成本曲线中可得到说明[图 6-3(b)]。事实上，据图 6-3(b)所示，一个日产 3000 台产品的工厂将是更有效益的。但是，日产 4000 台产品的工厂则效益较低，因为出现了规模增大后的不经济性：太多的工人不利于管理，日常文书事务减慢了工作进度，等等。

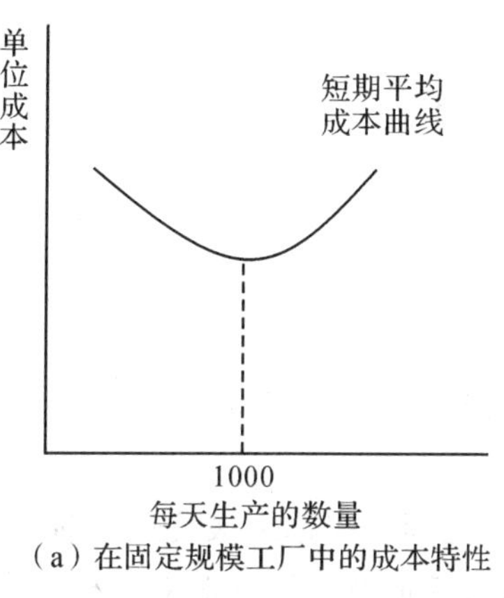

（a）在固定规模工厂中的成本特性

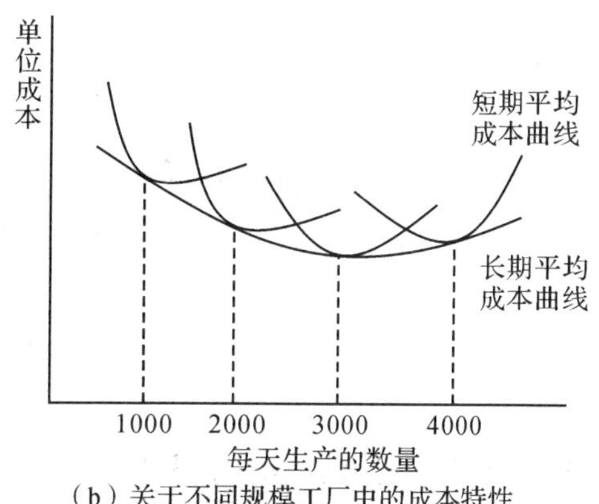

（b）关于不同规模工厂中的成本特性

图 6-3　不同生产水平下的成本特性

3)累积生产的成本特性

仍以德州仪器公司为例，随着生产经验的累积，平均成本趋于下降。（至于原因主要是：工人们学会了捷径，原料流程得到了改进，采购成本也下降了，等等。）这样，起初生产 10 万台计算器的平均成本是每台 10 美元；当公司开始生产 20 万台计算器时，平均成本已下降到 9 美元；当产量倍增到 40 万台，平均成本是 8 美元。如图 6-4 所示。

这种随着累积生产经验而来的平均成本的下降被称为经验曲线或学习曲线（Learning Curve）。

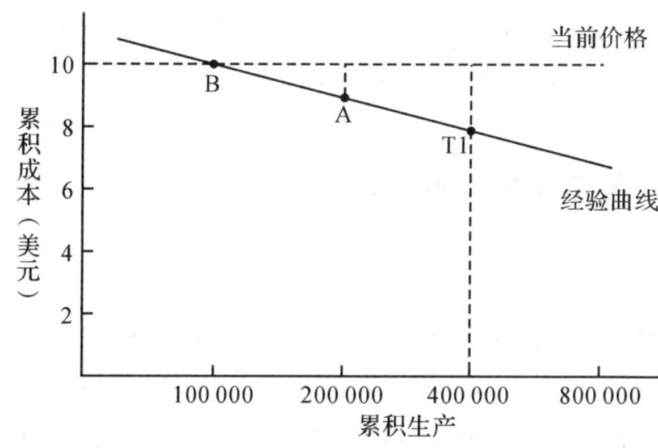

假定这个行业中有 3 个竞争者，德州仪器公司、A 与 B 公司。德州仪器公司在过去的产量已达 40 万台，平均成本 8 美元。如果大家都以每台 10 美元的价格销售，德州仪器公司单台获利 2 美元，A 公司获利润 1 美元，B 公司不赔不赚。德州仪器公司高明的一招就是将单价降到 9 美元。如果这样就会将 B 公司赶出市场，而 A 公司甚至要考虑停产歇业，那样德州将接管他们的业务

图 6-4　学习曲线效应

6.1.4　分析竞争价格

在由市场需求和成本所决定的可能价格的范围内，竞争者的成本、价格和可能的价格反应也在帮助公司制定它的价格。公司应该首先考虑最相近的竞争者的价格。

如果企业提供的产品与一个主要竞争者提供的相似，那企业必须把价格定得接近于竞争者，否则就要失去销售额。

若企业提供的东西是次级的，企业就不能够像竞争者所做的那样定价。

若企业提供的东西是优越的，企业的索价就可以比竞争者高。

6.1.5 选择定价方法

企业产品定价有三种最基本的方法可供选择，不同的定价方法出发点各有不同，也各自有其适用的场合，具体在定价方法任务中介绍。

6.1.6 确定最终价格

上述定价方法的目的是缩小从中选定最终价格的范围。在选定最终价格时，公司必须考虑其他一些附加因素，包括心理因素、公司定价政策、其他营销因素等对价格的影响以及价格对其他各方面的影响。比如，以心理因素而言，许多顾客把价格作为质量的一种指标，价格高代表质量好，如果企业追求高品质形象则宜定高价；同时，许多卖家也相信价格的位数应该是奇数为好；等等。

任务 6.2 掌握基本定价方法及定价策略

市场需求为企业制定价格规定了一个最高限额，如果企业对产品的定价高于这个限额，那么需求将急剧减少；成本因素则构成了产品价格的低限，如果价格低于这一水平，则企业无利可图，也不可能长久；最后，同行竞争者制定的价格及他们的预期价格反应也制约了企业的价格制定，企业采取定价方法的时候需主要综合平衡三方面的因素。

6.2.1 基本定价方法

1)成本导向定价法

成本导向定价法是指以企业产品成本作为基础的定价方法，其优点是量入为出、将本逐利、计算简单，主要有以下两种具体方式。

(1)成本加成定价法。它是在产品的成本上加一个标准的加成。建筑公司提出的承包工程投标价格就是通过估算总项目成本，再加上一个能获利的标准加成。计算公式为：

单位产品售价＝单位产品总成本×(1＋利润加成率)

例：某手机饰品生产企业生产手机外套 1000 套，总固定成本为 20000 元，总变动成本为 30000 元。如果预期利润为 30%，则销售价格为：

$$P=\frac{20000+30000}{1000}\times(1+30\%)=65(\text{元})$$

(2)盈亏平衡定价法。盈亏平衡定价法也称保本分析和目标利润定价法，是企业按照生产某种产品的总成本和该产品的销售收入保持平衡的原则来制定价格。盈亏平衡点的确定是该方法的执行关键，平衡点以下定价则导致亏损，高于平衡点定价则赢利。如图 6-5 所示。

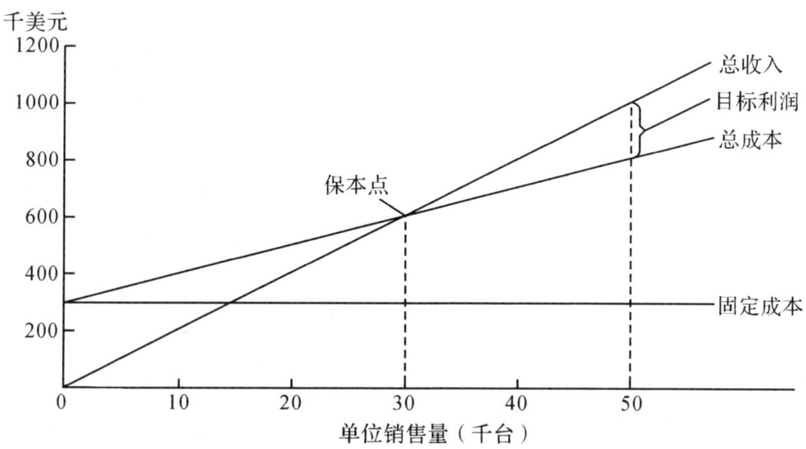

图6-5　盈亏平衡定价法

盈亏平衡分析的基本公式如下：

$$\pi=R-C=Q\times(p-v)-F \tag{1}$$

式(1)中：

π 为利润；

R 为销售收入；

C 为总成本；

Q 为销售量；

p 为销售单价；

v 为单位变动成本；

F 为固定成本。

上式中，当 $\pi=0$，企业不亏不盈时，则有：

$Q_0\times(p-v)=F$，移项

$$Q_0=F/(p-v) \tag{2}$$

其中：

Q_0 为盈亏平衡点的产销量；

$(p-v)$ 为单位临界贡献。

例：某企业生产某种产品（单位套），单位售价为 300 元，单位产品变动成本为 200 元，生产该产品的固定成本为 40000 元，盈亏平衡点是多少？

计算：$Q_0=\dfrac{40000}{300-200}=400$(套)

企业在满足社会需要的前提下，要自负盈亏，尽可能多获利，求得一定目标利润下的产销量已成为量本分析的一个重要问题，可用以下公式表示：

$$Q_\pi=(F+\pi)/(p-v) \tag{3}$$

2)需求导向定价法

需求导向定价法是指企业以市场上对产品的需求程度和消费者对产品价值的理解程度

为基础去定价格的一种定价方法，它更注重需求因素。

(1)认知价值定价法。日益增多的企业把它们的价格建立在产品认知价值的基础上。他们明白，作为定价的关键，不是卖方的成本，而是买主对价值的认知。

【案例链接】

卡特比勒公司的认知价值定价

卡特比勒公司可以把它的拖拉机定价为100000美元，竞争者的同类产品定价90000美元，而卡特比勒公司仍能获得比竞争者更多的销售额。因为当一位潜在顾客询问卡特比勒的经销商为什么购买卡特比勒公司的拖拉机要多付10000美元时，这个经销商回答说："是的，先生，想了解下我们的价格构成吗？90000美元是拖拉机的价格，另外7000美元作为产品优越的耐用性增收的溢价，6000美元作为产品优越的可靠性能增收的溢价，5000美元为优质的服务增收的价值，还有最后2000美元是作为零配件较长时期的担保增收的溢价，这样算下来我们拖拉机的总价值为110000美元，当然作为对你们长期惠顾的回报，我们愿意降价10000美元，所以售价为100000美元，先生这贵吗？"顾客欣然接受这一解释。

卡特比勒的经销商向顾客揭示了为什么卡特比勒的拖拉机贵于竞争者。顾客认识到虽然多付了10000美元的溢价，却增加了20000美元的价值。他最终还是选择了卡特比勒公司的产品。

认知价值定价法的关键有两点：①充分运用营销组合的非价格变量影响和提高消费者对商品的认知价值。②尽量准确估测购买者对商品的认知价值。对自己提供的价值产生夸张自满看法的卖主会把它们的产品定价过高，或者他们可能对认知价值估价过低，而定的价格低于它们能够达到的价值。为了建立起市场的认知价值，作为有效定价的一种指南，市场调研是必须的。

(2)需求差异定价法。以销售对象、销售地点、销售时间等条件变化所产生的需求差异作为定价的基础。实行差异定价法必须具备以下三个条件：

①企业对价格有一定的控制能力。

②产品有两个或两个以上被分割的市场。

③不同市场的价格弹性不同。

3)竞争导向定价法

竞争导向定价法是指企业通过参考竞争者同类产品的价格来制定本企业产品的价格。这种方法操作简单，其主要逻辑参见图6-6所示。

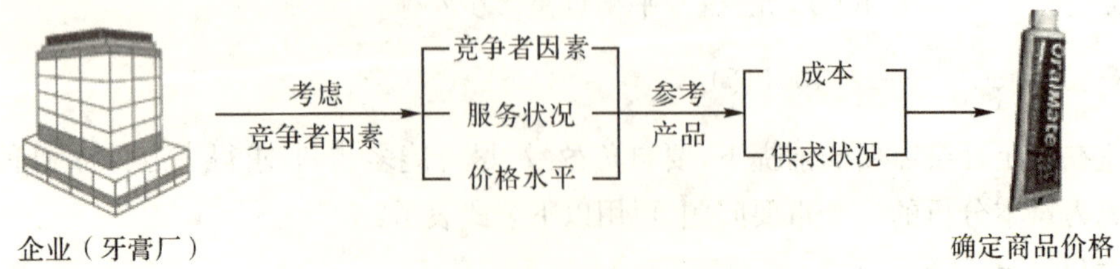

图6-6 竞争导向定价逻辑

(1)随行就市定价法。

随行就市定价法是指企业按照行业的平均现行价格水平来定价。在以下情况时往往采取这种定价方法:①难以估算成本;②企业打算与同行和平共处;③如果另行定价,很难了解购买者对本企业价格的反应。

随行就市定价法,是运用最为广泛的定价方法之一,它有利于与竞争者和平相处,避免因价格竞争带来的风险,保证企业获得相当的利润。同时,市场通行价格也易于消费者接受,从而保证产品销路。

(2)密封投标定价法。

密封投标定价法即由密封投标竞争的方式确定商品价格的一种方法。某企业想要赢得某个合同,就需要制定比其他企业较低的价格。同时,公司不能将价格定得低于成本,否则会恶化它的地位。

除此之外,企业还能基于实力对比,采取高于竞争对手定价法和低于竞争对手定价法。

6.2.2 制定价格策略

如果说定价方法是从量的方面对产品的基础价格做出科学的计算,那么定价策略则是从艺术角度,根据市场具体情况制定出灵活机动的价格。常见的定价策略有:

1)新产品定价策略

新产品的定价由于没有同类商品价格可供参照,因此是较为困难的。新产品的定价在保证既收回成本,又获取一定的利润,还应让大多数消费者认为"公平"而能够接受的原则下,常常运用以下策略:

(1)撇脂定价策略。这是一种先高后低的价格策略。在新产品进入市场初期,还没有竞争对象和替代物,利用消费者"求新""猎奇"的心理,将这类刚投放市场的新产品价格定得高一些,以便获取较高的利润和尽快回收新产品的研制、开发投资,随着时间的推移,再根据该商品的市场销售变化,逐步地降低价格。这种方法就如从鲜奶中撇取乳油一样,从厚到薄、从精华到一般,于是被称为"撇脂定价法"。

优点:单位利润大,投资回收快,当竞争者跟上来时,企业已获得了丰厚利润;能提高新产品的身价,使顾客产生质量优良的印象,更有利于吸引注意力;向下调价的空间大,利于竞争。

缺点:以高价投入市场,可能会出现产品形象尚未树立,而销售增长缓慢的不利形势;畅销、高价带来的高额利润会诱使大批竞争者进入市场,造成价格猛跌直至无利可图。

适用:需求量较大、价格弹性较小、仿制较难的新产品,针对求新、求奇、好胜等心理。

(2)渗透定价策略。又称薄利多销策略,与撇脂定价策略正好相反,它是指企业在产品上市初期,利用消费者求廉的消费心理,有意将价格定得很低,使新产品以物美价廉的形象吸引顾客,占领市场,以谋取远期的稳定利润。这种策略又称"蚀头赚尾"。

优点:短时期内快速打开销路;对竞争者诱惑不大,可减少竞争,使企业获得并保持较高的市场占有率;可使企业经营稳定,获得长期利润。

缺点:投资回收期长。这时期如竞争企业将性能更好的新产品投放市场,企业就会无利可图。

适用:适合消费量大、购买频繁的商品,特别是食品类新产品、家庭日常用品等。

(3)满意定价策略。这种定价策略介于撇脂定价策略与渗透定价策略之间。

优点:从消费者的实际支付能力和价格心理出发,旨在建立较稳固的产品信誉,增强消费者的购买信心。

缺点:企业需要正确估价消费者对某种商品的价值观念,然后制定价格并预测出在这一价格水平下的需求量,进而估算生产量、投资额及单位成本等。

2)心理定价策略

(1)声望定价法。

一家商店经过多年经营,在消费者心目中有了声望,那么该商店销售的商品,价格就可以较一般商店稍高。一家企业生产的商品成为名牌,消费者对它产生了信任感,售价也可以较高,这是声望定价。如微软公司的 Windows98(中文版)一开始进入中国市场时就定价 1998 元人民币,便是一种典型的声望定价。声望定价特别适用于质量不易鉴别的商品。如皮大衣,两家商店都出售,一家声誉高,顾客们会认为,高级商店的高价商品代表着质量好。另外,用于正式场合的西装、礼服、领带等商品,且服务对象为企业总裁、著名律师、外交官等职业的消费者,则都应该采用声望定价,否则,这些消费者就不会去购买。但要注意,声望定价法绝不是一般商品都可采用的。

(2)尾数定价法。

这是一种给商品定一个带有零头尾数的非整数价格。目前这种定价策略已被商家广泛应用,从家乐福、沃尔玛到国内的华联、大型百货商场,从生活日用品到家电等都采用尾数定价策略。

尾数定价产生的特殊效果:

①便宜。标价 99.96 元的商品和 100.06 元的商品,虽然仅差 0.1 元,但前者给消费者的感觉是"还不到 100 元",而后者却使人产生"100 多元"的想法,因此前者可以使消费者认为商品价格低、便宜,更令人易于接受。

②精确。带有尾数的价格会使消费者认为企业定价是非常认真、精确的,连零头都算得清清楚楚,进而会对商家或企业的产品产生一种信任感。

③中意。受民族习惯、社会风俗、文化传统和价值观念的影响,某些特殊数字常常会被赋予一些独特的含义。例如,"8"作为价格尾数在我国南方和港澳地区比较流行,人们认为"8"即发,有吉祥如意的意味;又如"4"及西方国家的"13"被人们视为不吉利,因此企业在定价时应有意识地避开,以免引起消费者对企业产品的反感。

(3)整数定价法。

这是给商品定整数不要零头的一种定价方法。一般说来,适宜于整数定价的商品,是那些高价值的商品、珍贵的礼品以及为了便于计算的小商品等。如把若干种小商品搭配成 1 元货、10 元货等,不仅在销售时减少许多找零钱的麻烦,而且会给购买者造成合算、便宜的感觉,利于促进购买。

(4)招徕定价法。

招徕定价又称特价商品定价，是一种有意将少数商品降价以招徕顾客的定价方式。消费者对低于市场价的商品，容易感兴趣和激起购买欲望。

一些销售者往往利用这种心理，有意把几件商品的价格定低，以此吸引消费者来购买商品，借机扩大连带销售，开拓销路。

【案例链接】日本创意药房在将一瓶200元的补药以80元超低价出售时，每天都有大批人涌进店中抢购补药，按说如此下去肯定赔本，但财务账目显示盈余逐月递增，其原因就在于没有人来店里只买一种药。人们看到补药便宜，就会联想到其他药也一定便宜，从而促成了盲目的购买行动。

采用招徕定价策略时，必须注意以下几点：

①降价的商品应是消费者常用的，最好是适合于每一个家庭应用的物品，否则没有吸引力。

②实行招徕定价的商品，经营的品种要多，以便使顾客有较多的选购机会。

③降价商品的降低幅度要大，一般应接近成本或者低于成本。只有这样，才能引起消费者的注意和兴趣，激起消费者的购买动机。

④降价品应与因伤残而削价的商品明显区别开来。

3)折扣价格策略

折扣定价是指对基本价格做出一定的让步，直接或间接降低价格，以争取顾客，扩大销量。主要形式有数量折扣、现金折扣、功能折扣、季节折扣、运费折让和价格折让等。

(1)数量折扣。

①累计数量折扣。规定顾客在一定时间内，购买商品若达到一定数量或金额，则按其总量给予一定折扣，其目的是建立长期关系。

②一次性数量折扣。规定一次购买某种产品达到一定数量或购买多种产品达到一定金额，则给予折扣优惠，其目的是鼓励顾客大批量购买，促进产品多销快销。

(2)现金折扣。

采用现金折扣一般要考虑三个因素：折扣比例，给予折扣的时间限制，付清全部货款的期限。在西方国家，典型的付款期限折扣表示为“3/20，Net 60”，其含义是在成交后20天内付款，买者可以得到3%的折扣，超过20天且在60天内付款不予折扣，超过60天付款要加付利息。

(3)功能折扣。

中间商在产品分销过程中所处的环节不同，其所承担的功能、责任和风险也不同，企业据此给予不同的折扣称为功能折扣。功能折扣的结果是形成购销差价和批零差价。

(4)季节折扣。

有些商品的生产是连续的，而其消费却具有明显的季节性。为了调节供需矛盾，这些商品的生产企业便采用季节折扣的方式，对在淡季购买商品的顾客给予一定的优惠，使企业的生产和销售在一年四季能保持相对稳定。例如，啤酒生产厂家给在冬季进货的商业单位以大幅度让利，羽绒服生产企业则为夏季购买其产品的客户提供折扣。

(5)运费折让。

对较远的顾客,用减让一部分价格的办法弥补其全部或部分运费。

(6)价格折让。

对于进入成熟期的消费者,开展以旧换新业务,将旧货折算成一定的价格,在新产品的价格中扣除,顾客只支付余额,以刺激消费需求,促进产品的更新换代,扩大新一代产品的销售。

4)差别定价策略(歧视定价)

(1)差别定价的形式。

①顾客差别定价,又称顾客细分定价,是指企业按照不同的价格把同一产品或服务卖给不同的顾客。该定价策略是根据顾客的付款能力来定价的。

②产品形式差别定价。不同型号产品定不同的价。

③产品部位差别定价。例如剧院,不同座位的成本一样,但票价有所不同,这是因为人们对剧院不同座位的偏好有所不同。

④销售时间差别定价。时段定价是指从商品面市价开始计算,按不同的销售时段规定出不同的售价,由高到低直到售完为止。

【案例链接】蒙玛公司在意大利以"无积压商品"而闻名,其秘诀之一就是对时装分多段定价。它规定新时装上市,以3天为一轮,一套时装以定价卖出,每隔一轮按原价削10%,以此类推,那么到10轮之后,蒙玛公司的时装价就削到了原来的35%左右的成本价。这时的时装,蒙玛公司就以成本价售出。因为时装上市还仅一个月,价格已跌到1/3,谁还不来买?所以一卖即空。最后结算,赚钱比其他时装公司多,又没有积货的损失。

(2)差别定价的适用条件。

①市场可以细分,各细分市场需求程度不同。

②以较低价格购买产品的顾客不可能再以高价转卖出去。

③竞争者没有可能在企业以较高价格销售产品的市场上以较低价格竞销。

④细分市场和控制市场的成本费用不得超过因实行价格歧视而得到的额外收入。

⑤价格歧视不会引起顾客反感而放弃购买。

⑥采取的价格歧视不能违法。

5)产品组合定价策略

大多数企业生产或营销的是多种产品,这些产品构成了该企业的产品组合。企业在制定价格时,要考虑到各种产品之间的关系,以提高全部产品的总收入。

(1)产品线定价。

产品线是一组相互关联的产品,企业必须适当安排产品线内各个产品之间的价格梯级。若产品线中两个前后连接的产品之间价格差额小,顾客就会购买先进的产品,此时,若两个产品的成本差额小于价格差额,企业的利润就会增加;反之,价格差额大,顾客就会购买更多较差的产品。

(2)选购品定价。

企业为选购品定价常用的方法有两种:第一,把选购品价格定得较高,靠它赢利多赚钱;

第二，把选购品的价格定得低一些，以此招徕顾客。例如，有些饭店饭菜的价格定得较低，而酒水的价位则较高；另一些饭店则正好相反。

(3)连带品定价。

连带品是指必须与主要产品一同使用的产品。如，刀片是剃须刀架的连带品。

许多大企业往往是主要产品定价较低，连带品定价较高。以高价的连带品获取利润，补偿主要产品低价所造成的损失。例如，曾经柯达公司给它的照相机制定较低的价格，而胶卷定价较高，这样就增强了柯达照相机的市场竞争能力，销售柯达胶卷赚钱，保持原有的利润水平。

此外，企业还经常采用地区定价策略。总之，企业必须慎之又慎地制定定价策略，将原则性、科学性和灵活性结合起来。

任务6.3 如何应对价格变动

产品在定价之后，由于市场环境一直在发生变化，就必然要求不断调整价格。调整价格的原因主要有两种：一是主动调整；二是为了应对竞争被动调整。

6.3.1 企业降价与提价

1)降低价格的原因

(1)企业的生产能力过剩，库存积压严重，而通过增加销售、改进产品或其他方式都不能达到促进销售的目的时，降价就成为最后的选择。

(2)在强大的竞争压力下，企业的市场占有率下降，企业会通过降价提高市场占有率。

(3)当企业的成本比竞争者低时，通过降价可以扩大销量，提高市场占有率，从而进一步降低成本。在这种情况下，企业也会选择降价。

2)提高价格的原因

(1)成本膨胀，这是企业调高价格的最主要原因。如果企业的原材料、工资等费用上升，企业成本提高，如果产品继续维持原价，就会妨碍合理利润的获得，甚至导致企业破产。通过涨价来转嫁成本压力是企业的必然选择。

(2)供不应求，市场需求旺盛时，企业会通过调高价格来抑制部分需求。

(3)利用顾客心理，创造优质效应。顾客普遍具有“高价高质”的心理，企业利用这点，通过提升价格来创造产品高品质的形象。

6.3.2 顾客对价格变动的反应

1)消费者对降价的心理反应

调低价格后，本来应该刺激消费者的购买动机，促使他们大量购买和重复购买，结果却发现相当一部分消费者做出了相反的反应。这种心理行为的发生主要有这样一些原因：

(1)认为商品降价是由于这些商品自身品质下降而造成的。

(2)购买便宜货有损购买者的自尊心和满足感。

(3)认为式样老了,将被新产品代替。

(4)认为价格还要进一步下跌。

2)消费者对提价的心理反应

价格调高时,本来应该抑制一些消费者的购买欲望,减少购买这些商品的数量,结果却发现一些消费者反而积极购买。他们的心理行为有这样一些原因:

(1)认为产品很畅销,不赶快买就买不到了。

(2)认为提价的商品还将会继续提价,要尽早买,先买下来保值。

(3)产品很有价值。

6.3.3 企业对竞争者调价的反应

1)竞争者的反应分析

假设竞争对手有一组适应价格变化的应对政策,这种应对政策,可以通过下面两种方法获得:①内部资料;②统计分析方法。

假设竞争者把每一次价格变动都看作是新的挑战,并会根据当时自身利益做出相应的反应。

(1)竞争者变动价格的目的是什么?是想扩大市场份额,还是因为成本变化;或者是充分发挥其以获得有利需求。

(2)竞争者的价格变动是长期的,还是暂时的?

(3)其他竞争者对此会做出什么反应?

(4)本企业对竞争者的调价做出反应后,竞争者和其他企业又会采取什么措施?

2)企业应变的对策

当企业遇到竞争者降价时,企业可考虑采用下列价格竞争策略:

(1)维持原价。

适用场合:①如果降低,会失去很多利润;②不会失去很多的市场份额;③当必要时,会重新获得市场份额。

(2)维持原价和增加价值。

领导者可以改进它的产品、服务和信息沟通。企业可以发现维持原价和花钱去改进它所提供的产品比降价和以较低毛利来经营要便宜得多。

(3)降价。

适用场合:①领导者的成本将随着数量增加而下降;②它将失去很多的市场份额,因为本市场对价格是敏感的;③一旦失去市场份额,它要使尽全力去重新获得市场份额。这个行动在短期内会减少企业的利润。

(4)提高价格同时改进质量。

市场领导者可以提价并引入一些新品牌商品去包围那种进行攻击的品牌商品。

(5)推出廉价产品线反击。

在经营产品中增加廉价品种,或者另外创立一个廉价品牌。

价格是把双刃剑,它能将对手斩于马下,同时,也可能伤害到自己。成功的价格策略必定是与其他营销策略的有效组合。

技能训练

技能训练:定价方案设计

[实训目的]通过本项实训,检验学生是否能够灵活应用定价理论,结合实际情况为给定的具体产品设计恰当的价格方案。

[实施形式](1)学生分析实训教师提供的课业范例,并由教师进行讲解。

(2)根据教师所提供的课业范例的格式思路及背景案例信息提供的信息对"力力"利乐包豆奶设计定价方案(课外完成)。

(3)下节课教师点评学生所设计的"力力"利乐包豆奶设计定价方案。

(4)同学以小组形式,共同完成该任务。

小组人数:5～7人。

每小组选出一名同学在课堂上使用多媒体进行报告。

教师根据每组具体分析情况进行现场提问。

[实训重点](1)价格方案的设计能力。

(2)团队协作。

(3)创新能力。

[成果检测](1)每小组提交一份价格方案报告。

(2)在班级进行交流,每个小组推荐1人说明其所做的定价方案。

(3)由教师与学生根据其所做的价格方案及发言情况进行打分。

"力力"利乐包豆奶应该如何定价?

定价方案的设计首先要明确企业定价目标,要对影响价格的内部因素——产品情况、企业营销能力进行分析;对外部因素——市场供求状况、竞争情况和政府有关政策进行分析,并将其作为设计定价方案的依据,确定定价的合理性。本课业指导需要结合产品的具体财务资料和市场资料才能进行。特提供"力力"利乐包豆奶的有关资料。

根据财务部门提供的成本信息,"力力"利乐包豆奶的成本构成如下:

(1)厂部生产线提供上海地区30%的生产能力,每年可提供1667万盒(每盒250毫升)。

(2)分摊的固定费用:①月折旧费20万元、年折旧费240万元;②月管理费用为13.33万元、年管理费用为159.96万元。

(3)单位产品的变动费用(按目前市场价格计算):①豆浆、牛奶配方原料,1000毫升

0.40 元;②辅料费用,1000 毫升 0.24 元;③包装费用,每盒 0.10 元;④人工费用,每盒 0.10 元;⑤储运费用,每盒 0.07 元;⑥销售费用,每盒 0.08 元;⑦考虑税金,每盒 0.06 元。

[关于税金的统计说明:在实际单位价格计算中,税金指的是增值税。增值税是在产品成本+目标利润的基础上乘上国家规定的税率所计算得出的,单位价格=(产品成本+目标利润)+增值税。我国增值税的税率一般确定为17%,当然有些行业还是有区别的。为了便于教学,在此我们把增值税作为固定统计的税金,统计在单位变动费用中,特作说明。]

(4)经预测,2003 年市场需求为 1400 万盒,总公司要求上海地区的"力力"利乐包豆奶的净利润为 150 万元,商业加成率为 33%。

(5)市场部提供竞争对手的产品价格情况如表 6-1 所示。

表 6-1　豆奶产品价格表

品牌	品种	容量	市场零售价
维他奶	维他奶	100 毫升	0.80 元
维他奶	维他奶	250 毫升	1.30 元
维他奶	麦精朱古力	250 毫升	1.30 元
正广和	都市奶	250 毫升	1.50 元
杨协成	豆奶	250 毫升	2.00 元
上海光明	巧克力牛奶	250 毫升	2.00 元
上海光明	纯鲜牛奶	250 毫升	2.30 元

根据上述财务、市场有关资料,对"力力"利乐包豆奶设计定价方案。

依据价格策略要求,根据市场需求状况,针对竞争对手定价,对企业营销中常用的"目标利润""应对竞争""维持生存"三种定价方案进行设计。

[示范案例]

"鸿门"老酒产品价格计划

根据财务部门提供的成本信息,"鸿门"老酒两个品种的成本构成如下:

(1)厂部生产线提供该产品的生产能力为每年 250 万瓶(500 毫升)。所分摊的固定费用为:"黑色醇香"月折旧费 47.5935 万元,年折旧费 571.122 万元;"红色峥嵘"月折旧费为 20.3477 万元,年折旧费 244.1724 万元;两个品种的月管理费是一样的,为 13.0731 万元。

(2)"黑色醇香"的单位变动费用为:①(按目前市场价格计算)原料费用,2000 毫升 4.00 元;②辅料费用,2000 毫升 2.40 元;③包装费用,每瓶 0.30 元;④人工费用,每瓶 0.70 元;⑤储运费用,每瓶 0.40 元;⑥销售费用,每瓶 0.80 元;⑦税金,每瓶 1.00 元。单位变动费用共计 4.80 元。

(3)"红色峥嵘"的单位变动费用为(按目前市场价格计算):①原料费用,2000 毫升 2.48 元;②辅料费用,2000 毫升 2.40 元;③包装费用,每瓶 0.30 元;④人工费用,每瓶 0.70 元;⑤储运费用,每瓶 0.40 元;⑥销售费用,每瓶 0.80 元;⑦税金,每瓶 0.70 元。单位变动费用共计 4.12 元。

另外，市场部门提供了 2002 年“鸿门”老酒下列资料：

(1)由于对市场需求估计不足，作为新产品的“鸿门”老酒只生产了 130 万瓶，两个品种各为 65 万瓶。上市后，市场对此产品反应很好，供不应求，商业加成率为 25%。2002 年产品价格是按“成本加成法”定价的，成本利润率为 40%。

(2)据市场调查分析，2004 年市场需求量可达到 200 万瓶，厂部确定两个品种的销售目标各为 100 万瓶。目标利润定为“黑色醇香”624 万元，“红色峥嵘”376 万元，共计 1000 万元。

(3)据调查，主要竞争对手“和酒”的市场零售价格“五年陈”卖到 15 元，“八年陈”卖到 23 元。在高档黄酒市场具有很高的市场占有率。

(4)据有关信息透露，2004 年“和酒”将进一步占领市场，必然会对“鸿门”老酒进行封杀。为了应对这一可能，公司准备减少固定成本的补偿，“黑色醇香”只需补偿 200 万元，“红色峥嵘”100 万元，共计 300 万元。

根据上述资料及市场的有关信息情况，我们首先分析 2002 年所制定的价格是否合理，再对 2004 年的价格计划进行方案设计。具体价格方案设计如下：

2002 年价格分析

黑色醇香：出厂价格＝(4.8＋7279992/650000)×(1＋40%)＝22.40(元)

零售价格＝22.40×(1＋25%)＝28(元)

利润＝(22.40－4.80－7279992/650000)×650000＝4160000(元)

红色峥嵘：出厂价格＝(4.12＋4010496/650000)×(1＋40%)＝14.41(元)

零售价格＝14.41×(1＋25%)＝18.01(元)

利润＝(14.41－4.12－4010496÷650000)×650000＝2678000(元)

分析：

(1)价格没有竞争优势。相对于“和酒”的市场零售价格“五年陈”15 元，“红色峥嵘”的零售价为 18.01 元，相差 3.01 元；相对于和酒“八年陈”23 元，“黑色醇香”为 28 元，相差了 5 元。显然，“鸿门”老酒的价格没有竞争优势。

(2)2002 年的价格没有达到利润最大化。根据 2002 年价格实现的目标是“黑色醇香”416 万元，“红色峥嵘”267.8 万元，总计 683.8 万元，与 2004 年目标利润 1000 万元相比，还相差 316.2 万元，没有达到利润最大化。

(3)如果能够正确预测市场需求，出厂价必定能够下降，增加价格优势，增加产品销量，提高利润。

经分析，2002 年产品定价并不合理。根据上述资料及市场的有关信息情况，对 2004 年价格计划进行方案设计。制定以下几种价格方案。

1)2004 年“目标利润”定价方案分析

黑色醇香：出厂价格＝4.8＋[(7279992＋6240000)/1000000]＝18.32(元)

零售价格＝18.32×1.25＝22.9(元)

红色峥嵘：出厂价格＝4.12＋[(4010496＋3760000)/1000000]＝11.89(元)

零售价格＝11.89×1.25＝14.86(元)

分析：

(1)此价格方案能够实现2004年的目标利润："黑色醇香"624万元，"红色峥嵘"376万元。

(2)此价格方案具有可行性，已准确预测了市场需求200万瓶。2002年的130万瓶是低估的，实际需求量大于130万瓶。况且，产品上市已有2年，产品生命周期处于成长期，销售量增长率一定大于10%。

(3)此价格方案只具有微弱的竞争优势。和酒"八年陈"23元，只相差0.1元，和酒"五年陈"15元，只相差0.14元；如果和酒一旦降价，那么就会连这些微弱的价格优势也没有了，使竞争处于被动地位。

2)2004年"应对竞争"定价方案分析

黑色醇香：保本出厂价格＝4.8＋7279992/1000000＝12.08(元)

保本零售价格＝12.08×1.25＝15.1(元)

市场最低价格＝23(元)

应对竞争价格为15.1～23元。

红色峥嵘：保本出厂价格＝4.12＋4010496/1000000＝8.13(元)

保本零售价格＝8.13×1.25＝10.16(元)

市场最低价格＝15(元)

应对竞争价格为10.16～15元。

分析：

(1)此价格方案具有竞争优势，价格越低，竞争力越强，最强的竞争价格就是两个产品的保本价格。

(2)此价格方案会影响目标利润实现，价格越低，影响程度越大，当零售价达到15.1元、10.16元时，企业利润为零。

(3)在此价格方案中，如果用较低的价格，可以打开市场，提高销售量，从而提高利润额。就是用最低的保本价销售，当销售量大于预期销售量时，单位固定成本可以转化为单位利润。

课后训练

1)不定项选择题

(1)下列属于卖方定价法的是(　　)。

A. 产品差别定价法　　B. 密封投标定价法

C. 拍卖定价法　　D. 边际贡献定价法

(2)下列属于成本导向定价法的有(　　)。

A. 边际贡献定价法　　B. 盈亏平衡定价法

C. 目标收益定价法　　D. 随行就市定价法

(3)下列几项中,属于心理定价策略的有(　　)。

A. 撇脂定价　　B. 招徕定价　　C. 市场渗透定价　　D. 整数定价

2)第二课堂

按 5～8 名同学一个小组进行划分,分组讨论影响产品价格的影响因素有哪些。请在学习价格策略的基础上,针对自己所熟悉的一家企业产品价格进行分析,并提交一份最优产品价格策略分析报告。

3)资料研读与分析

方便面涨价风波

2007 年 8 月份以来的方便面涨价,与其说是方便面协会做出的临时政策,倒不如说是蓄谋已久的。原来,从 2006 年底开始,由行业协会参与,国内方便面巨头就召开了 3 次内部价格协调会议,商议集体上调价格,最终达成一致意见:康师傅、统一、今麦郎、日清、农心等 10 多家知名企业全部参与此次统一调价,覆盖率高达 95%。各方便面价格都上调了 20%～40%不等,也就是说原本 1 元一包的方便面,现在要多收 0.2 元钱。如果只是某一个或者某几个品牌涨价,甚至哪怕不同品牌涨幅不一样,消费者还有选择权。然而,一旦“统一涨价”,留给消费者的选择就只剩下:要么吃,要么不吃。8 月 16 日,国家发改委不断收到群众投诉举报和律师来函,反映“世界拉面协会中国分会”及相关企业涉嫌串通上调方便面价格。价格监督检查司经过立案调查,认定“世界拉面协会中国分会”及相关企业涉嫌相互串通、操纵市场价格,违反《价格法》,责令其立即改正错误,消除不良影响,并将依法做出进一步处理。

思考题:

(1)各方便面巨头企业采取的定价目标是哪一种?

(2)政府为什么要对企业联手相互串通、操纵市场价格的行为予以制止?

(3)谈谈企业提价的原因有哪些?

项目 7 渠道策略

【知识目标】

(1)了解营销渠道的功能与类型。

(2)了解影响分销渠道选择的因素及分销策略。

(3)掌握设计、管理和评估分销渠道的基本方法。

【能力目标】

(1)结合案例分析,锻炼分析渠道问题的能力。

(2)结合情景模拟,提高对分销渠道各成员作用的认识。

(3)通过讨论、竞争性发言,锻炼系统思维能力。

(4)通过营销游戏,增强团队沟通与协作能力。

【开篇案例】

保健品抢占终端制高点

零售店铺也称为销售终端,在市场竞争激烈的今天,谁控制了终端,谁就掌握了市场的主动权。

保健品销售终端主要包括药店、商场、超市等。据统计,到终端购买保健品的顾客中,大约 30%的顾客并无明确目的,他们主要靠产品包装、POP、营业员导购决定购买;其余 70%的顾客会指定品牌,但是其中 25%的顾客在经过营业员的极力推荐后会改变初衷,而改购其他品牌。可见,终端工作是基础工作中的重中之重。

为此,作为保健品的制造商必须:

1)抢占终端

终端将销售和宣传融为一体,良好的包装和陈列,能引起消费者的关注和兴趣,从而激发其购买欲望。营业员对产品的宣传、推荐也较具煽动性,可以引导消费者产生购买行为。

建立稳定的终端网络,可以有序地推动市场,促进销售,完善服务,稳定价格,抵制串货,打击假冒。抢占终端,就抢占了保健品流通的制高点。随着市场竞争的加剧,终端争夺战必将愈演愈烈。

2)划分终端

终端依据销量、规模、客流、位置及性质等因素可划分为 A,B,C 三类终端。A 类终端指那些店面大,经营品种多且齐全,位于商业集中区、主干道两旁,客流量大,销售量在当地平均销量以上的药店、大中型连锁超市、大型百货商场、大卖场等;C 类终端店面较小,一般不足 20 平方米,经营品种少,主要位于生活小区、市郊、工厂区、辅干道两旁,客流量小,销售量在当地平均销量以下的小型私人药店、个体诊所、商店和便利店等。

在铺货时,原则上 A 类终端应不少于当地终端总量的 20%,B 类终端不少于终端总量的 50％。走访终端时，必须保证 A 类终端每天走访一次，B 类终端每两天走访一次，C 类终端每四天走访一次。

需针对终端：

(1)绘制终端分布图：在地图上将终端以圆圈标识并编码。比如，A 类终端用红色，B 类终端用蓝色，C 类终端用绿色，无货终端用黑色。终端编码可以按路线从西向东、从北向南的顺序进行编排。

(2)制定终端走访路线图：依据终端分布图，将各终端点按最佳捷径方式连线。

(3)建立终端档案包括终端名称、终端类别、终端地址、终端性质、归属单位、营业面积、负责人姓名及电话、营业员姓名、性别、生日及班次、进货渠道及进货价格、产品陈列(柜台、货架、专柜、专架、堆场)、零售价格、同类产品，也可设置 POP 及宣传。

3)培训终端

通过培训，可使终端的营业员能够比较全面、准确地了解产品的有关基本知识。培训内容通常包括产品功效与原理、服用方法和周期、适应人群和剂量、真假鉴别、产品的新闻资料、解答消费者异议、处理消费者投诉等。

培训的方式要多样化，如书面、口头、座谈等。

4)公关终端

终端须公关的对象有经理、买手、柜长、库管、营业员、导购、财务。推销人员要对终端进行日常拜访、定期拜访，以联络感情，加深了解，做好日常性公关工作。

5)包装终端

(1)产品陈列。柜台陈列尽量陈列在柜台上层或中层外层，位置要醒目，扩大陈列面，争取专柜陈列；而货架陈列尽量陈列在高度为 1.2～1.6 米间，扩大陈列面，宽度在 1 米以上，争取专架陈列；适当的时机在终端的门口、过道采用堆码展示产品。

(2)店面宣传。在终端店门口放置“易拉宝”或张贴产品代言人的宣传图片。在醒目位置设置地牌、梯牌、壁牌、柱牌形式的 POP 招贴，在店内的墙壁、货架、通道、电梯附近、收银台、存包柜边缘悬挂横幅、灯箱。

6)维护终端

(1)日常维护。在日常走访终端时，进行维护。

(2)重点维护。如对易被竞争对手破坏的“问题终端”，实施每天维护；对周末客流量大的终端，有针对性地在周五进行维护。维护内容主要包括对产品和 POP 的维护。

显然，构筑营销渠道是企业参与国际、国内竞争的重要资源，是提升企业竞争力的不二选择。

任务 7.1 分销渠道概述

当根据产品策略确定了产品的品牌、包装，根据价格策略制定了产品的价格之后，接下来就要考虑如何实现产品的价值，让产品从生产领域进入流通领域，这就需要有一个通道把产品在适当的时间、地点，以合适的方式配送到适当的顾客手中。这就是分销渠道所承担的功能。

7.1.1 分销渠道的概念及其结构

1)分销渠道的概念

分销渠道是指产品从制造商向消费者转移过程中取得产品所有权或帮助转移所有权的所有组织和个人。它主要包括商人中间商、代理中间商及处于渠道起点和终点的生产者与消费者。分销渠道与市场营销渠道不同,它不包括供应商和辅助商。

2)分销渠道的流程

营销渠道中的成员执行的活动在运动过程中会形成不同种类的"流",这些流把组成渠道的各类组织机构贯穿起来,使营销渠道呈现出不同的形态。

(1)实物流。实物流是指实体原料及成品从制造商转移到最终顾客的过程,如图 7-1 所示。

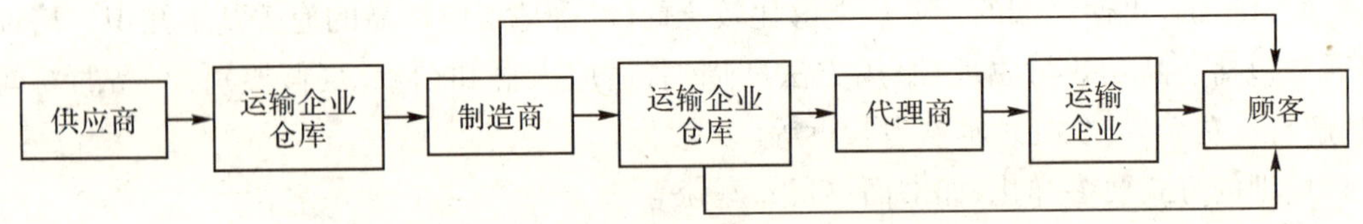

图 7-1 营销渠道中的实物流

(2)所有权流。所有权流又称为商流,是指货物所有权从一个市场营销机构到另一个市场营销机构的转移过程,如图 7-2 所示。

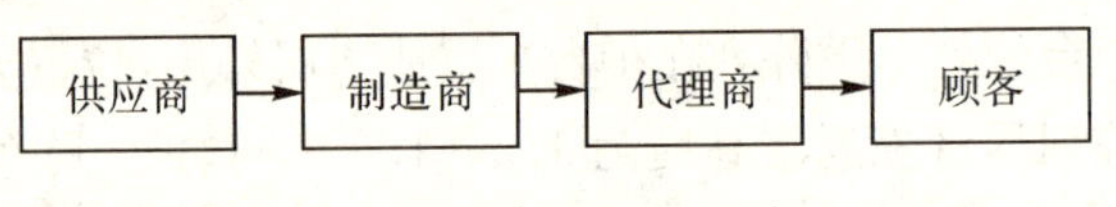

图 7-2 营销渠道中的所有权流

(3)付款流。付款流是指货款在各市场营销中间机构之间的流动过程,如图 7-3 所示。

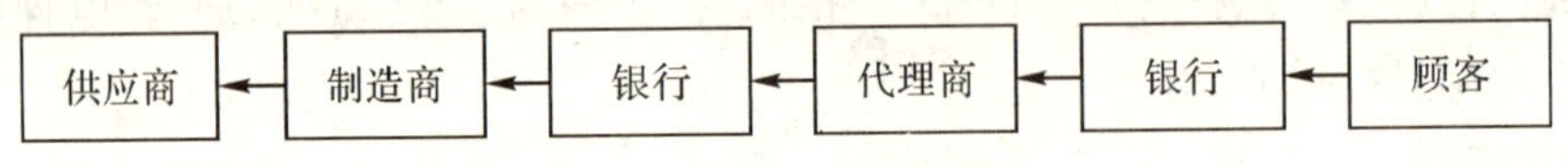

图 7-3 营销渠道中的付款流

(4)信息流。信息流是指在市场营销渠道中,各市场营销中间机构相互传递信息的过程。通常,渠道中每一组相邻的机构间会进行双向的信息交流,而互不相邻的机构间也会有各自的信息流程。如图 7-4 所示。

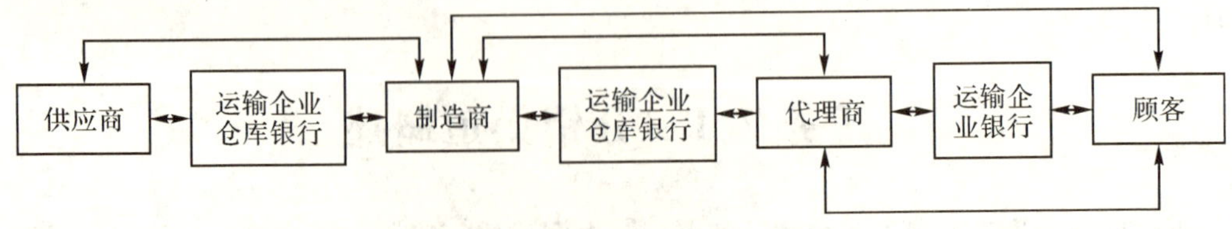

图 7-4 营销渠道中的信息流

（5）促销流。促销流是指一个渠道成员运用广告、人员推销、公共关系、促销等活动对另一渠道成员施加影响的过程，如图 7-5 所示。

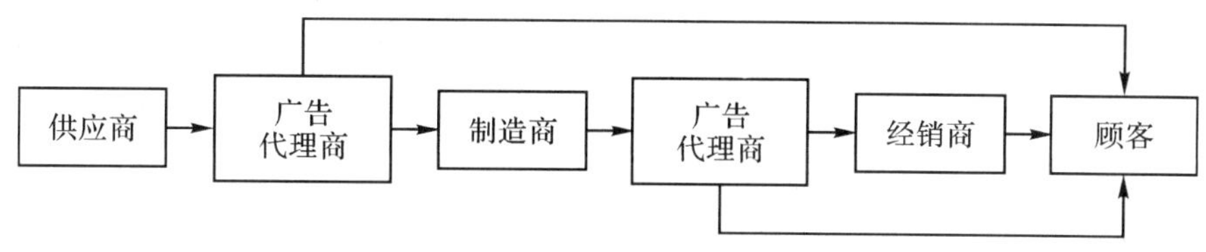

图 7-5　营销渠道中的促销流

3）分销渠道功能

分销渠道所要回答的问题就是为什么需要利用中间机构的问题。从经济系统的观点来看，市场营销渠道的基本功能在于把自然界提供的不同原料根据人类的需要转换为有意义的货物搭配。市场营销渠道是对产品从生产者转移到消费者所必须完成的工作加以组织，其目的在于消除产品（或服务）与使用者之间的差距。市场营销渠道的主要功能有以下几个方面：

（1）调研。为计划和促进交换收集信息。

（2）促销。加工与传播有关供应物的富有说服力的信息。

（3）联系。寻找潜在购买者，并与其进行沟通。

（4）谈判。尽力达成有关产品的价格和其他条件的最终协议，以实现所有权或者持有权的转移。

（5）实体分配。运输和储藏商品。

（6）财务。收集和分散资金，用以负担渠道工作所需费用。

（7）承担风险。在执行渠道任务的过程中承担有关风险。

7.1.2　分销渠道的结构

营销渠道的结构是指拥有一定作业任务的渠道成员间的关系。

营销渠道结构的设置除了会随着营销渠道成员中的两头——制造商（源头）与消费者（末端）而不同外，还会因其他因素的不同而有所差异，如行业所在地、企业实力、环境变化、产品特色、品牌声誉、地域差异、消费习惯、支付能力等。

营销渠道的结构主要包括营销渠道的层级结构（科特勒：长度结构）、宽度结构和类型结构三种。

1）营销渠道的层级结构

营销渠道可以根据其层次的数目进行分类。在实物流的过程中，任何一个对产品拥有所有权的机构都能构成营销渠道的一个单独层级。图 7-6 为营销渠道的层级结构示意图。

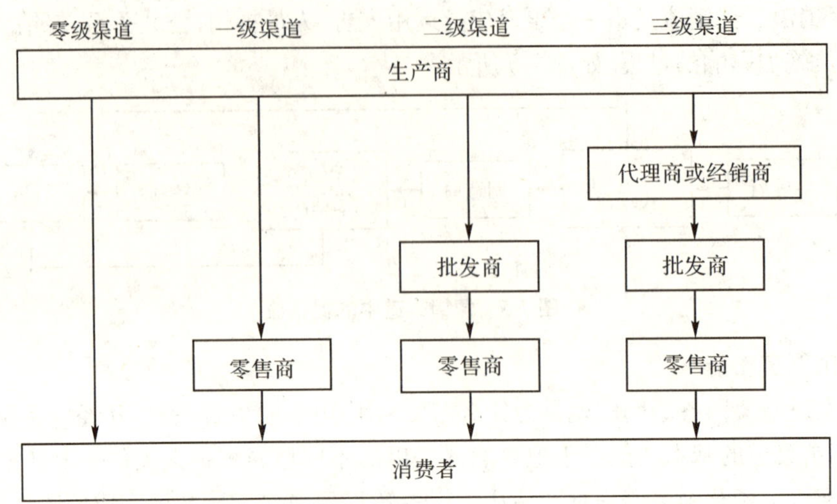

图 7-6 营销渠道的层级结构示意图

其中：

(1)零级营销渠道也称直销(Direct Sales)，是指产品从制造商流向消费者的过程中不经过任何中间商转手的营销渠道。常见的传统直销方式有门店服务(美容理发)、前厅后厨与前店后厂(饭店、裁缝店、洗衣店)、委托加工(三峡大坝发电机组)、特种工业(军工产品、卫星、磁悬浮列车)，以及上门推销、邮购、电视购物、网络销售等方式。安利的"店铺＋销售代表"式的直销模式与 Dell 的"按单生产"式的直销模式，是目前最为成功的两大直销方法。Dell 已经在 2007 年宣布放弃单一直销模式。在我国，1998 年开始限制传销(Multi Level Marketing，多层次相关联的营销方式)后，人们将直销与传销画上了等号。2005 年 12 月 1 日起施行的《直销管理条例》(与《禁止传销条例》同时颁布，2005 年 11 月 1 日起施行)，自 2006 年开始发放直销经营许可证(直销牌照)并完成服务网点核查备案的企业主要有雅芳、如新、安利、宁波三生、康宝莱、李锦记、玫琳凯、太阳神等，而还没有拿到直销牌照的月朗，不到 2 年营业额已累计达 21 亿元。直销的主要优点是：销售回款快，铺货选择无限制，市场信息反馈快，便于及时了解市场变化，严格控制零售价格，为消费者提供服务；直销的主要缺点是：市场覆盖的广度受限，开店初期费用压力大，制造商的精力被分散，要承担较大的市场风险，销售管理费用极高。

(2)一级营销渠道包括一个中间商。在消费品市场，该中间商往往是零售商；在工业品市场，该中间商往往是代理商。

(3)二级营销渠道包括两个中间商。在消费品市场，他们通常是批发商和零售商；在工业品市场，它们可能是工业品批发商和销售代理商。

(4)三级营销渠道包括三个中间商。多级营销渠道极其少见，一般，制造商只同相邻的营销渠道成员打交道，所以营销渠道级数越高，营销渠道控制和管理所需解决的问题就越多。多级营销渠道的主要优点是：减少交易次数，节约流通领域的人力、物力和财力，销售管理成本低，铺货速度快，节约流通时间，有利于企业间的专业化协作；多级营销渠道的主要缺点是：销售额虽高但销售利润低，回款账款风险大，铺货广度、深度难以控制，制造商受渠道的牵制,不便与消费者直接沟通,难以准确掌握市场信息,难以控制价格,售前、售中、售后的服务较差。

2)营销渠道的宽度结构

营销渠道的宽度是指营销渠道的每一层级结构中使用同一类中间商的数目。制造商对营销渠道的宽度可以有密集、独家、选择性三种选择。

(1)密集型营销渠道也称宽营销渠道和广泛营销渠道,是指制造商在某一地区的同一营销渠道层次中通过尽可能多的中间商销售其产品的营销渠道,以方便消费者购买,从而最大可能占领目标市场。主要优点:能扩大市场覆盖面,能使产品迅速进入新市场,方便众多的消费者和用户随时随地购买产品,有利于各中间商开展竞争,提高销售效率;主要缺点:中间商的经营积极性较低,责任心降低,推销产品不专一,不愿意承担促销和广告费用,产销关系比较松散。通常,该渠道多为快速消费品(FMCG,对应 DCG——耐用消费品)、工业用品中的标准件、通用小工具的制造商采用。

(2)独家营销渠道也称窄营销渠道,是指制造商在某一地区的同一营销渠道层次中通过唯一的中间商作为总经销或总代理销售其产品的营销渠道,授予对方独家经营权。主要优点:中间商推销产品专一、经营积极性高、责任心强,双方均愿意承担促销和广告费用,有利于对市场和中间商加以控制,增强与中间商的合作,产销关系比较紧密,简化管理程序;主要缺点:市场覆盖面相对较窄,难以打开市场局面,对中间商的依赖性太强,当中间商的销售力量不足时容易流失顾客,中间商经营能力差或出现意外情况时会影响开拓市场的全盘计划。通常,该渠道多为差异化产品、名牌、高档消费品、技术性强、价格高及工业品的制造商采用。

(3)选择性营销渠道是介于宽营销渠道和窄营销渠道两者之间的一种宽度选择,是指制造商在某一地区的同一营销渠道层次中,按一定条件选择若干个有一定实力的中间商销售其产品的营销渠道。有教材介绍说:如果选择性营销渠道的中间商选择得当,可以兼得前两种方式的优点(未必,会发生串货现象)。

3)营销渠道的类型结构

根据渠道成员间相互联系的紧密程度,营销渠道还可以分为传统营销渠道和整合营销渠道两大类型。

(1)传统营销渠道。

传统营销渠道是指由独立的制造商、批发商、零售商组成的营销渠道。该渠道的每个成员都作为一个独立的经济实体,被利益关系、市场松散地联系在一起,他们对于销售条件各执己见、互不相让,所以各自为政、各行其是,为追求其自身利益最大化互相激烈竞争(竞争的三种类型之一),即使损害营销渠道的整体利益也在所不惜,而又几乎没有一个渠道成员对于其他成员拥有全部的或者足够的控制权。传统营销渠道正面临着严峻的挑战。

世间本来就没有任何事物是一成不变的,包括分销渠道。由于传统营销渠道自身存在的一些不足或弊端,伴随新型的批发商(如 Metro 与 Sam's Club)和零售商(Sears、Home Depot、好美家)的出现,加之经销商和零售商的转型(OEM)以及特许经营方式的膨胀,新的营销渠道逐渐形成,即整合营销渠道。

(2)整合营销渠道(Integrated Marketing Channels)。

整合营销渠道是指在传统营销渠道中，渠道成员通过不同程度的一体化整合后而形成的营销渠道。主要包括垂直营销渠道（多称垂直营销系统）、水平营销渠道（多称水平营销系统）和多渠道营销系统。

①垂直营销渠道（VMS，Vertical Marketing Systems）。垂直营销系统是为应对传统营销渠道的挑战而出现的，是近年来在营销渠道方面最重大的发展之一。垂直营销系统是由制造商、批发商和零售商纵向组成统一的联合体，该渠道成员或属于同一家公司，或拥有其他成员的产权，或与其他成员构成特约关系（授予专卖特许权，如家电的买断方式；或特许经营权，如麦当劳、Nike专卖店、格力专卖店），或拥有相当实力使其他成员愿意合作。因而垂直营销系统有利于对渠道成员的行为实行有效控制，避免和消除渠道成员间为追求各自利益而造成的冲突，实现规模经济，增强谈判实力，减少重复服务。

垂直营销系统既可以由制造商支配，也可以由批发商或者零售商支配。

在消费品市场，垂直营销系统已经成为一种主导的营销渠道形式，据统计，其在美国已达全部市场份额的70%～80%，在我国已占据全部市场份额的64%左右。

依据渠道成员间的关系，垂直营销渠道有三种主要形式：

a. 公司式垂直营销系统（Corporate VMS）。

公司式垂直营销系统是指以渠道中的某一家公司拥有并管理若干生产部门和分销部门（含批发机构、零售机构），综合经营生产、批发、零售业务，控制营销渠道的若干层次，甚至整个营销渠道。

公司式垂直营销渠道又分为两类：

其一，工商一体化。该经营方式较少采用，由大工业公司拥有和统一管理。例如，美国胜家（Singer）在美国各地设有缝纫机商店，自产自销，并经营教授缝纫等服务项目；美国火石（Firestone）在利比里亚拥有橡胶种植园，在Ohio的Akron拥有轮胎工厂，下属的批发和零售机构遍布全美国。

其二，商工一体化。该经营方式是由大型零售公司拥有和统一管理。例如，西尔斯（Sears）50%的货源来自该公司持有股权的制造商；彭尼（JC Penney）拥有和统一管理若干批发机构、工厂，综合经营加工生产、批发、零售等业务；假日旅馆（Holiday Inn）旗下有家具厂、地毯厂、分销机构、物流等（无论称其为汽车旅馆、制造商还是零售商，无疑要么是忽视了市场的现实状况，要么是淡化了经营的复杂程度）。

b. 管理式垂直营销系统（Administered VMS）。

管理式垂直营销系统是指以渠道中的某一家规模大、有实力的成员（通常是制造商）为首，来出面组织和协调（管理）整个加工生产、批发、零售一体化的营销渠道。

其实，即便是对那些享有盛誉的大牌制造商而言，也是既不可能，也无必要去耗费巨资建立"工商一体化"的垂直营销渠道。但为了实现其企业战略和营销策略，为首一方往往会在购销合作、销售促进（促销活动）、确定价格、商品陈列（货架位置）、库存供应、物流保障、货款结算、售后服务等问题上，与其他成员取得协商一致（话语权），共享品牌资源，传授管理经验，打造市场规模，确立共盈模式，建立战略联盟。如宝洁、可乐、康师傅等。

当前在我国，管理式垂直营销系统特别适合于汽车行业。几年间，汽车4S店如雨后春笋般出现(投标、保证金),全国有近8000家4S店,北京有500家左右,而且每年还在以1.5%的数量递增。

c. 合同式垂直营销系统(Contractual VMS)。

合同(契约)式垂直营销系统,是指由各自独立的、不同层次的制造商和中间商,以合同(契约)为基础而建立起来的联合营销渠道。以求统一行为并获得比独立行为更佳的销售业绩和经济效益。该方式获得了引人注目的很大发展。这种渠道系统又分为特许经营(由制造商等供方倡办)、自愿连锁店(由批发商倡办)、合作组织(由零售商倡办)等三种。

(生产商)特许经营(Franchise,也称特约代营),是指由一家已经取得成功经验的企业作为特许人(Franchisor),以合同的形式将自己所拥有的服务商号名称、商标、服务标志、设施、产品、专利、技术诀窍(Know-how)、经营管理模式(方法或经验)、零售点的建筑等授予受许人(Franchisee,也称加盟者)使用,受许人(被特许者)按合同规定,在特许人同意的业务模式下从事经营活动,并向特许人支付特许费(Franchise fee,也称加盟费),各受许人不是特许人的分支机构或子公司,它们独立经营、自负盈亏。特许经营作为一种可以向任一领域扩张的经营方法,既适用于服务业,也适用于制造业。特许经营是近年来发展最快和最令人感兴趣的零售形式,尽管基本思想是老的,但是有些特许形式却是崭新的。该方法可细分为两种:一种是由制造商、饮食公司、服务公司(供应方)倡办的"零售商特许经营"。例如,美国的福特(1910年开始)、麦当劳、肯德基(快餐)、爱维斯及赫兹(Avis Rental,Hertz Rental,租车公司)、华美达(Ramada Inn,汽车旅馆);一种是由制造商倡办的"批发商特许经营"。例如,美国可口可乐公司与独立的批发商签订特许经营合同,授权在某一地区设立"罐装生产线"进行稀释、加料、分装、批发。

(批发商)自愿连锁店(Wholesaler-Sponsored Voluntary Chains),是为了"以小博大"同大型连锁零售商竞争、抗衡,由一个或多个独立的批发商倡办,由若干个独立的中小零售商自愿加入而组成的联营组织。联营组织为参加联营的各个中小零售商提供相关的服务,主要是各成员可以通过联营组织的采购中心统一进货,分别销售,保持独立经营,实行"联购分销"。例如,芝加哥的IGA和阿姆斯特丹的SPAR。

(零售商)合作组织(Retailer Cooperative Organizations),其同样是为了"以小博大",由若干个独立的中小零售商联合经营的批发机构(缴纳会费或入股),各个成员通过这种合作组织,统一对外采购、统一宣传广告、统一培训职工,甚至统一开展生产活动。例如,瑞典北欧合作社(ICA Förbundet)1940年成立,该合作社将分布于北欧瑞典、挪威和丹麦三国的3000家连锁店铺、商场整合成目前北欧第15大企业,年经营额达到22亿美元。ICA在亚洲开设有多个采购办事处,从亚洲年进口额达8500万美元,主要包括家居用品、清洁用具、服装、家电、玩具和体育用品等。

②水平营销渠道(HMS,Horizontal Marketing Systems)。水平营销渠道也称共生营销渠道,是指由两个或两个以上的成员横向联合,自愿组成短期或长期联合组织,共同开拓新的营销机会的营销渠道。这些成员或由于缺乏资本、技能、生产、营销资源,或惧怕独立承担风险,或期望与他人联合可以产生更大的协同效应。这种公司间的横向联合,可以是暂时性的,也可以是永久性的(组建一家新公司,使之永久化)。近年来,共生营销渠道的合作形式发展速度,代表着一种集团化发展思路。

例如,美国皮尔斯伯瑞公司(Pillsbury,也有译为品食乐)是生产面粉和西点的公司,有着100多年的历史。虽然与零售商有着良好的关系,但在20世纪80年代后期,其新开发的产品线——在家庭中制作面包、饼干、曲奇、甜饼、卷饼、牛角酥、比萨的Fresh Dough产品,由于销售过程中的冷藏链而缺乏进入市场的途径,而卡夫食品国际公司(Kraft Foods Inc. 1852年成立)有现成的销售乳酪的冷藏柜和渠道,于是两家公司联合经营,由Pillsbury主要负责生产和广告等,而Kraft则主要负责分销(甚至在包装上注明)。

③多渠道营销系统(MMS,Multi-Channel Marketing Systems)。多渠道营销是指制造商对同一或不同的细分市场采用多条营销渠道。依据传统做法,许多制造商只向单一市场使用单一营销渠道进入;然而,面对市场竞争的日益加剧、目标市场的不断细分、营销渠道的不断增加,如今仅依靠单一营销渠道已不可能覆盖整个市场需求。为了有效占领多个细分的目标市场,多渠道营销成为许多企业的选择。

多渠道营销系统主要为制造商提供三个方面的利益:

a. 扩大市场覆盖面。增加渠道就是为了获得细分市场的目标顾客,如增加乡村代理商以深入人口稀少的农村市场。

b. 降低渠道成本。增加能够降低销售成本的新渠道,如采用电话销售而不是销售人员访问客户。

c. 适应顾客需求。增加更适合顾客要求的渠道,如技术型推销员(销售工程师)销售电脑、机器设备、医疗仪器,甚至实现定制化(最大的差异化)。

多渠道营销系统一般可分为两种形式:一种是制造商通过多种竞争性营销渠道销售同一商标的产品;另一种是制造商通过多种竞争性营销渠道销售不同商标(差异)的产品。但该系统容易造成营销渠道间的冲突,会给渠道控制和管理工作带来更大难度,特别是前者更容易引起不同渠道间的激烈竞争。

例如,美国通用电气公司(GE)不但通过独立的零售商(百货公司、连锁店、折扣店、邮购),而且还直接向建筑承包商销售家电产品等,这无疑形成了零售渠道间的竞争。

例如,IBM公司在推出PC时,曾采用过多渠道营销的模式,除了自设的PC产品中心外，还与西尔斯、大陆计算机公司、办公用品经销商、电器店、计算机商店等签订分销合同，此后又对销往大学的计算机大打折扣，一度引发了众多零售商的不满和抱怨。

由此可见，虽然增加新的渠道会使销售额增加，但同时不可避免地会产生疏远原有渠道的风险，原有渠道可能以“不公平竞争”为口实而向企业发难，导致企业的精力分散。这正在成为营销界热议的话题，无疑需要进行 SWOT 分析。

讨论：

至于判断某个制造商、在某个具体发展阶段、向某个地区、销售某个产品，如何设置最适合的营销渠道？诸如营销渠道的类型、长度、宽度，渠道成员的类型、职能、数目、位置（销售网点）确定会使市场营销更富有成效，这需要企业根据企业的发展战略、生产营销策略等因素加以综合考虑，再进行“营销渠道的设计与选择”。

例如，双汇和雨润对于其低温肉制品、高温火腿肠、冷鲜肉的营销渠道均有差异。

例如，新飞电器针对冰箱营销渠道的调查（海尔）、分析与改造（新飞）。

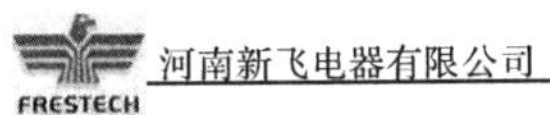

营销管理体系咨询

海尔的分销体系

海尔的分销体系以零售为主，其中大商场、专卖店和家电个体经营者是零售体系中的主力。

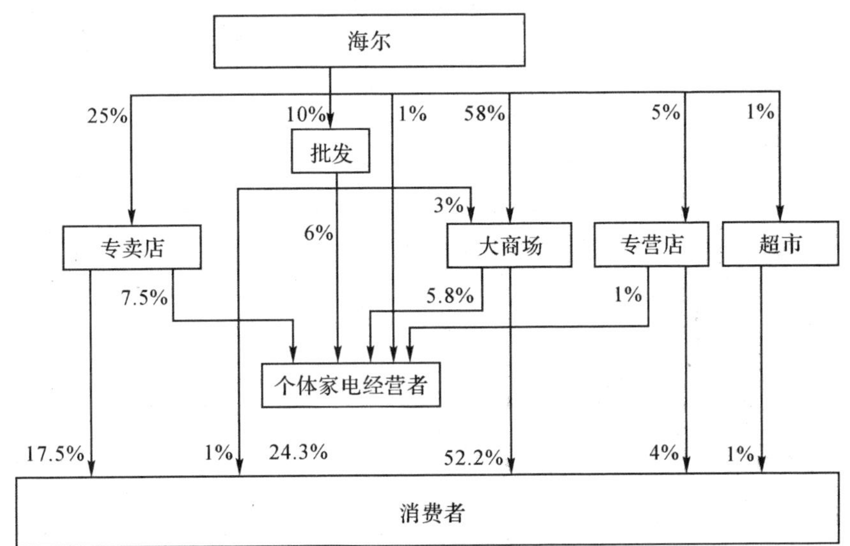

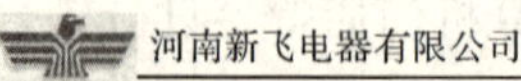

营销管理体系咨询

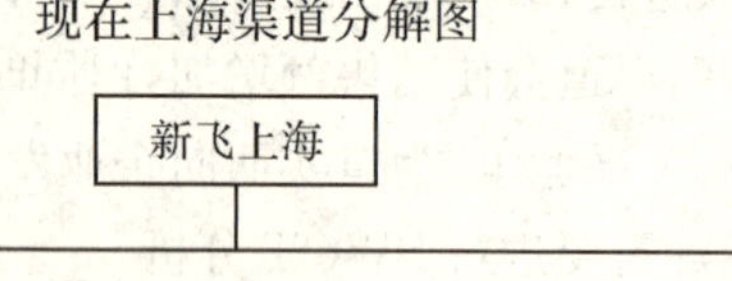

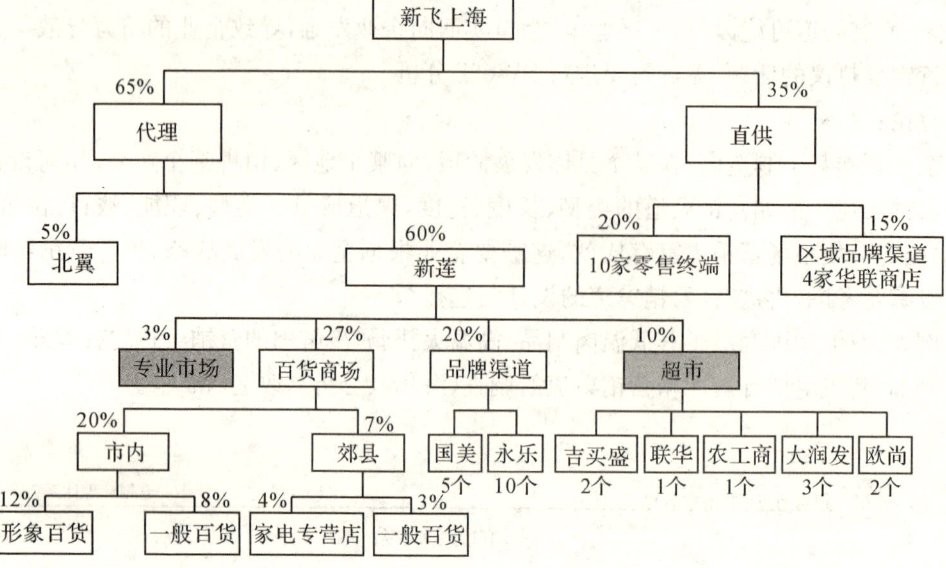

注：▭代表准备收回直接管理的对象 ▬代表形式上收回，但仍由代理商负责结算

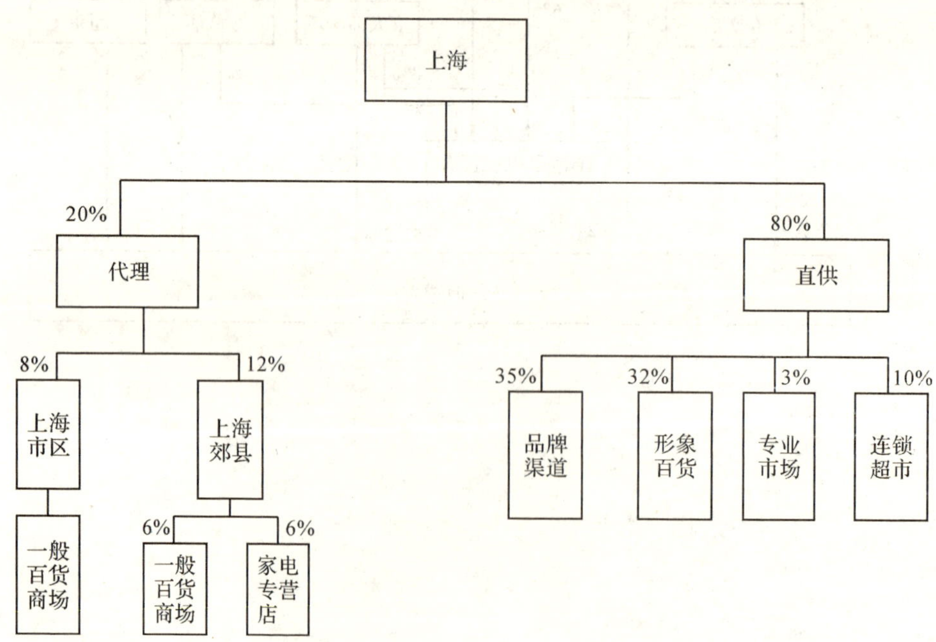

任务7.2 设计与选择分销渠道

7.2.1 设计分销渠道

1)分析顾客的服务需求

分销渠道是连接生产者和顾客的桥梁,它能决定企业能否在合适的时间、地点,以合适的价格和方式,将顾客最需要的产品提供给顾客。因此,在设计分销渠道时首先要从以下几个方面来分析顾客的服务需求状况:

(1)批量大小。批量是指营销渠道在购买过程中提供给顾客的单位数量。

(2)等候时间。等候时间是指渠道的顾客等待收到货物的平均时间。顾客一般喜欢快速交货渠道,快速服务要求一个高的服务产出水平。

(3)空间便利。空间便利是指营销渠道为顾客购买产品所提供的方便程度。

(4)产品品种。产品品种是指营销渠道提供的商品花色品种的宽度。一般来说,顾客喜欢宽度较大的花色品种,因为这使得顾客的选择余地更大。

(5)服务支持。服务支持是渠道提供的附加服务(信贷、交货、安装、修理)。服务支持越强,渠道提供的服务工作越多。

2)分析影响渠道设计的因素

分销渠道的设计要综合考虑渠道目标和各种影响因素,主要影响因素有以下几个方面:

(1)顾客特性。分销渠道设计受顾客人数、地理分布、购买频率、平均购买数量以及对不同促销方式的敏感程度等因素的影响。当顾客人数多、地理分布广、购买频率高、购买数量少时,生产企业适宜采取长与宽的渠道。

(2)产品特性。产品特性不同,对分销渠道的选择影响较大。比如,鲜活易腐商品应尽量减少中间环节,采取最短的渠道,尽可能不经过批发环节;技术性强的商品,特别是使用面较窄的商品或专用设备,宜采取企业与用户直接见面的方式;服装产品需要更多的直接市场营销,避免耽搁(服装有季节性和时尚性)和支付太多的搬运装卸费;大宗产品,如建筑材料或软饮料,需要运输距离和装卸次数最小化的渠道销售;单价较高的商品宜采取直接销售渠道,单价较低的商品则采取间接销售渠道较好。除此,产品的寿命周期也对分销渠道有影响,处于投入期的产品应采取直接渠道,而成熟期的商品可更多地采取间接渠道。

(3)中间商特性。中间商由于在执行运输、储存、促销等方面以及信用条件、退货特权、人员训练和送货频率等方面都具有不同的特点和要求,因此也影响着分销渠道的选择,企业必须找到愿意并且能够履行职责的中间商。

(4)竞争特性。企业分销渠道的选择与竞争者的策略有一定关系,这与企业竞争策略的选择相关。购买力强的大城市、大型超市、连锁店等,可直接从企业进货,采取最短的渠道;购买力较低的地区、中小零售商则必须通过中间商的批发环节。出于竞争的需要,企业有时可能希望就在经营竞争者产品的商店内或附近商店内与之竞争。例如,食品公司希望其品牌商品和竞争对手的商品陈列在一起。另外，在市场需求较高时，企业可能会增加分销渠道的宽度，扩大销售网点的分布；在市场需求萧条时，则需要减少流通环节，以降低经营成本和商品售价。

(5)企业特性。企业本身的总体规模、财务管理能力、产品组合、渠道经营水平、营销政策和商誉等也会影响其分销渠道的选择，而且还涉及生产者能否控制分销渠道以及中间商是否愿意承担分销的职能等方面。

(6)环境特性。企业分销渠道的选择受宏观环境的影响，如国家的政策、法律以及经济环境的变化都会影响企业的渠道设计。

3)确定分销渠道的目标

分销渠道需要实现什么样的目标，可从以下几个方面考虑：

(1)购买便利。确定顾客走多远的距离，等待多长时间能买到商品，从而决定整个市场的铺货率。

(2)销售支持。需要渠道成员提供怎样的销售支持。

(3)售后服务。确定对最终顾客的售后服务水平。

(4)成本效益。企业营销有利润目标，而分销也要制定出自己的利润贡献目标。

7.2.2 选择分销渠道

1)直接渠道与间接渠道的选择

直接渠道具有销售及时、中间费用少、便于控制价格、及时了解市场和有利于提供服务等优点，但是这一渠道会使生产者花费较多的投资、场地和人力，所以消费市场规模大的商品不宜采用这种方法。间接销售由于有中间商加入，企业可以利用中间商的知识、经验和关系，从而起到简化交易、缩短买卖时间、集中人力财力和物力用于发展生产、增强商品的销售力度等作用。

一般来讲，有些情况适合采取直接式的销售策略：

(1)市场集中，销售范围小的商品。

(2)技术性强或者制造成本和售后差异大的产品以及易变质或易破损的商品、定制品等。

(3)企业自身管理能力较强，经验丰富，财力雄厚，或者需要高度控制商品营销的情况。

反之，有些情况适合采取间接式的销售策略：

(1)市场分散，销售范围广，如大部分消费品。

(2)非技术性或者制造成本和售价差异小的商品以及不易变质和非易碎商品、日用品、标准品等。

(3)企业自身缺乏市场营销的技术和经验，管理能力较差，财力薄弱，对其商品和市场营销的控制要求不高的情况。

2)长渠道与短渠道的选择

企业决定采用间接式销售策略后，还要对适用渠道的长短做出选择。从节省商品流通费用及加速社会再生产过程的要求出发，应当尽量减少中间环节，选择短渠道。但是也不能认为中间环节越少越好，在多数情况下，批发商的作用是生产者和零售商无法替代的。因此，采用长渠道策略还是短渠道策略，必须综合考虑商品的特点、市场的特点、企业本身的条件以及策略实施的效果等。

一般来讲，有些情况适合采取短渠道销售策略：

(1)从产品的特点来看，易腐、易损、价格贵、高度时尚、新潮、售后服务要求高而且技术性强的商品。

(2)零售市场相对集中，需求数量大的产品。

(3)企业的销售能力强，推销人员素质好，资金雄厚，或者增加的收益能够补偿支出的销售费用的情况。

反之，有些情况则适合采取长渠道策略：

(1)从产品特点来看，非易腐、易损、价格低、选择性不强、技术要求不高的产品。

(2)零售市场较为分散，各市场需求量较小的产品。

(3)企业的销售能力弱，推销人员素质较差，缺乏资金，或者增加的收入不能够补偿多支出的销售费用的情况。

3)宽渠道与窄渠道的选择

分销渠道的宽窄是相对而言的，其受产品性质、市场特征和企业分销战略等因素的影响。具体选择时要考虑不同方式的优缺点。

(1)密集型分销。

优势：在密集型分销中，由于销售网络的高市场覆盖率，从而最大限度地便利了消费者，推动销售的增长。密集型分销中最重要的假定就是对分销的占有率等同于对市场的占有率。产品的分销越密集，销售的潜力也就越大。

不足：在某一市场区域内，密集型分销容易导致经销商之间为争夺市场机会而进行竞争，造成销售努力的浪费。竞争的结果常常会损害企业的利益，如经销商之间为了争夺销售机会而压价倾销，到处串货，扰乱企业的市场秩序。竞争的加剧也会导致经销商对制造商忠诚度的降低，价格竞争的激烈又会使经销商对消费者服务水平下降。同时，制造商所能提供服务的经销商数目总是有限的，制造商不得不花费大量的精力对经销商进行培训，对分销支持系统等进行评价，以便及时发现其中的不足。

(2)选择型分销。

优势：选择型分销比密集型分销更能够取得经销商的更大支持，同时又比独家分销能够给消费者购物带来更大的方便。

不足：选择型分销中常见的问题是如何确定经销商的区域重叠度。区域重叠度决定着在某一给定区域内选择型分销与独家分销、密集型分销的接近程度。高重叠率会造成经销商之间的一些冲突，但可以给消费者以方便；低重叠率会增加经销商的忠诚度，却降低了对消费者的便利性。

(3)独家型分销。

即一定时间、一定地区选择一家经销。通常，双方订有协议——经销商不得经营竞争者的产品，企业也不得向其他中间商供应产品。目的是控制市场，彼此更加积极配合，以强化产品形象。独家型分销的特点是竞争程度低、市场覆盖率低。

优势：独家型分销可以确保经销商的利益，避免与其他竞争对手争夺市场的风险；能够调动经销商的积极性，并获得经销商强有力的销售支持；可以使经销商增加销售开支和人员，以扩大自己的业务；可以有效地管理和控制经销商。

不足：如果企业只有一家经销商，那么市场掌握在经销商的手中，经销商就可能会“挟市场以令企业”。此外，由于缺乏竞争会导致经销商力量减弱，出现市场空白点，丧失许多销售机会。独家型分销商在市场中占据垄断地位，因此容易使其认为他们可以支配顾客；对于顾客来说，独家型分销使他们在购物时感到不太方便。

7.2.3 评估分销渠道

1)经济性标准

分销渠道的经济性标准即找到最大效益点，如比较由本企业推销人员直接推销与使用销售代理商，哪种方式销售额水平更高；比较由本企业设立销售网点直接销售支付的费用与使用销售代理商支付的费用，看哪种方式支出的费用多。企业在对上述情况进行权衡后，从中选择出最佳的分销方式。

2)控制性标准

分销渠道的控制性标准即企业对分销商能否进行有效的控制。一般来说，采用间接渠道企业的可控性小，而采用直接渠道企业的可控性大；分销渠道越长，企业的可控性难度越大，而分销渠道短则企业的可控性就好些。企业必须进行全面比较、权衡，选择最优方案。

3)适应性标准

分销渠道的适应性标准，即分销渠道的选择应适应环境及环境的变化。如果生产企业同所选择的中间商的合约时间长，而在此期间其他销售方法如直接邮购更有效，但生产企业不能随便解除合同，这样企业选择分销渠道便缺乏灵活性。因此，生产企业必须考虑选择策略的灵活性，不签订时间过长的合约，除非在经济或控制方面具有十分优越的条件。

任务 7.3 管理分销渠道

销售渠道是企业最重要的资产，同时也是变数最大的资产。它是企业把产品向消费者转移的过程中所经过的路径。这个路径包括企业自己设立的销售机构、代理商、分销商、零售店等。对产品来说，它不是使产品本身增值，而是通过服务增加产品的附加价值；对企业来说，它能起到物流、资金流、信息流和商流的作用，完成企业很难完成的任务。不同的行业、不同的产品、企业不同的规模和发展阶段，销售渠道的形态都不相同，绝大多数销售渠道都要经过由分销商到零售店这个环节。为了满足零售店的需求，也是为了自己利润的最大化，很少有分销商只代理一家的产品，大多数都有自己的产品组合。渠道管理对企业来讲至关重要，关乎企业的生死存亡。

分销渠道的管理是指制造商为实现企业分销的目标而对现有渠道进行管理，以确保渠道成员间、企业和渠道成员间相互协调和通力合作，实质上就是企业对中间商的管理，包括对中间商的选择、激励、评价与调整等一系列活动。在复杂多变的市场环境中，企业只有加强渠道管理，才能更好地适应市场环境的变化，保持渠道的活力和效率。

7.3.1 选择渠道成员

渠道成员是分销渠道中的中间环节，包括批发商、零售商、代理商和经纪人。

1)批发商

批发是指供进一步转售或进行加工生产而买卖大宗商品的经济行为，专门从事这种经济活动的商业企业称为批发商业企业(又称批发商)。从市场学的角度看，一个商业企业是否属于批发商，是否从事批发业务，关键看其销售对象的购买动机和目的。即使是同一企业，它从事的业务也可以同时覆盖两个方面。比如，商店出售毛巾给消费者属于零售业务，而出售给宾馆客房部门则属于批发业务。

批发商处于商品流通起点和中间阶段，交易对象是生产企业和零售商，一方面它向生产企业收购商品，另一方面它又向零售商业批销商品，并且是按批发价格经营大宗商品。其业务活动结束后，商品仍处于流通领域中，并不直接服务于最终消费者。批发商是连接生产企业和商业零售企业的枢纽，是沟通产需的重要桥梁，对企业改善经营管理及提高经济效益、满足市场需求和稳定市场具有重要作用。批发商可分为四大类：

(1)商业批发商。商业批发商是独立企业，对其所经营的商品拥有所有权，也被称作分销商或者配售商，可以将其进一步细分为完全服务批发商和有限服务批发商。

(2)经纪人和代理商。它们不拥有商品所有权，主要功能是促进买卖，获得销售佣金。经纪人的主要作用是为买卖双方牵线搭桥，由委托方付给他们佣金。他们不存货，不卷入财务，不承担风险。经纪人多见于食品、不动产、保险和证券。代理商分为制造代理商、销售代理商、采购代理商和佣金商(或称商行)等几种类型。

(3)制造商和零售商的分部和营业所。它的两种形式分别为：制造商自己开设的销售分部和营业所，销售分部备有存货，常见于木材、汽车设备和配件等行业，而营业所不存货，主要用于织物和小商品行业；采购办事处，其作用与采购经纪人和代理商的作用相似，但前者是买方组织的组成部分。

(4)其他批发商，如农产品集货商、散装石油厂和油站、拍卖公司等。

2)零售商

零售商是指将商品直接销售给最终消费者的中间商，处于商品流通的最终阶段。零售包括将商品或服务直接销售给最终消费者供其非商业性使用的过程中所涉及的一切活动。零售商的主要特征有三点：一是商品的销售对象是直接消费者，包括城乡居民和社会集团单位，而不是转售或加工者；二是所经销的商品一经出售就脱离了流通领域，进入消费领域，零售商店处于商品流通的末端，其商品的价值随着使用价值的消失而消失；三是零售商的商品销售数量往往小于批发商的销售数量，其中销售对象对于所购商品的用途则是零售与批发最为本质的区别。

零售商的主要类型有：

(1)按经营商品范围分为便利店、专业商店、百货商店、购物中心、超级市场等。

(2)按商品售价可分为廉价商店、折扣店、会员制仓储商店、样品目录陈列室等。

(3)无店铺零售业。具体类型有邮购和电话订购零售业、挨户访问推销零售业、购物服务(购物服务是一种专门为特定顾客如学校、医院、工会、政府机关等大型机构的雇员提供服务的无店铺零售业)、自助售货、流动售货、网上购物等。

(4)连锁商店。连锁商店是指由一家大型商店控制的，由许多家经营相同或相似业务的分店共同形成的商业销售网。以总店集中采购、分店联购分销为特征。主要有正规连锁店、自愿连锁、特许连锁三种类型。

目前，工业发达国家人口和经济增长率趋向缓慢；资金、能源和劳动力等成本不断提高；消费者的生活方式、购物习惯和对送货的态度也已经发生变化；电子售货、电脑记账、网络购物已经日益普及；各国的消费者利益运动日益兴起。所有这些因素对零售商的结构产生了深刻的影响。零售业有这样的发展趋势：

(1)各类商店的竞争日益加剧。当前在不同类型商店之间的竞争日益激烈。如我们可以看到百货商店和电视直销之间的竞争，超市和便利店也在为争夺同一批顾客不惜血本进行大降价。

(2)零售生命周期缩短，新的零售形式不断涌现。由于竞争激烈，所有的零售企业都想确立自己独特的优势，因此不断推出新的零售形式，最终导致零售业的变革不断加速，零售生命周期不断缩短。新的零售形式如雨后春笋般涌现出来，严重威胁着现有的零售形式。如纽约一家银行推出把现钱送到顾客家里的服务；美国面包公司开创了河马食品公司，向顾客出售优惠的大规格包装食品，从而让顾客节约了10%～30%的开支。

(3)商品综合化、多样化的趋势。由于消费者选择的自由度增加了，许多商店不得不进一步开拓自己的经营范围。许多原来专业化经营的商店也开始经营原先并不属于自己经营范围但利润丰厚的商品。但是也有一些零售企业坚持走专业化的道路，同样也获得了成功。如凯马特(Kmart)等大型综合商场和无线电器材公司等专用品商店都能实现高额利润和高增长率。这样在零售业内就出现了一种两极分化的态势。

(4)技术的飞速发展对零售业产生了巨大冲击。零售技术作为竞争手段正变得日益重要。现在的零售商广泛使用先进的电子技术来提高需求预测水平、控制仓储成本、进行盈利分析。

(5)大零售商着手全球扩张跨国经营也正在日益深入零售领域。如日本的大荣、中国香港的华润、德国的麦德龙等。大型的零售商正以强大的品牌促销和独特的形式日益快速地走向世界各地。

(6)零售企业的管理水平日益提高。

3)代理商

代理商是指不拥有经营商品的所有权，代制造商进行经销活动的批发商业企业。由于使用代理商可以在制造商收到货款以后才支付佣金，因此对于财务资源有限的新企业和小企业而言，这种形式就特别有利。而且对于制造商而言，使用代理商有很大的灵活性，比如，一家企业新进入一个地区时，由于不熟悉当地情况，可以利用代理商。当过了一段时间后，制造商可以脱离代理商自己进行市场营销。而制造商与经销商则往往因为签订有较为长期的协议而无法给予制造商这样的优惠。

(1)企业代理商。企业代理商也称区域代理商，是指在某一区域范围内为多家制造商代理销售业务的代理商。这是代理商中的主要形式。他们代表一家或几家制造商推销商品，与制造商就价格、地区、承接订单程序、运输服务方法、质量保证以及佣金标准等订有书面的协议。企业代理商一般人员不多，但都是精明强干的推销能手，因此，一般小厂和新开辟市场的大厂都愿意雇用这样的企业代理商。

(2)销售代理商。销售代理商是指在协议规定的时间和范围内，为某一生产厂商独家代理销售业务的代理商，他们代理制造商销售其全部产品，并为制造商提供许多服务(如设置产品陈列和负责广告费用等)。

实力雄厚的销售代理商还会以票据或预付款等方式向制造商提供资金方面的资助。他们对于产品价格、交易条件等有很大的影响力。从某种意义上讲，销售代理商就是企业的一个销售部门，他们的命运和制造商紧密相连。该种形式的代理商常见于工业机器和设备、煤和焦炭、化学品和金属品等领域。

(3)采购代理商。采购代理商一般和买主建有长期关系，为其采购商品，经常为买主收货、验货、储存和送货。该种形式的代理商常见于服装市场。

(4)佣金代理商。佣金代理商是指为企业临时代理销售业务的代理商，通常以每一笔生意为单位同生产厂商建立委托代理关系。

生意做完委托代理关系也就结束了，代理商按销售额的多少提取佣金。

4)经纪人

经纪人是一种独特的代理商。它的作用是为买卖双方牵线搭桥，协助谈判。说它比较特别是因为经纪人往往是针对业务进行代理，而不是针对企业。也就是说，经纪人只负责介绍业务的买卖双方，帮助交易达成。他们一般不与制造商建立固定的联系，今天代表A公司，明天代表B公司，完全随业务而变化。常见的例子有房地产经纪人、保险经纪人和证券经纪人等。

现代市场条件下，企业与中间商的关系是一种双向选择的关系，这种双向选择很大程度上受到双方实力对比的左右，是一种典型的风险型决策。单纯从企业角度而言，在选择中间商时应重点考察以下因素：

(1)理念。

①认同。中间商能否认同厂商的理念是合作的根本。比如，宝洁公司在选择中间商的过程中，首先看的就是能否认同宝洁公司的理念。

②共同利益。共同利益是合作之源，中间商也是一个独立的企业，只有双方经过共同的经营能够达到所谓的双赢，那么这样的合作才是稳固的、有效的。任何一方倒戈，必然导致合作的失败。

③合作意愿、态度。在选择中间商时，一定要考察中间商是否对厂商、企业的品牌感兴

趣及在多大的程度上感兴趣。

④销售信心。还要考察中间商对企业产品的销售前景预期，看其是否有信心及有多大程度的信心。

⑤服务意识。要考察中间商的营销意识，要中间商走出去对下线客户加强服务，重视终端销售而非大户之间的库存转移。

⑥现代营销思路。中间商只有拥有现代营销思路，才能跟得上市场营销环境的变化。

(2)实力。

①考察中间商的资金实力、网络实力、销售业绩等。

②考察中间商是否有忠诚的顾客群、良好的社会关系，以及他对当地市场的认知熟悉度。

③是否有高效的市场覆盖能力、满意的终端覆盖率及低成本的服务能力。

④营销成本最小化。

⑤专业的分销储运能力。

(3)管理。

①输出下级的管理能力，即对其下级经销商的管理能力。

②对自己企业的物流、人流、资金流、信息、促销等的管理水平。

③中间商网络有无恶意冲突。

④生产商的政策能否得到及时正确的贯彻，是否有经销该产品必备的知识、经验和技术，是否有较强的售前、售中、售后服务能力。

(4)声誉。

①同行业口碑。

②履约。

③资信状况。

④能否一心一意、踏踏实实做终端。

7.3.2 激励渠道成员

激励渠道成员，使其出色地完成销售任务。要激励渠道成员，必须先了解中间商的需要与愿望，同时要处理好与渠道成员的关系。

1)开展促销活动

生产者利用广告宣传推广产品，一般很受中间商欢迎，广告宣传费用可由生产者负担，亦可要求中间商合理分担。生产者还应经常派人联系一些主要的中间商，协助安排商品陈列，举办产品展览和操作表演，训练推销人员，或根据中间商的推销业绩给予相应奖励。

2)资金支持

中间商(特别是经销商)一般期望生产企业给予他们资金支持，这可促使他们放手进货，积极推销产品，一般可采取售后付款或先付部分货款待产品出售后再全部付清的方式，以解决中间商资金不足的困难。

3)协助中间商

协助中间商搞好经营管理,提高营销效果。

4)提供情报

市场情报是开展市场营销活动的重要依据。企业应将所获得的市场信息及时传递给中间商,使他们心中有数。为此,企业有必要定期或不定期地邀请中间商进行座谈,共同研究市场动向,制订扩大销售的措施;企业还可将自己的生产状况及生产计划告诉中间商,为中间商合理安排销售提供依据。

5)与中间商结成长期的伙伴关系

一方面,企业要研究目标市场上产品供应、市场开发、账务要求、技术服务和市场情报等方面的情况,以及企业与中间商各自能从对方处得到什么,然后,根据实际可能,与中间商共同议定这些情况,制定必要的措施,签订相应的协约,如中间商能认真执行,企业要考虑再给予一定的补助。另一方面,可在组织方面与中间商进一步加强合作,把生产者和中间商双方的要求结合起来,建立一个有计划的、内行管理的纵向联合销售系统,生产企业可在此系统内设立一个中间商关系计划部,由这个部与中间商共同规划销售目标、存货水平、商品陈列、培训员工计划以及广告宣传计划,其目的是使中间商认识到,其作为一个精明的纵向联合销售系统的一员,是可以从中获利的。

7.3.3 评价渠道成员

企业必须定期评估中间商的绩效是否达到某些标准,即企业要对中间商进行有效的管理,需要制定一定的考核标准,检查、衡量中间商的表现。这些标准包括销售指标完成情况、平均存货水平、向顾客交货的快慢程度、对损坏和损伤商品的处理、与企业宣传及培训计划的合作情况以及对顾客的服务表现等。在这些指标中,比较重要的是销售指标,它表明企业销售期望的实现程度。经过一段时期后,企业可公布对各个中间商的考核结果,目的在于鼓励那些销量大的中间商再接再厉,同时激励销量少的中间商要努力赶上。企业还可以进行动态的分析比较,从而进一步分析各个时期各中间商的销售状况。

不同企业的渠道网络各不相同,因此在对中间商的评估上需要根据企业实际情况,选择合适的指标体系与方法。主要的指标有以下各项:

(1)销售指标完成情况。

(2)平均存货情况。

(3)产品市场占有率。

(4)中间商对顾客的服务水平。

(5)向生产企业支付货款的情况。

(6)中间商的利润及发展趋势。

(7)中间商与生产企业的配合程度。

(8)中间商的管理水平与能力。

(9)对顾客退换产品的处理。

(10)对产品的推销宣传能力等。

7.3.4 调整分销渠道

市场营销环境是不断发展变化的,原先的分销渠道经过一段时期的经营,可能已不适应市场变化的要求,必须进行相应的调整。一般来说,对分销渠道的调整有三个不同层次:

1)增减分销渠道中的个别中间商

当个别中间商由于经营不善而造成市场占有率下降,导致影响到整个渠道效益时,可以考虑终止其经营,以便企业集中力量帮助其他中间商搞好市场营销工作,同时可重新寻找其他中间商来替补。另外,市场占有率的下降,有时也是竞争对手分销渠道扩大而造成的,这就需要考虑增加中间商的数目。

2)增减某一个分销渠道

当企业通过增减个别中间商也不能解决根本问题时,就要考虑增减某一分销渠道。

3)调整整个分销渠道

调整整个分销渠道是渠道调整中最复杂、难度最大的一类,因为它要改变企业的整个渠道策略,而不只是在原有基础上的简单修复,如放弃原先的直销模式,而采用代理商进行销售;或者建立自己的分销机构,以取代原先的间接渠道。这种调整不仅是渠道策略的彻底改变,产品策略、价格策略、促销策略也必须做相应的调整,以期和新的分销系统相适应。

总之,分销渠道是否需要调整、如何调整,取决于其整体渠道的分销效率。因此,不论进行哪一层次的调整,都必须做好经济效益分析,看销售能否增加,分销效率能否提高,以此鉴定调整的必要性和效果。

技能训练

技能训练1:分销渠道设计

[实训性质]专业技能训练。

[实训目标](1)使教师了解学生对相关知识的掌握情况。
(2)锻炼学生的调查分析能力及创新能力和文案写作能力。

[实训内容](1)选择某种即将上市的新产品,分析此产品的特点。
(2)调查同类产品的分销渠道,新产品设计一个独特的分销方案。

[实训准备]学生事先收集同类产品的分销方式;教师准备最新上市及流行新产品的相关资料,分销方案撰写格式。

[实训流程]选择产品→利用业余时间调查→分析现有分销方式→提出改进措施→课堂陈述→教师点评→撰写该产品分销方案。

[操作要点](1)知识点:市场调查与分析相关知识,渠道设计、选择与管理相关知识。
(2)能力点:调查分析、口头表达、文案撰写、应变能力。

(3)控制点:收集资料,形成文案的时间及质量。

(4)考核点:调查资料的准确性和针对性,方案的可行性及创新性,陈述过程的时间控制及表现。

技能训练2:情景模拟训练

[实训性质]专业基础素质训练。

[实训目标](1)加深学生对营销渠道成员角色的理解,提高学生学习积极性。

(2)提高学生对控制渠道成员重要性的认识。

(3)通过角色扮演锻炼学生的口头表达能力、应变能力及逻辑思维能力。

[实训内容]依据参考素材,也可发动学生事先收集情景素材资料。

[实训准备]学生事先利用网络或图书馆查询并补充营销渠道的相关知识,利用业余时间收集情景素材并进行初步讨论;教师准备打分记录表、情景范例、相关背景知识。

[实训流程]教师确定模拟情景→场地布置→确定角色→情景模拟→教师点评。

[操作要点](1)知识点:分销渠道成员的职能,分销渠道成员的选择与管理。

(2)能力点:行为礼仪、口头表达能力、思维及应变能力、渠道设计与管理技能。

(3)控制点:时间及课堂氛围。

(4)考核点:资料准备情况,神态是否自然,角色扮演是否逼真,基本知识掌握是否扎实,语言表达是否清楚,思维的逻辑性,时间控制。

情景模拟参考素材:

作为中国最大的蜡烛制造和出口商,金王公司曾经与大多数制造型中小企业一样,在很大程度上受到下游国际大型零售商的控制,仅沃尔玛一家公司就占据总销售额的15%。身为创始人兼董事长的陈索斌说,对大型零售商供货,我们很难控制利润,比如对沃尔玛供货要以实际销售额付款,"如果产品没有销售掉,即便放在沃尔玛的仓库里,也是我们的库存,一旦产品不好销售,对方就会不断压价。"为了摆脱对下游零售商的依附,金王采取了"哑铃式运营"的战略发展模式,在哑铃的一端是自有品牌、自有设计、自有产权,另一端就是营销渠道。金王首先规定不允许自己在沃尔玛公司一家的销售额超过30%,在和包括家乐福、宜家等在内的17家财富500强零售商合作的基础上,同时还向近1000家国际中小型零售商供货。向国际中小型零售商供货的最大好处就是现款现货,没有库存,风险较大型零售商要小得多。接下来,金王逐渐将50%的制造业务以低成本外包给本地的小公司,将主要精力集中在创建自主产权和设计的著名品牌,现在金王的品牌已经延伸到与蜡烛的使用和装饰相关的几乎一切产品,在品牌形象上更多涉及精神内涵,金王逐渐由一个"蜡烛制造商"转变为一个"时尚生活情趣甚至生活艺术的供应商"。在确立品牌地位之后,金王全力建立国际销售系统。公司专门进行流程重组,组建了6个专业的销售部,并在国内建立了26家专卖店,同时在国外设立多家办事处,进而降低了对下游供应链条的依赖程度。

如何面对下游大型零售商，是很多企业都很头疼的问题。一方面企业依赖这些大型零售商销售产品，而另一方面这些大型零售商对企业的利润空间蚕食很大。围绕上面阅读材料，你认为企业应怎样处理好与下游大型零售商的关系呢？

课后训练

1)单项选择题

(1)独家经销一般不适合分销(　　)的产品。

A. 购买者较少　B. 技术较为复杂　C. 要求便利　D. 单价较高

(2)向最终消费者直接销售产品和服务，用于个人及非商业性用途的活动属于(　　)。

A. 零售　B. 批发　C. 代理　D. 直销

(3)渠道长度是指产品从生产领域流转到消费领域过程中所经过的(　　)的数量。

A. 渠道类型　B. 中间商类型　C. 中间商　D. 渠道层次

(4)企业在其营销活动中必须面对的最主要的消费品购买者是(　　)。

A. 企业　B. 中间商　C. 家庭　D. 相关群体

(5)决定中间商市场地位的决策是(　　)。

A. 供应商决策　B. 价格决策

C. 产品决策　D. 供货条件决策

(6)代理商的主要特点是(　　)。

A. 不拥有产品的所有权　B. 从事产品的购销活动

C. 获取进销差价　D. 不是独立的法人

(7)若中间商只经营一家生产厂商的产品，以求得较好供货条件的是(　　)策略。

A. 多家产品　B. 独家产品　C. 多种产品　D. 混杂产品

(8)企业在诸多渠道类型中决定选用多少层次的渠道销售其产品是(　　)决策。

A. 中间商类型　B. 渠道长度　C. 渠道类型的数量　D. 地区中间商

(9)在评估渠道交替方案时，最重要的标准是(　　)。

A. 控制性　B. 经济性　C. 适应性　D. 可行性

(10)生产资料分销渠道中最重要的类型是(　　)。

A. 生产者→批发商→用户　B. 生产者→用户

C. 生产者→代理商→用户　D. 生产者→代理商→批发商→用户

2)案例分析

橡果国际在美国纽交所成功上市，募集资金1.13亿美元，成为中国首家国外上市的电视购物公司。根据橡果国际披露的数据，2006年其全年收入为1.96亿美元，电视广告总时长50多万分钟，平均每天播放超过20小时。2006年3月才创办的快乐购物有限责任公司也获得了快速发展，其最新统计数据也显示：自创办至今，快乐购总销售规模已达近8亿元人民币，会员近70万，收视用户超过1000万，并已与1000余家厂商构建了合作关系。电视购物以如此成绩发展在国外并非什么新鲜事,但是其真正打开国内市场成为重要的零售渠道,却是最近几年的事。

在美国、韩国、台湾等国家和地区,电视购物销售额已占到社会消费品零售总额的5%~8%。据商务部公布的数字,2006年中国社会消费品零售总额已达到7.6万亿元,按照前述5%~8%的比例计算,我国电视购物的市场规模可达3700亿~6080亿元;而业内普遍认为,目前它在零售总额中所占比例甚至不到1%,应该说有相当的渗透发展空间。首先,中国有最庞大的收视人群,消费能力以等同甚至超过GDP的速度逐年增长;其次,现代人越来越追求便捷、快速的生活节奏和消费方式,这为国内电视购物的发展提供了契机。而电子商务和网上商城的流行,也为融合了电视、网络、产品目录等多种渠道的电视购物经营者提供了更多机会。

一方面是内需发展的广阔空间;另一方面是国内电视频道中还有大量空闲时段需要内容去填补,电视购物的发展前景应该十分广阔。但是电视购物在国内的早期发展却每每遭人诟病,鱼龙混杂,缺乏诚信,假冒伪劣虚假低俗的产品都假借电视购物之名登堂入室,一些频道被长篇累牍的丰胸减肥广告弄得污秽不堪。不过这也让有着明确经营理念和战略的公司能够很快脱颖而出,于是便有了篇首提到的橡果和快乐购的飞速发展。

橡果国际和快乐购也代表了国内电视购物发展的两种主要形式。橡果是第三方电视购物直销公司的代表,在无法直接介入电视媒体的情况下,往往是自己组织货源并制作成电视节目,再租用各个电视台的频道和非黄金时段循环播放,以售卖商品。而快乐购则是拥有渠道资源的电视台自己开办的专业家庭购物电视频道,即由电视台自己组织货源,或生产商品并制作成电视节目,在自有频道播出,由自己的公司销售。

打一个形象的比方:前者更像专卖店,以新产品的推广和服务为主,经营差异化产品,利润率通常也比较高;后者更像百货公司,经营琳琅满目的各大品牌,通过提高收视率,招揽回头客。这种通过电视节目或不同的媒介渠道实现跨地区覆盖的连锁方式,只需要节目、产品和服务的部分延伸,而不需要经营中心和后台的转移。这种方式既最大限度地节约了成本,实现了资源整合,也可以充分利用我国丰富的电视通路。目前,快乐购已经覆盖了广西及湖南省全境、南京、扬州、徐州、广州、东莞、宁波、泰州、台州等地,并仍处于进一步扩张中。

思考题:

(1)电视购物能够迅速发展的主要原因是什么?

(2)橡果国际包装销售过哪几个品牌?说说它营销的成功与不足。

(3)分析你所看过的电视购物的宣传片,它销售产品主要有哪些共同点?

(4)请同学们课后自己选择一种产品,为它拍一个电视购物的宣传短片。

项目8 促销策略

【知识目标】

(1)理解促销的含义,了解促销组合。

(2)理解广告的含义与种类,掌握四大广告媒体及影响广告媒体选择的因素。

(3)掌握人员推销、公共关系的含义、基本形式和基本策略。

【能力目标】

(1)结合案例分析,能正确制定企业的促销组合策略。

(2)能够对特定产品制定促销推广方案。

(3)结合情景模拟,提高各种促销策略的认识。

(4)通过讨论、竞争性发言,锻炼系统思维能力。

【开篇案例】

"限客进门"

意大利的菲尔·劳伦斯开办了一家7岁儿童商店,经营的商品全是7岁左右儿童吃穿看玩的用品。商店规定,进店的顾客必须是7岁儿童,大人进店必须有7岁儿童做伴,否则谢绝入内,即使是当地的官员也不例外。商店的这一招不仅没有减少生意,反而有效地吸引了顾客。一些带着7岁儿童的家长进门,想看看里面到底"卖的什么药",而一些身带其他年龄孩子的家长也谎称孩子只有7岁,致使菲尔的生意越做越红火。

后来,菲尔又开设了20多家类似的商店,如新婚青年商店、老年人商店、孕妇商店、妇女商店等等。妇女商店,谢绝男顾客入内,因而使不少过路女性很感兴趣,少不得进门一走,孕妇可以进妇女商店,但一般无孕妇女不得进孕妇商店;戴眼镜商店只接待戴眼镜的顾客,其他人只得望门兴叹;左撇子商店专门为左撇子服务,但绝不反对人们冒充左撇子进店……所有这些限制顾客的做法,相反地,都起到了促进销售的效果。

【案例评点】

在激烈的市场竞争中,只有善于打破常规,在促销策略上推陈出新,才能更好地吸引消费者的眼球。

任务8.1 设计促销组合

市场的一体化和产品的同质化使得竞争加剧,企业把重头戏从"产"转到"销"上来,如何取得消费者的认可,将企业形象和产品信息传递给目标受众是企业营销的重点。成功的市场营销活动,不仅需要制定适当的价格、选择合适的分销渠道向市场提供令消费者满意的产品,而且需要采取适当的方式进行促销。

8.1.1 促销的相关内容

1)促销的概念

促销又称为销售促进,是促进产品销售的简称,具体是指企业通过人员推销或非人员推销的方式,向目标顾客传递商品或劳务的存在及其性能、特征等信息,帮助消费者认识商品或劳务所带给购买者的利益,从而引起消费者的兴趣,激发消费者的购买欲望及购买行为的活动。

在促销概念当中,其核心就是信息沟通,通过与目标受众的沟通,达到引发刺激消费者购买的目的。

2)促销的作用

(1)传递信息,强化认知。促销能够把企业的产品、服务、价格等信息传递给目标公众,引起他们的注意。产品从它的生命周期的第一个阶段开始,供需信息便成为商品认知和商品改进的依据。通过促销宣传,用户可以知道企业生产经营什么产品,有什么特点,到什么地方购买,购买的条件是什么,等等,从而引起顾客的注意,激发并强化购买欲望,为实现和扩大销售做好准备。

(2)突出特点,诱导需求。在产品同质化的今天,开展促销活动宣传企业的产品特点,重点突出自身的优势,提高企业的知名度,可以增强消费者对企业的信任感,引导顾客需求,进而扩大产品的销量,提高企业的市场竞争能力。

(3)指导消费,扩大销售。促销就是通过提高消费者的认知引导顾客,尤其是引导潜在顾客的需求,激发其购买动机,通过挖掘市场潜力扩大销售,从而使市场需求朝着有利于企业销售的方向发展。

(4)反馈信息,提升效益。企业只有把产品尽快地转移到消费者手中,才能实现产品的价值。如果产品卖不出去,产品的价值就无法实现,消耗在产品上的劳动也就得不到社会的承认。一般来说,产品价值的实现程度与经济效益是成正比的。对于企业来说,在成本和价格既定的情况下,产品销量越大,销售额越高,效益越好;反之,情况则相反。而要做到扩大销售,提高效益,就必须重视产品销售工作。通过有效的促销活动,可使更多的消费者或用户了解、熟悉和信任本企业的产品,并通过消费者对促销活动的反馈,及时调整促销决策,使企业生产经营的产品适销对路,扩大企业的市场份额,巩固企业的市场地位,从而提高企业营销的经济效益。

3)促销的类型

(1)推式策略。即以中间商为主要促销对象,通过人员推销的方式,将产品从生产企业推向中间商,再由中间商推给消费者。推式策略一般适合于单位价值较高的产品,性能复杂、需要做示范的产品,以及消费者或用户不太了解或根本不了解的产品等。

(2)拉式策略。即以最终顾客为推销对象,通过非人员推销方式把顾客拉过来,由最终顾客向中间商询购该商品,中间商自然就会向制造商进货。拉式策略一般适用于单位价值低、市场需求量大、流通环节多,消费者或用户对产品非常了解和熟悉,市场比较成熟的产品。

4)促销策略制定的因素

在促销策略制定的过程中主要应考虑以下几方面因素:

(1)促销目标。即企业从事促销活动所要达到的目的。

(2)产品因素。即产品的性质。比如,消费品一般采取拉式策略,包括销售促进、广告、人员推销、公共关系等方式;工业品经常使用人员推销、销售促进、广告、公共关系。从整个产品的生命周期来看,导入期以广告为主,其他为辅助形式;成长期广告与人员推销并重;成熟期以销售促进为主,广告、人员推销为辅;衰退期常以销售促进为主,辅之以广告和公关手段。

(3)市场条件。根据地理范围确定,小规模则以人员推销为主,大规模则多采用广告形式。

(4)促销策略制定的因素。这也是制定促销策略要重点考虑的问题,常以量入为出为基本原则。

8.1.2 促销组合

促销组合是指企业根据产品的特点和营销目标,综合各种影响因素,对各种促销方式的选择、编理和运用。依据促销过程所使用的手段区分,促销可以分为人员促销、广告促销、公共关系和营销推广(销售促进)四种,其中后三种属于非人员促销(见表 8-1)。

表 8-1 促销基本方式的对比

促销方式	优点	缺点
人员推销	信息双向沟通,能及时反馈;信息传递的针对性较强;尤其适用于某些贵重品和特殊产品	成本高,受推销人员素质的制约,接触面太窄
广告促销	传播面广,速度快;形象生动,信息艺术化,吸引力强;可选择多种媒体;可重复多次使用	说服力较小,购买行为滞后,信息量有限
公共关系	可提高企业知名度、美誉度和信赖度,可信度高,绝对成本低	见效较慢,难以取得媒体的合作,效果难以控制
营销推广	刺激快,吸引力大;在改变消费行为方面非常有效;与其他促销工具有很好的协同作用	只能短期刺激,可能引起顾客顾虑和怀疑,可能损坏品牌形象,竞争对手容易模仿

1)人员推销

人员推销是通过推销人员深入到企业用户、中间商或消费者中间,进行直接的宣传介绍活动,说服顾客购买产品的一种促销方式。人员推销的特点是信息传递双向性、推销目的双重性、推销过程灵活性和友谊协作长期性。

(1)人员推销有三种基本形式。

①上门推销,这是最常见的人员推销形式,由推销人员携带产品的样品、说明书和订单

等走访顾客，推销产品是一种积极主动的、名副其实的“正宗”推销形式。

②柜台推销，又称门市推销。企业在适当地点设置固定的门市，或派出人员进驻经销商的网点，接待进入门市的顾客，向其介绍和推销产品。这是一种等顾客上门的推销方式，适合于零星小商品、贵重商品和容易损坏的商品。

③会议推销，是指利用各种会议向与会人员宣传和介绍产品，开展推销活动。这种推销与人的接触面广，推销集中，可以同时向多个推销对象推销产品，成交额较大，推销效果较好。

(2)通常，人员推销可采取三种基本策略。

①试探性策略，也称为“刺激—反应”策略，是在不了解顾客的情况下，推销人员运用刺激性手段引发顾客产生购买行为的策略。

②针对性策略，也称为“配方—成交”策略，是指推销人员在基本了解顾客某些情况的前提下，有针对性地对顾客进行宣传、介绍，以引起顾客的兴趣和好感，从而达到成交的目的。

③诱导性策略，也称为“诱发—满足”策略，是指推销人员运用能激起顾客某种需求的说服方法，诱发引导顾客产生购买行为。

2)广告促销

广告促销是组织或个人(即广告主)为了推销产品或达到某种宣传的目的，支付一定的费用，并通过大众传播媒体向公众广泛传递信息的一种促销方式。广告促销是一门带有浓郁商业性的综合艺术，是企业普遍重视、应用最广的促销方式。

(1)广告促销的特点。广告促销传播范围广、速度快，表现形式丰富多彩，平均成本较低。

(2)广告促销的种类。首先根据广告的内容和目的划分，可将广告分为商品广告和组织广告。商品广告是针对商品销售开展的大众传播活动。按其具体的广告目标又分为三种：一是开拓性广告，又称报道性广告，用于产品的投入期，介绍产品的用途、性能，以激发顾客对产品的初始需求；二是劝告性广告，又称竞争性广告，用于产品的成长期，突出产品特色，促使顾客形成品牌偏好，劝导顾客购买自己的产品；三是提醒性广告，又称备忘性广告或加强性广告，用于产品的成熟期或衰退期，提醒顾客产生“惯性”需求。组织广告又称商誉广告，其不针对某一具体的品牌，而是宣传某一组织或企业的活动组织形象或观点、态度的大众传播活动，目的是树立企业良好的形象增强企业的美誉度，以利于企业的长远发展。

其次根据广告传播的区域划分，可将广告分为全国性广告和地区性广告。全国性广告，即通过信息传播能覆盖全国的媒体所做的广告，以此激发全国消费者对所做广告的产品产生需求。地区性广告，即采用信息传播只能覆盖一定区域的媒体所做的广告，借以刺激某些特定地区消费者对产品的需求。

3)公共关系

公共关系简称“公关”或“PR”，是一家企业或组织为了搞好与公众的关系，增进公众对企业的信任和支持，树立企业良好的形象，增强企业的美誉度而采取的各种活动和策略。

公共关系是一定社会组织和与其相关的社会公众之间的相互关系。主体是一定的社会组织，客体包括内外部公众，媒介是各种信息沟通工具和大众传播渠道。公共关系的目标是为企业广结良缘,并为企业在社会公众中赢得良好的口碑。

4)营销推广

营销推广是指企业为刺激消费者购买,由一系列能够迅速见效的鼓励性措施和短期诱导性的营业方法组成的沟通活动。它追求立竿见影,大张旗鼓,产生轰动效应。

当然,随着营销理论和营销实践的不断进步,促销的方式也在不断地更新和变化。如企业赞助,这是企业广告和公共关系相结合的一种新的促销方式,企业赞助的范围也很广泛,它在企业促销中起着越来越重要的作用。

任务8.2 掌握人员推销的技巧

8.2.1 人员推销的含义及特点

1)人员推销的含义

人员推销是指企业通过派出销售人员与一个或一个以上可能成为购买者的人交谈,做口头陈述,以推销商品,促进和扩大销售。简单地说,人员推销是销售人员帮助和说服购买者购买某种商品或劳务的过程。人员推销包括三个要素:推销人员、推销对象和推销品。前两者是推销活动的主体,后者是客体。

人员推销是一项专业性很强的工作,是一种互惠互利的推销活动,它必须同时满足买卖双方的不同需求,解决各自不同的问题。尽管买卖双方的交易目的大不相同,但总可以达成一些双方都可以接受的协议。人员推销不仅是卖的过程,而且是买的过程,即帮助顾客购买的过程。推销员只有将推销工作理解为顾客的购买工作,才能使推销工作进行得卓有成效,达到双方满意的目的。当销售活动需要更多地去解决问题和进行说服工作时,人员推销是最佳选择。说服和解释能力在人员推销活动中尤为重要,它会直接影响推销效果。

2)人员推销的特点

(1)推销过程的灵活性。人员推销可满足推销员和潜在顾客的特定需要,针对不同类型的顾客,推销员可采取不同的、有针对性的推销手段和策略。

(2)推销效果可衡量性。人员推销往往可在推销后立即成交。在推销现场使顾客做出购买决策,完成购买行动。

(3)信息传递的双向性。推销人员可直接从顾客处得到信息反馈,诸如顾客对推销人员的态度、对推销品和企业的看法和要求等。同时可将企业和商品的相关信息及时有效地直接传达给顾客。

(4)人员推销的多样性。推销人员可以根据不同类型的顾客采取相应的推销技术,以求获得最好的推销效果。

(5)人员推销的高成本性。人员推销不同于一般促销,它所需的人力、物力、财力和时间量都较大。

8.2.2 人员推销的基本形式

1)上门推销

上门推销是最常见的人员推销形式。它是由推销人员携带产品的样品、说明书和订单等走访顾客,推销产品。这种推销形式可以针对顾客的需要提供有效的服务,方便顾客,故为顾客所广泛认可和接受。此种形式是一种积极主动的推销形式。

2)柜台推销

柜台推销是指推销人员在特定的场所向前来寻购的顾客销售商品的活动过程。柜台推销要求推销人员在接待顾客时,要认真研究和观察顾客的购买心理,并根据不同类型顾客的特点,采取不同的接待方法,以获得满意的推销效果。因此,接待顾客是柜台推销成交的前提,接待得好,可以促进商品的成交,接待得不好则影响乃至阻碍商品的成交。

3)会议推销

会议推销是企业通过组织会议的形式,并结合各种不同的促销手段,进行有针对性销售的一种营销模式。会议推销直接针对目标消费者,既可减少广告宣传的盲目性和不确定性,又可节约广告宣传资源。

8.2.3 人员推销的步骤

1)识别潜在客户

推销人员应寻求机会,发现潜在顾客,创造需求,开拓新的市场。寻找顾客的目标是找到准顾客。准顾客是指一个既可以获益于某种推销的商品,又有能力购买这种商品的个人或组织。

2)事前准备

一般来说,一般顾客都不太欢迎推销人员来访,所以,推销人员必须事先征得顾客的同意。在确定了访问对象后,推销人员应当事先邀约并做好相关资料的准备工作。除了事先了解顾客的相关资料外,重点要熟悉所推销产品的知识,包括该商品能给顾客带来什么好处,它的生产方法,它的用途和使用方法,它与其他企业同类产品或不同类型产品之间的比较(优缺点、价格等),它的市场状况如何,企业的交易条件、售后服务规定都有哪些及如何进行财务结算等。

3)接近顾客

接近顾客是正式接触顾客的第一步。在这个过程中,第一印象非常重要,推销人员一定要信心十足,面带微笑,选择合适的接近方式,及时消除顾客的疑虑和戒备心理,控制好接近的时间。与顾客见面时可采取下列方法:

(1)产品接近法。即推销人员直接利用推销的产品引起顾客注意,它适用于本身有吸引力、轻巧、质地优良的商品。

(2)利益接近法。即利用商品的实惠引起顾客的注意和兴趣。

(3)馈赠接近法。即指推销人员利用赠品来引起顾客注意和兴趣,从而进入面谈。

(4)介绍示范。运用恰当的方式介绍演示产品,突出产品的优势,刺激顾客的购买欲望。

(5)应付异议。面谈中顾客往往会提出各种各样的购买异议。如需求异议、财力异议、权利异议、产品异议、价格异议、货源异议、购买时间异议等。推销人员在处理购买异议时应注意语言技巧,耐心细致地将顾客的疑虑当面解决。

(6)办理成交。在与顾客就产品达成一致时,要不失时机地为顾客办理成交手续,如填写相关资料、安排送货、货款结算等。

(7)事后跟踪。产品销售之后,帮助顾客解决产品使用过程中的问题,了解使用的情况,收集顾客的意见和建议是最容易被忽视的问题。及时周到的售后服务并不是推销工作的终点,而是新的起点,这也是区别推销人员能力素质的关键环节。

8.2.4 推销人员应具备的素质

推销人员每天要与各种各样的人打交道,可以说每天都向公众展示着自己的素质,并由此展示其代表组织的"素质",一定程度上讲是企业的"名片"和财富。企业需要从战略的角度制订系统的推销人员选拔与培养规划,推销人员本身也需要从职业生涯规划的角度出发,不断地锤炼和充实自己,努力提升综合素质。这既是企业销售工作的需要,也是推销人员职业发展的要求。一个优秀的推销人员,应具备以下素质。

1)良好的品德

营销活动是一项塑造形象、建立声誉的崇高事业。要求从业人员必须具有优秀的道德品质和高尚的情操,具有诚实严谨、恪尽职守的态度和廉洁奉公、公道正派的作风。在代表组织进行社会交往和协调关系中,不谋私利,不徇私情,为人正直,处事公道;在本职工作中,尽心尽责,恪尽职守,能充分履行自己的社会责任、经济责任和道德责任。那种玩忽职守、自由散漫、不学无术、损公肥私、投机钻营、趋炎附势、傲慢自大、争功夺利、嫉贤妒能的思想和行为,都是背离营销人员职业道德的。

2)宽厚的知识基础,不断学习钻研的精神

现代市场营销观念以消费者需求为出发点,强调企业整体营销活动,不仅重视生产后的促销宣传,也同样重视生产前的调研和分析,主张从满足市场需求中获取长期利润,适应买方市场的要求。所以,市场营销人员必须以渊博的科技文化知识作为后盾,其中掌握一般的文化知识是最基本的条件,包括语文、历史、地理、外语、数学、自然、政治、哲学、法律等知识;精通本专业的知识是必备条件,包括商品、心理、市场、营销、管理、公关、广告、财务、物价、人际关系等知识;并且要具备广泛的兴趣和爱好,包括体育、音乐、美术等方面,以增加自身的知识面,这样才能与客户有更多的共同语言。

3)良好的身体素质

现代市场销售人员必须具有良好的身体素质和生活工作习惯。销售人员不仅要经常锻炼身体,保持强健的体魄和旺盛的精力,也必须养成良好的工作和生活习惯,保护自己的身心健康。只有这样,才能适应现代企业市场销售工作流动性强、活动范围大、连续作业时间较长的特点。

4)良好的心理素质

心理素质渗透在人们的各种活动中,影响着人们的行为方式和活动质量。优秀的营销人员应具备的心理特征是:有浓厚的职业兴趣和高度的热情,时刻充满自信,有坚韧不拔的意志等,这些都是决定营销工作能否成功的内在力量。

5)较强的职业能力

营销人员应具备的职业能力主要包括推销能力、观察能力、记忆能力、思维能力、交往能力、劝说能力、演示能力、核算能力、应变能力、反馈能力和自学能力。其中推销能力最为重要,应从以下几个方面培养:

(1)自信。对自己推销的产品、自己的公司,甚至对自己都充满信心,这样才有可能取信于客户。

(2)助人。助人就是愿意帮助他人。推销员的主要职责就是帮助客户选择他们所需的产品,推销员若能站在客户的立场帮他选购产品,就一定能够成为广受欢迎的推销员。

(3)热诚。热诚是世界推销专家公认的一项重要的人格特征。热诚是营销人员表现出来的兴奋与自信,能够引起客户的共鸣和信任。赞美客户是营销人员表现热诚的主要方法,但赞美要恰到好处,掌握好赞美的分寸。

(4)友善。对人友善,必获回报。表示友善的最好方法就是微笑。只要养成逢人就展露亲切微笑的好习惯,就可以广得人缘。友善就是真诚的微笑、开朗的心胸以及亲切的态度。微笑代表了礼貌、友善、亲切与欢快。它不必花费成本,也无须努力,但它能使人感到舒适并乐于接受。

(5)随机应变能力。推销员在推销过程中会遇到许多的人和事,如拘泥于一般的原则不会变通,往往导致推销失败。因此,一定要有随机应变的能力。

6)良好的气质

气质体现在一个人的行为和活动中,与人的身心健康有着密切的联系。如果一个人在工作中表现得紧张而有序,生活中严于律己、宽以待人,严守纪律,遵守公共秩序,这将有利于提升自己的气质。“胆大而不鲁莽,迅速而不急躁,爱动而不粗浮,服从上司而不阿谀奉承,身居职守而不刚愎自用,胜而不骄,喜功而不自炫,自重而不自傲,精明而不欺人,刚强而不执拗,谦虚而不虚伪”,这应当成为营销人员共同的信条和引导指南。作为合格的推销人员应该精力充沛,充满自信,渴望成功,勤奋成性,勇于接受挑战。

任务 8.3 制定广告策略

8.3.1 广告的性质

美国市场营销协会定义委员会为了把广告与其他促销手段严格区分开来,曾就广告的性质下过这样的定义:“广告是由明确的发起者以公开支付费用的做法,以非人员的任何形式,对产品、服务或某项行动的意见和想法等的介绍。”该定义包含着下列内容:

1)任何形式

这是指广告可以用任何形式进行介绍。杂志、报纸、广播、电视、海报、牌坊、符号、空中文字、卡片、气球、车船、火柴盒、瓶罐、日历等都可以用作广告。

2)非人员

这就排除了广告与人员推销相混淆的可能。面对面地,个人对个人、小组对小组进行游说推销,不属于广告的范畴。

3)介绍产品、服务或某项行动的意见和想法

人们在给广告下定义时,往往只提到介绍产品或服务,而忽略了对某种意见和想法的推广,其实这正是极端重要的广告内容。例如,在中国随处可见的"一对夫妇只生一个孩子""节约光荣,浪费可耻""严禁酒后驾驶"等广告语,都是在向公众介绍或推广某种意见和想法。

4)由明确的发起者以公开支付费用的做法

这就是说,做广告的人必须明确,并公开承认为使用广告媒体而付出费用。否则,就可能与宣传相混淆。宣传既不公开付费,又不一定总能明确识别其作者。

在利用广告这一促销工具方面,宝洁公司做得相当出色,取得了良好的广告效果。早在"象牙"肥皂问世时,他们就利用杂志封面刊登有母亲用"象牙"香皂为婴儿洗澡画面的广告,画面中婴儿身上洗到的地方和没有洗到的地方形成了强烈反差,生动而又鲜明地向人们展示了产品的魅力。在中国市场上推出的"海飞丝"洗发露,海蓝色的包装首先让人们联想到蔚蓝色的大海,带来清新凉爽的视觉效果;"头屑去无踪,秀发更干净"的广告语,更进一步在消费者心目中树立起"海飞丝"去头屑的信念。"飘柔"从牌名上就让人明白了该产品使头发柔顺的特性,草绿色的包装给人以青春美的感受,"含丝质润发素,洗发护发一次完成,令头发飘逸柔顺"的广告语,再配以少女甩动如丝般头发的画面,更深化了消费者对"飘柔"飘逸柔顺效果的印象。"潘婷"用了杏黄色的包装,首先给人营养丰富的视觉效果,"瑞士维他命研究院认可;含丰富的维他命原 B_5,能由发根渗透至发梢,补充养分;使头发健康、亮泽"的广告语,突出了"潘婷"的营养型个性。此外,宝洁公司还独创了多种广告方式,至今仍在被广泛运用。例如,证言广告——为了打开"象牙"肥皂的销路,公司请了美国著名的化学家和教授对其产品进行分析、鉴定,做出权威性的报告,并把关键数字打入广告中,让消费者心服口服。再如,连环画广告——用一组构思巧妙的漫画宣传产品,最初也是用于"象牙"肥皂的广告,画面是一个粗心的人把一块象牙肥皂放入水桶里,打开水龙头就去吃饭了,回来后发现水已溢出,而肥皂不见了,大叫"我的象牙肥皂呢?"这时,肥皂哭丧着脸从水沟里走了出来,说:"我在这儿!"一方面使人们坚信该产品质量过硬,在水中也能漂起来;另一方面也能从宣传形式上抓住观众。

8.3.2 公共关系广告与商品广告

所谓公共关系广告,是指以树立组织良好的形象,提高组织的声誉,融洽组织与社会公众之间的关系,增进公众对组织的依赖和支持为目的,从而促进组织机构实现其整体目标的一种广告方式。

公共关系广告与商品广告的区别

与商品广告比较起来，公共关系广告具有以下不同点：

(1)广告内容不同。

商品广告直接以企业之产品或服务为宣传内容，通过传播媒体向公众传递商品或服务信息。公共关系广告则不直接宣传产品和服务，而通过宣传与产品相关或完全不相关的事物，使受众了解企业的整体形象、经营理念、企业文化和企业精神。例如，美国雪佛兰汽车曾在一个获得大奖的电视广告中，将以爱国主义为中心，整整1分钟的广告不停地向观众展示美国国旗，以慢镜头描绘各种感人的场面，美国人民工作、生活情况，从加利福尼亚到纽约，全美30多处景观在广告中清晰可辨。整个广告没有提及任何的汽车性能、型号，却反复强调伟大的美国，勤劳而了不起的美国人民。这些情感上的呼吁获得了大批美国人的共鸣与支持，在人们心目中悄然起到了"美国，美国雪佛兰"的形象暗示，使人们在感情上支持雪佛兰，认为买下一部雪佛兰，不仅拥有了一辆汽车，更拥有了一份做美国人的骄傲。

(2)广告目的不同。

商品广告的功用一般在于协助完成商品的销售，它通过向公众传递产品(服务)信息，并劝服公众实现购买行为，从而达到促销盈利的目的。公共关系广告的目的则主要在于沟通与社会公众的关系，实现最佳舆论，营造良好的企业生态环境，树立美好形象。上海三菱电梯有限公司在成立一周年之时发布广告新闻：凡与上海三菱电梯公司同日出生的本市小公民均可获得一份生日礼物，并由总经理亲自颁发礼品。此举引得各报刊记者纷纷专访报道。这一招出奇的广告宣传就近期目的来说，让公众看到三菱如此热心为下一代投资，树立了实力雄厚的企业形象；从长远目的来讲，与三菱同龄的人自会永远记得三菱公司。

(3)立足点不同。

商品广告立足于企业的商业利益，而公共关系广告立足于公共利益。要实现组织机构运作的良性生态环境，必须强调本组织利益与社会公众利益的平衡协调，这和商品广告旨在促销的营利性有着根本的不同。

(4)着眼点不同。

商品广告更注重短期利益，而公共关系广告的基本方针则强调企业的长远利益。它是通过平时点点滴滴的努力，于坚持不懈中逐渐在公众中树立起自己的形象，这远比商品广告所建立起来的与公众带有很重交易目的的联系要深远长久得多。

(5)表现形式不同。

商品广告具有放大的表现力，它通过印刷、声音、颜色、图像为其产品提供生动表达的机会。公共关系广告的宣传方式则要含蓄得多，它不是自我宣传、自我标榜产品，没有王婆卖瓜之嫌，而是力图以一种美好正直的形象出现，让人心悦诚服。

8.3.3 公共关系广告的内容

从内容上划分，公共关系广告可分为如下六种：

1)塑造广告

是指以组织机构整体形象的推出为内容的广告。例如,上海第一百货商店在建店40周年纪念之时,提出了“不惑之年,赤诚之心”的广告口号,同时设计了以“40”字样组成的店庆标志,包含了红绸带象征的喜庆、心形图案表达的“赤诚心”和店标显示的企业个性识别等三个信息特征,其后又将这一广告口号和店庆标志贯穿于一系列公关活动中,这个举动立刻加强了公众对“上一百”的印象和信心,取得了良好的社会效益。塑造广告的推出应当与企业的整体市场营销相结合,在市场营销定位战略的指导下制作,以求收到最佳功效。

2)倡议广告

是由企业率先提出社会新风尚、新观念为宣传内容的广告。所倡议内容可与企业相关,也可毫不相关,一般可以环境保护、国家政策、公共道德、科学习惯等为内容。一国际大酒店在其施工工地竖一广告牌,上书“建立卫生城市,争做文明市民”,楼宇的巍峨虽未见,然其文明形象却已深入人心。又如某一牙膏厂的电视广告上宣传一天应刷三次牙的科学护牙习惯,不禁让人对该厂的科学态度肃然起敬。

3)影响广告

是以取得政府或社会公众的支持为主要目的的广告。加拿大西格拉姆酒公司在美国150多家报刊上同时刊登一条广告“劝君切勿饮酒过量”,一个月后,该公司收到赞扬信15万封,推崇该公司这种对消费者负责的诚实态度,这似乎与“吸烟有害健康”的广告语有着异曲同工之妙。

4)激励广告

多用于对组织内部员工进行激励的广告。组织机构要营造良好的环境,不仅包括企业外部环境,同样也包括内部环境,它既要取得社会公众的支持,也要取得本机构内部员工的支持。因此公共关系广告强调对内部员工的激励作用。比如,有名的“时间就是金钱,时间就是效率,时间就是生命”的广告语,不仅树立了高效率的良好形象,更激励了员工争效率的积极性和竞争性,在社会上获得极高评价。

5)致意广告

即向公众表示节日问候的广告。例如,一些公司在报上登出通栏套图广告,向全市人民祝贺节日。

6)解释广告

就某方面情况向公众介绍、宣传或做出说明的广告。

8.3.4 公共关系广告的原则

企业在运用公共关系广告时,必须注意坚持如下原则:

1)真实性

公共关系广告强调以真诚真实取信于公众,在商品广告中阿凡提可以骑着小毛驴向现代小朋友推荐“草珊瑚”,这是艺术上的想象和虚拟手法,大家知道现实中是不可能的。而公共关系广告则一般不用这样的虚拟夸张。

2)创新性

设计公共关系广告贵在创新。它不像商品广告中那样直接宣传产品,针对性强,如果公共关系广告立意不新,手法不新,是很难吸引公众关注获得公众认可的。中央电视台制作的《广而告之》就非常有创意,不仅使厌恶广告的人也爱看广告,而且还在广大电视观众心目中树立了中央电视台的权威形象。

3)含蓄性

这在前面也已提到,不论立意、表现手法都应讲究含蓄。广告语"劲酒虽好,可不要贪杯哦"就劝诫得含蓄得体。

4)适时性

公共关系广告要十分注意广告发布的时间。发布时间并无固定的规律,一般来讲要避免与某些强烈吸引公众注意力的事件"撞车",当传闻媒体在对某一事件大力宣传时,推出广告势必难以得到应有注意。也不宜同时推出多套方案,而要集中主力,深入打进公众的内心,紧紧抓住公众注意力,以取得最佳效果。

5)长期性

公共关系广告注重长远利益,因此在制订方案时切忌急功近利,更不能半途而废。要持之以恒地在公众心目中树立起牢固的形象,这绝非易事。

8.3.5 广告预算

在确定广告预算之前,企业需首先明确广告目标(即企业通过广告活动所要达到的目的)。广告目标主要有提供信息、诱导购买、提醒使用三种。企业在确定广告目标之后,下一步就要确定广告预算,即确定广告活动上应花费多少资金。企业确定广告预算的主要方法有四种:

1)量力而行法

尽管这种方法在市场营销学上没有正式定义,但不少企业确实一直在采用。即企业确定广告预算的依据是他们所能拿得出的资金数额。也就是说,在其他市场营销活动都优先分配给经费之后,尚有剩余者再供广告之用。企业根据其财力情况来决定广告开支多少并没有错,但应看到,广告是企业的一种重要促销手段,企业做广告的根本目的在于促进销售。因此,企业做广告预算时更要考虑企业需要花多少广告费才能完成销售指标。所以,严格说来,量力而行法在某种程度上存在着片面性。

2)销售百分比法

即企业按照销售额(销售实绩或预计销售额)或单位产品售价的一定百分比来计算和决定广告开支。这就是说,企业按照每完成 100 元销售额(或每卖 1 单位产品)需要多少广告费来计算和决定广告预算。例如,某企业在 2012 年 12 月 1 日将 11 月的销售收入与 12 月预计的收入相加,以总额的 2%作为 2013 年的广告预算。在美国,汽车公司一般以每辆汽车预估价格的某一固定比率来作为确定广告预算的基础;而石油公司则一般以每加仑汽油价格的某一固定比率来作为确定广告预算的基础。

使用百分比法来确定广告预算的主要优点是：

(1)暗示广告费用将随着企业所能提供的资金量的大小而变化，这可以促使那些注重财务的高级管理人员认识到：企业所有类型的费用开支都与总收入的变动有密切关系。

(2)可促使企业管理人员根据单位广告成本、产品售价和销售利润之间的关系去考虑企业的经营管理问题。

(3)有利于保持竞争的相对稳定，因为只要各竞争企业都默契地同意让其广告预算随着销售额的某一百分比而变动，就可以避免广告战。

使用百分比法来确定广告预算的主要缺点是：

(1)把销售收入当成了广告支出的“因”而不是“果”，造成了因果倒置。

(2)用此法确定广告预算，实际上是基于可用资金的多少，而不是基于“机会”的发现与利用，因而会失去有利的市场营销机会。

(3)以此法确定广告预算，将导致广告预算随每年的销售波动而增减，从而与广告长期方案相抵触。

(4)此法没能提供选择这一固定比率或成本的某一比率，而是随意确定一个比率。

(5)不是根据不同的产品或不同的地区确定不同的广告预算，而是所有的广告都按同一比率分配预算，造成了不合理的平均主义。

3)竞争对等法

指企业比照竞争者的广告开支来决定本企业广告开支的多少，以保持竞争上的优势。在市场营销管理实践中，不少企业都喜欢根据竞争者的广告预算来确定自己的广告预算，从而造成与竞争者旗鼓相当、势均力敌的对等局势。如果竞争者的广告预算确定为100万元，那么本企业为了与它拉平，也将广告预算确定为100万元甚至更高。美国奈尔逊调查公司的派克汉(J. O. Peckham)通过对40多年的统计资料进行分析，得出结论：要确保新上市产品的销售额达到同行业平均水平，其广告预算必须相当于同行业平均水平的1.5～2倍。这一法则通常称为派克汉法则。

采用竞争对等法的前提条件是：

(1)企业必须能获悉竞争者确定广告预算的可靠信息，只有这样才能随着竞争者广告预算的升降而调高或调低。

(2)竞争者的广告预算能代表企业所在行业的集体智慧。

(3)维持竞争均势能避免各企业之间的广告战。

但是，事实上，上述前提条件很难具备。这是由于：

(1)企业没有理由相信竞争者所采用的广告预算确定方法比本企业的方法更科学。

(2)各企业的广告信誉、资源、机会与目标并不一定相同，甚至可能会相差甚多。因此，某一企业的广告预算不一定值得其他企业效仿。

(3)即使本企业的广告预算与竞争者势均力敌，也不一定能够稳定全行业的广告支出。

4)目标任务法

前面介绍的几种方法都是先确定一个总的广告预算，然后再将广告预算总额分配给不同的产品和地区。比较科学的程序步骤应是：

(1)明确地确定广告目标。

(2)决定达到这种目标而必须执行的工作任务。

(3)估算执行这种工作任务所需的各种费用,这些费用的总和就是计划广告预算。

上述确定广告预算的方法,就是目标任务法。

企业在编制总的广告预算时,先要求每个经理按照下述步骤准备一份广告预算申请书:

(1)尽可能详细地限定其广告目标,该目标最好能以数字表示。

(2)列出为实现该目标所必须完成的工作任务。

(3)估计完成这些任务所需要的全部成本。这些成本之和就是各自的经费申请额,所有经理的经费申请额即构成企业所必需的总的广告预算。

目标任务法的缺点是没有从成本的观点出发来考虑某一广告目标是否值得追求这个问题。譬如,企业的广告目标是下年度将某品牌的知名度提高20%,这时所需要的广告费用也许会比实现该目标后对利润的贡献额超出许多。因此,如果企业能够先按照成本来执行各自目标的贡献额(即进行成本效益分析),然后再选择最有利的目标付诸实现,则效果更佳。实际上,这种方法也就被修正为根据边际成本与边际收益的估计来确定广告预算。

任务8.4 制定公共关系策略

8.4.1 公共关系的含义及其特点

1)公共关系的含义

公共关系是一个企业或组织为了创建并保护自己的形象,营造良好的营销环境与舆论氛围而采取的一系列有计划、有目标的活动或策略。

2)公共关系的特点

公共关系虽然是一种社会关系,但又不同于一般的社会关系;虽然是一种促销策略,但又不同于其他的促销策略。公共关系有其独有的特点:

(1)公共关系是一项长期性的促销活动。公共关系的主要目的是建立并维持各种社会关系,为企业广结良缘,以此树立良好的企业社会形象和声誉。与人的各种社会关系一样,企业的公共关系也需要在创建之后付出大量的努力来长期维持,否则,一时的失误可能就会导致某一关系的瓦解,而使企业形象受损。因此,需要企业有计划、持之以恒地做出努力。

(2)公共关系的对象十分广泛。一般的促销形式,其对象都仅有消费者、中间商、供应商、竞争者和组织机构等外部公众,而公共关系的对象既包括外部公众,也包括企业内部公众。也就是说,企业在维持良好的社会关系时,不仅要注意维持与外部公众之间的社会关系,也要注意创建好与企业内部员工、部门之间的良好关系,这样才能使企业处于一个内外和谐的社会关系环境中。

(3)公共关系是一种间接促销手段。它不像其他的促销形式,是直接进行产品销售的,而是通过提升企业良好的社会形象和声誉,间接地达到产品销售的目的。因此,公共关系属于一种间接的促销手段。

(4)公共关系追求的是利益相关者的双赢。企业与其他社会实体之所以能够建立一种长期的互助合作关系,主要是由于双方之间是以“真诚合作、平等互利、共同发展”为基本原则的;在相互合作中,双方能够满足各自不同的需求,共同获得利益与发展。

综上所述,公共关系的特点可以精辟地概括为八个字“内求团结、外求发展”。

8.4.2 公共关系的作用

公共关系的中心任务是树立和维护企业良好的公众形象。具体来说,公共关系的作用有如下五个方面。

1)收集信息

信息是企业生存和发展必不可少的资源。通过公共关系活动,企业可以收集到各种相关信息:

(1)企业或产品形象信息,如消费者对企业的评价和对产品、服务质量的反映、评价等。

(2)内部员工的意见、建议,企业通过了解内部员工的意见,能掌握员工的内心期望,采取措施使员工对企业产生向心力和凝聚力。

(3)企业外部各种客观环境的信息,如国内外政治、经济、科技、文化等方面的变化、竞争者动态、消费者需求及购买行为的变化等。

2)决策参考

企业通过对利用公共关系所收集的各种信息进行综合分析,能够确立更好的决策目标、拟订决策方案、提供反馈信息,使企业的营销决策更加及时、准确。

3)舆论宣传

公共关系不仅可以帮助企业获取外部信息,也可以对外部公众发布企业的内部信息,为企业树立良好形象,创造良好的舆论气氛。结合企业的营销目标与自身特点,通过科学的、有计划的、有步骤的公共关系活动,可以不断提高企业的知名度与美誉度。

4)交流沟通

企业的各项活动都需要进行内外部的良性互动,而这种良性互动的双方就是企业公共关系活动的主客体。只有沟通交流,才能使企业内部信息有效地对外输出;同时,使外部有关信息及时地输入到企业内部,从而实现企业与外部各界的相互协调。

5)社会服务

企业作为社会这个大系统的一个组成部分,要想在社会上形成良好的公共舆论,必须具有社会服务的功能,企业可以通过引导性教育宣传、赞助服务来诱导公众对企业产生好感,如环境保护、节约能源、继承优良传统等。这样,不仅能树立企业良好的形象,促进产品销售,同时能推动整个社会公益事业与伦理道德的发展。

8.4.3 公共关系的主要工具

在企业经营管理中,市场公关是重要的一方面内容。公关营销策划的主要决策有哪些内容？在考虑何时与如何运用公共关系时，管理层必须建立营销目标，选择公关信息和公关媒体，谨慎地执行公关计划，并评估公关效果。营销公关的主要工具如下：

1)公开出版物

公司大量依靠各种传播材料去接近和影响其目标市场。这些材料包括年度报告、小册子、文章、视听材料和杂志等。

2)事件营销

公司可通过安排一些特殊的事件来吸引公众对其新产品和该公司其他时间的注意。这些事件包括招待会、讨论会、郊游、展览会、竞赛和周年庆祝活动以及运动会等，以接近目标公众。

3)赞助

公司通过赞助运动、文化活动和高度相关事业，推广公司的品牌和公司名字。

4)新闻

公共专业人员的一个主要任务是:发展或创造对公司和其产品或人员有利的新闻，争取宣传媒体录用新闻稿和参加招待会。

5)演讲

企业负责人应经常通过宣传工具圆满地回答各种问题，并在同业公会和销售会议上演说，以此树立公司的良好形象。

6)公益服务活动

企业可以通过向某些公益事业捐赠一定的金钱和时间，以提高其公众信誉。

7)形象识别媒体

企业至少应努力创造一个公众能迅速辨认的视觉形象。视觉形象可通过企业的标志、文件、小册子、招牌、企业模型、业务名片、建筑物、制服标记等来传播。

8.4.4 公共关系策略

通过运用以上公共关系工具，在公关目标和公关任务的指导下，企业就可以形成以下五项公共关系策略：

1)宣传性公关

通过广告、新闻报道、经验介绍、专访等形式，向社会各界进行自我信息传播，以形成有力的社会舆论、创造良好的营销环境。这种公关的主导性和形式性强、影响面广且效果好。

2)征询性公关

通过各种咨询业务、问卷调查、民意测验、热线电话和信息交流会等，从外界广泛收集信息，进行分析研究，为经营管理决策提供依据，为社会公众服务。这种方式需要连续不断的努力才能收到良好效果。

3)服务性公关

通过提供各种服务来获取社会各界的了解、信任和好评。这种形式由于企业提供了各种实质性的服务，并能够让顾客切实感受到，因此顾客更乐于接受，同时也能调动起内部所有人员的积极性。

4)社会性公关

企业通过赞助公益事业,体育、文化、卫生等社会性事业,能够提高企业的社会知名度与美誉度,引发公众特殊的兴趣。这种方式公益性强、影响力大且效果独特。

5)交际性公关

通过宴会、座谈会、招待会、联欢会等形式与公众联络感情、沟通信息、广结良缘。这种形式直接、灵活、亲密,富有人情味,能加深企业与社会各界的交往。

8.4.5 公共关系的程序

公共关系的程序主要有以下几个过程(见图 8-3):

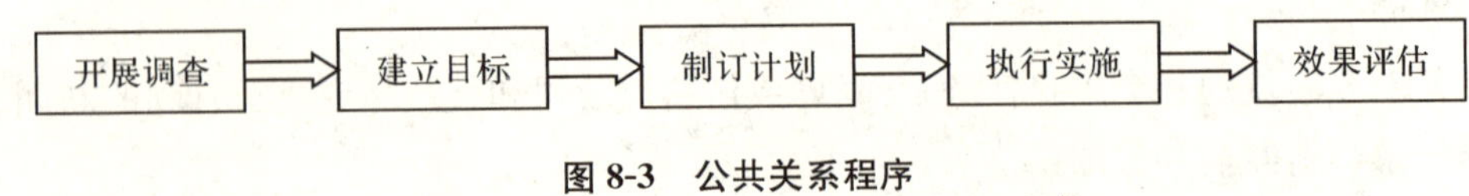

图 8-3 公共关系程序

1)开展调查

调查是公关工作的基础,企业通过调查了解内部与外部信息,可以确定企业现在的形象与地位、市场需求、竞争、外部机会与威胁、企业自身优势与劣势等各方面的情况,从而确定是否需要开展公关活动和怎样开展公关活动等问题。

2)建立目标

公共关系作为企业的一项重要活动,一旦确定需要开展,首先就要确立活动目标,为本次活动指明行动方向,使活动的各个方面都能围绕目标而有效、有序地进行。

3)制订计划

制订计划是在目标指导之下,为本次公关活动制订一份完整的行动计划。需要注意的是,公关活动是长期性的,仅仅通过一项具体行动建立起某一关系并不是公关活动的全部,还要特别注意后期的维持。因此,在制订计划时还必须对后期关于所建立关系的维持做出合理安排与部署。

4)执行实施

好的计划还需要有好的实施做保障,否则,计划只能是一纸空文。为了保证实施的有效性,企业要结合自身特点慎重选择公关工具、公关策略等,并根据环境的变化进行适当调整。

5)效果评估

公共关系常与其他促销工具一起使用,使得对于公关活动的效果很难衡量评估。通常,企业可以通过三个指标对公关活动的效果进行评估:展露度、知名度的变化、销售额与利润率的变化。展露度是指企业所选择的公关工具在目标市场上的覆盖范围,知名度的变化是指在一定的公关活动后企业以及企业产品的知名度有了多大的提升,销售额和利润率则是企业最关注的问题。在进行效果评估时,如果发现实际效果没有达到目标计划,企业一定要深入分析原因,并及时采取改进措施。

任务 8.5 制定营销推广策略

8.5.1 营销推广的含义及其特点

1)营销推广的含义

营销推广,又称为销售促进,是营销活动的一个重要组成部分,它是指企业运用各种短期诱因鼓励消费者和中间商购买、经销(或代理)企业产品或服务的一种促销活动。

2)营销推广的特点

如果说人员推销为消费者提供了完备的购买信息,广告为消费者提供了充足的购买理由,公共关系为消费者提供了放心的购买保障,营销推广则为消费者提供了有效的购买刺激。作为一种以刺激消费者购买欲望为主要目的的促销策略,营销推广具有以下特点:

(1)营销推广效果显著。由于很多营销推广工具能够为消费者提供直接的优惠,因此具有很强的吸引力和诱惑力。对于消费者,尤其是对于那些具有很强的求廉动机的消费者和冲动型消费者而言,往往会在营销推广的刺激下立刻选购产品,比起其他的促销形式,其短期效果非常显著。

(2)营销推广适应性强。由于营销推广的工具多种多样,因此可以根据各种不同的营销环境进行选择,其适应性除了能很好地适应不同的营销环境外,还包括可以与各种其他促销形式相结合,并辅助其他促销形式取得更好的促销效果。

(3)营销推广具有一定的副作用。由于企业运用营销推广为消费者提供的额外利益是需要企业付出额外成本的,而且由于营销推广的促销力度非常大,因此消费者可能会对此产生顾虑。比如,当企业对产品进行打折销售,并且折扣力度比较大时,消费者可能会产生疑问:“企业为什么要打折?是不是产品质量有问题?或是产品快要到期了,企业急于销售?”当消费者产生这些疑问时,其实已经对产品产生了一定的排斥心理。

8.5.2 营销推广的作用

1)增加产品的销量

作为一种重要的促销形式,营销推广对于企业来讲最重要的作用就是能够帮助企业增加产品的销量。但是一定要注意,这种产品销量的增加是由于企业为消费者在短期内提供了直接实惠而带来的,企业为此付出了额外的成本,因此不能长期采用,只能作为一种辅助的促销形式。另外,这种销售量的增加只是短期效应,不能被其表面现象所迷惑,以为企业的市场占有率有了很大提高。当然,为了获得这种良好的实际利益,企业需要特别注意推广中后期的宣传,一方面可以强化营销推广的效果,另一方面则可以换来社会对企业的良好口碑,增强企业良好形象。

2)有效吸引新顾客

营销推广的有些工具,如赠品、样品、抽奖等,对于那些喜欢尝试新鲜事物的顾客来讲是一种极大的刺激或诱惑。企业在开拓新的市场时，往往采用营销推广作为主要的促销工具，就是希望能够通过营销推广所提供的直接实惠来吸引消费者，在消费者试用产品的过程中，企业若能再辅以其他的营销策略，如广告、优质服务等，就可以帮助企业逐渐培养顾客忠诚度，但培养的前提是要能够有效地吸引顾客。

3）调整短期供求

如果企业出现了突发性的供求不平衡现象，由于通过生产来调整可能会造成滞后性，而置之不理或单纯的降价则可能会带来更大的负面效应，那么，企业可以通过营销推广进行调整。这样，企业不仅可以解决短期内的供求不平衡现象，也可以使消费者在享受实惠的同时体会到作为一个精明购买者的满足感。

8.5.3 营销推广工具的选择

企业进行营销推广时，可以根据不同的营销对象选择不同的工具，其营销对象主要有消费者、中间商和销售员。

1）对消费者应选择的工具

（1）赠品。即免费向消费者提供某一物品，赠品可以与待销售的产品相关也可以无关。

（2）样品。即免费提供给消费者试用的产品。

（3）奖品。即消费者购买某物品后，通过参加竞赛、抽奖、游戏等活动获得的物品。

（4）折扣。即直接采用降价或折扣的方式招徕顾客，也可以在特定时段内给予折扣。折扣可以是现金折扣，也可以是数量折扣或价格折让。

（5）优惠券。优惠券作为一种证明，可以使持有者在购买企业产品时免付一部分货款。

（6）特价包装。即在商品包装上注明折价数额或比例。

（7）兑换。消费者可以用积累的包装或印花兑换现金或商品。

（8）联合促销。两个或两个以上的企业或品牌合作，共同陈列产品、边展边销。

2）对中间商应选择的工具

（1）折扣。企业为刺激中间商大量购买产品，可以为中间商提供一定的折扣优惠。

（2）资助。生产者为中间商提供陈列商品、支付部分广告费用或部分运输费用等的补贴或津贴。

（3）奖励。对有突出成绩的中间商给予特别奖励，可以是现金，也可以是物品。

（4）竞赛。根据中间商销售本产品的实际绩效，分别给予优胜者不同的奖励。

（5）会议。生产者邀请中间商参加定期举办的交易会、业务会或博览会等。

3）对销售员应选择的工具

（1）培训。企业对销售人员开展相关业务培训，以提高销售人员的知识、技能与素质。

（2）竞赛。企业以销售人员的销售业绩、客户数目、拜访量、实现利润等指标对销售人员进行考核评估，对表现优良者给予表扬和奖励，以促使其更加努力，并为其他销售人员树立榜样。

技能训练

技能训练1:广告策划设计训练

[实训性质]专业技能训练。

[实训目标]通过广告策划方案,熟悉广告策划,理解广告在促销中的作用。提高策划能力,增强团队合作能力,加深对促销基本知识的理解。

[实训内容](1)以小组为单位自选广告主题进行广告设计。

(2)针对某产品的促销做广告策划。

(3)评估各自的优劣,最后选出优胜者。

(4)对优胜小组进行奖励。

[实训准备]学生事先了解和收集产品的相关资料,了解广告策划范例,选择团队成员,明确分工与职责;教师事先设计实训项目详细操作方案,查询了解相关资料,准备小奖品。

[实训流程]组建学生团队→团队分工→资料收集与汇总→广告策划→以团队为单位展示方案→教师点评。

[操作要点](1)知识点:广告策划的方法、促销活动的组织。

(2)能力点:资料搜索能力、广告策划能力、团队协作能力。

(3)控制点:时间、小组分工与合作、方案制定程序。

(4)考核点:广告设计的效果,广告方案策划的可行性,任务完成的时间,方案的新颖性及创造性。

技能训练2:情景模拟训练

[实训性质]专业基础素质训练。

[实训目标](1)加深学生对促销各种方式的理解,提高学生灵活运用知识的能力。

(2)通过角色扮演锻炼学生的口头表达能力、创新思维能力及应变能力。

[实训内容]依据参考素材,也可发动学生事先收集情景素材资料。

[实训准备]学生利用业余时间收集有关促销的情景素材并进行初步讨论,教师准备分组讨论计划方案、打分记录表、情景范例、小奖品。

[实训流程]学生按要求分组→教师确定模拟情景→场地布置→确定角色→情景模拟→教师点评→分组循环。

[操作要点](1)知识点:促销基本方式及其特点,促销组合,常见的促销工具及其应用。

(2)能力点:语言表达能力、创新思维能力、信息分析能力。

(3)控制点:时间、思维的创新性、团队协作。

(4)考核点:资料准备情况;语言表达,思维的全面性及逻辑性,创新性;时间控制。

课后训练

1)单项选择题

(1)人员推销的缺点主要表现为(　　)。

A. 成本低,顾客量大　　B. 成本大,顾客量大

C. 成本低,顾客有限　　D. 成本高,顾客有限

(2)当产品处于生命周期的试销期时,促销策略的重点是(　　)。

A. 认识、了解商品,提高知名度　　B. 促成信任、购买

C. 增进信任与偏爱　　D. 满足需求的多样性

(3)对于单位价值高、性能复杂、需要做示范的产品,通常采用(　　)策略。

A. 广告　　B. 公共关系　　C. 推式　　D. 拉式

(4)在消费者购买过程中的购买阶段,成本效应最好的促销方式是(　　)。

A. 人员推销　　B. 广告　　C. 公共关系　　D. 营销推广

(5)收集推销人员的资料是考评推销人员的(　　)。

A. 核心工作　　B. 中心工作　　C. 最重要工作　　D. 基础性工作

2)案例分析

企业在做广告时,如同男女青年谈对象只暴露自己优点不暴露自己缺点一样,大凡都会介绍自己的商品如何好,以招徕更多的顾客,谁也不愿意向顾客透露自己产品或服务的不足。然而,大千世界无奇不有,偏偏有人要宣传自己的服务是如何之差,但其结果却正好相反。

某企业曾登出这样一则广告:“这种手表走得不太准确,24 小时会慢 24 秒,请君购买时三思!”但顾客们却似乎格外倔强,这种手表的销量因这则广告而扶摇直上。还有一则推销香烟的广告说:“禁止抽各种香烟,连 555 牌也不例外。”结果,555 牌香烟销量大增。

美国俄勒冈州的一家饭馆,在饭馆前竖起了这样一个大广告牌,上写“俄勒冈最差的食物!”该饭店的老板也直言不讳地说:“我是一个最差劲的厨师。”可顾客并没被这“最差”二字吓跑,而是越来越多了,甚至连世界各地的游客也来这里凑热闹。

思考题:

上述广告运用了什么策略使其取得成功?

项目9　网络营销

【知识目标】

(1)理解掌握网络营销的内涵、职能及其相互关系。

(2)了解网络营销的发展阶段与特点。

(3)熟悉网络营销常用工具的使用方式和应用场合。

(4)能够综合运用网络营销工具为企业设计最优的网络营销方案。

【能力目标】

(1)能够识别网络营销环境及其关系。

(2)针对企业的实际情况,培养学生灵活运用网络营销常用工具的能力。

(3)通过案例分析,提高学生对网络营销的认识,锻炼思维能力,提高理解能力。

(4)通过讨论、竞争性发言,提高语言表达能力。

【开篇案例】

互联网营销造就江苏首富

位于江苏昆山陆家镇的好孩子集团已经是世界上最大的儿童用品公司之一。在没有选择以铺天盖地的广告轰炸,也没有大肆炒作的情况下,却成功地由当年一家濒临破产的校办工厂变身为今天纯利润超过1亿元的现代化国际企业。而宋郑还也由当年一名普通的中学教师变为今天身家5亿元的企业总裁、江苏首富。对这样的经历,众人在惊叹之余更多的则是好奇。有数据显示:“好孩子”已经连续10年占据80%的中国童车市场,5年蝉联美国销量冠军,全球有4亿家庭都在使用它的产品。

网络营销和传统营销的根本区别在于客户了解产品信息的渠道不同。传统营销中单向式的信息沟通方式已被网络营销中交互式的、指向性更明确的沟通方式取而代之,这种交互式的沟通方式是以消费者为主导而非以往强迫性的营销推广。因此,如何让目标客户便利地进入公司网站成为网络营销中的难题。

调查显示,绝大多数用户得知新网站主要是通过地址栏直达,而通过网址正好契合了企业网络营销的需求。宋郑还看到,利用地址栏直达的用户消费,目的性很强,是购买兴趣最强的客户。因此,能够第一时间在网络上拦截到目标客户,网络营销便成功了第一步。

对于好孩子集团来说,由于儿童用品消费者都属于事先计划购买型,互联网信息在其决策过程中起到了决定性作用。因此,好孩子集团平均每年会投入大约400万元的费用来实施网络营销策略,仅在通用网址一项的投入便有几十万元。从最初的“好孩子”“好孩子集团”,到“儿童用品”“婴儿”等白金通用词汇,再到“努比”“奇妙鸭”等子品牌的通用网址等,“好孩子”注册了20多个与企业、产品相关的词汇,在互联网编织了一张无形的营销大网。

此外,好孩子集团还注册了数十个英文通用网址,以适应海外市场的需要。“好孩子”不仅注册了自己的英文品牌标识“gbaby”“geoby”“goodbaby”等，还将企业各产品的英文品牌，如“antiduck”“little dinosaur”“nuby”的通用网址也都逐一注册启用，从而为国际采购商及合作伙伴等访问“好孩子育儿网”建立了清晰的网络路标。更值得一提的是，为了“网罗”更多的国外消费者，“好孩子”更是注册了多个类似“mommy”“mammy”“mummy”的英文营销关键词，把通用网址的营销功效充分地发挥在对海外市场的开拓之中。

在尝到通用网址为企业带来巨大财富的甜头之后，宋郑还计划把企业官网“好孩子育儿网”打造成科学育儿类的国内第一门户网站，作为塑造企业品牌文化的首要平台。为此，“第一父母网”“第一家庭网”等通用网址又相继被启用。有数据显示，“好孩子育儿网”已经被上百万网民点击了24.88亿次，即平均每天有110多万次网民光顾。

借力通用网址，“好孩子育儿网”在不久的将来极有可能成为好孩子再次飞跃的“金拐杖”。

资料来源：中国网络营销网，http://www.tinlu.com/n2955c44.aspx

【案例点评】

一个新时代的开始总伴随着新的技术突破，而新技术的突破所带来的商机往往是无限的。只有那些善于把握机会、能将新技术与创业实践完美结合的人，才是时代的弄潮儿。

任务9.1 认识网络营销

9.1.1 网络营销的含义

在网络营销含义的界定上，由于网络营销本身依托快速发展的现代通信技术和互联网技术，因此国内外还没有形成一个公认的、完善的定义。国内著名的网络营销专家冯英健先生认为：“网络营销是企业整体营销战略的一个组成部分，是为实现企业总体经营目标所进行的，以互联网为基本手段，营造网上经营环境的各种活动。”这个定义从广义的角度揭示了网络营销的内涵，在理论界有较大的影响。

从狭义的角度出发，我们认为，网络营销是企业整体营销战略的一个组成部分，是利用Internet技术，最大限度地满足客户需求，以达到开拓市场、实现盈利目标的经营过程（包括Internet客户调查、网上消费者行为分析、网络市场定位、网上营销策略制定、网上营销策略实施、网上营销信息反馈等环节）。

根据以上定义，可以得出下列认识：

1）网络营销并不等同于网上销售

网上销售是网络营销发展到一定阶段的结果，网络营销是为实现网上销售目的而进行的一项基本活动，但网络营销本身并不等同于网上销售。

网络营销的效果可以表现在多个方面，例如，企业品牌价值的提升、加强与客户之间的沟通、作为一种对外发布信息的工具等，网络营销活动并不一定能实现网上直接销售的目的，但是，很可能有利于增加总的销售。

网上销售的推广手段也不仅仅靠网络营销，往往还要采取许多传统的方式，如传统媒体广告、发布新闻、印发宣传册等。

网络营销也不仅限于网上，一个完整的网络营销方案，除了进行网上推广之外，还必须利用传统营销的方式进行网下推广。

2)网络营销不等同于电子商务

网络营销与电子商务有共同点，但互不包含，两个集合存在交集，共同之处为都包含了产品网上销售的内容；区别在于是否发生了交易的行为——有则是电子商务，无则是网络营销。

3)网络营销不等于网站推广

网络营销是企业整体营销战略的一个组成部分。网站推广是网络营销中的一项重要内容，但网站推广成功只是走出了第一步，并不意味着网络营销已经成功了。

4)网络营销不是孤立的

网络营销是企业整体营销战略的一个组成部分，网络营销活动不可能脱离一般营销和营销环境而独立存在，网络营销理论是传统营销理论在互联网环境中的应用和发展。

9.1.2 网络营销的内容

网络营销产生于 Internet 飞速发展的网络时代，其作为依托网络的新营销方式和营销手段，有助于企业在网络环境中实现营销目标。网络营销涉及的范围较广，所包含的内容较丰富，主要表现在以下两个方面：

第一，网络营销要针对新兴的网上虚拟市场，及时了解和把握网上虚拟市场的消费者特征和消费者行为模式的变化，为企业在网上虚拟市场进行营销活动提供可靠的数据分析和营销依据。

第二，网络营销依托网络开展各种营销活动实现企业目标，而网络的特点是信息交流自由、开放和平等，而且信息交流费用低廉，信息交流渠道既直接又高效。因此，开展网上营销活动，必须改变传统的营销手段和方式。

主要在 Internet 上进行营销活动的网络营销，在实施和操作过程中与传统方式有着很大区别。具体来讲，网络营销包括下述一些主要内容：

1)网上市场调研

网上市场调研是指企业利用 Internet 的交互式信息沟通渠道实施市场调研活动所采取的方法，包括直接在网上通过发布问卷进行调查，企业也可以在网上收集市场调查中需要的各种资料。网上市场调研的重点是利用网上调查工具，提高调查的效率和调查效果；同时，利用有效的工具和手段收集整理资料，在 Internet 浩瀚的信息库中获取企业需要的信息和分辨出有用的信息。

2)网络消费者行为分析

网络消费者是网络社会的一个特殊群体，与传统市场上的消费群体的特性截然不同。因此，要开展有效的网络营销活动必须深入了解网上用户群体的需求特征、购买动机和购买行为模式。Internet 作为信息沟通的工具，正成为许多有相同兴趣和爱好的消费群体聚集交流的地方，在网上形成了一个个特征鲜明的虚拟社区。网上消费者行为分析的关键就是了解这些虚拟社区消费群体的特征和喜好。

3)网络产品和服务策略

网络作为有效的信息沟通渠道，改变了传统产品的营销策略，特别是营销渠道的选择。在网上进行产品和服务营销，必须结合网络特点重新考虑对产品的设计、开发、包装和品牌的产品策略研究，因为有不少传统的优势品牌在网络市场上并不一定是优势品牌。

4)网络价格营销策略

作为一种新的信息交流和传播工具，Internet 从诞生开始就实行自由、平等和信息基本免费的策略，因此，在网络市场上推出的价格策略大多采取免费或者低价策略。所以，制定网上价格营销策略时，必须考虑 Internet 对企业产品的定价影响和 Internet 本身独特的免费特征。

5)网络渠道选择与直销

Internet 对企业营销活动影响最大的是企业的营销渠道。通过网络营销获得巨大成功和巨额利润的 DELL 公司，借助 Internet 的直接特性建立了网上直销的销售模式，改变了传统渠道中的多层次选择和管理与控制的问题，最大限度地降低了营销渠道中的营销费用。但是企业建设自己的网上直销渠道必须在前期进行一定的投入，同时还要结合网络直销的特点改变本企业传统的经营管理模式。

[背景案例]

DELL 成功的营销策略

DELL 电脑有限公司是电脑行业中的佼佼者。2001 年以来，DELL 公司一直是全球市场占有率最高的厂商之一。

适合的营销观念和策略是 DELL 成功的重要因素之一。DELL 的首席执行官 Michel DELL 的理念非常简单：按照客户的需要和要求去制造产品；绕开中间环节，直接面向最终用户，既减少了产品成本，又能直接有效和明确地了解他们的需要，继而迅速做出反应。

DELL 通过首创的直销模式，与大型跨国公司和企业、政府部门、教育机构、中小型企业和个人消费者建立直接的联系。根据不同的需求，客户可以选择任何一种方式非常方便地同 DELL 进行沟通。以网络沟通渠道为例，DELL 开发了一整套的网上营业工具，便于客户方便地在网上购买 DELL 产品。同时，DELL 售后服务和技术服务办到了网上，缩短了对客户需求的反应时间，从而吸引了更多的客户，还极大地降低了成本。为此，DELL 也获得了极大的收益，公司营业收入的 40%来源于网上交易。

6)网络促销与网络广告

Internet 具有双向的信息沟通渠道的特点，可以使沟通的双方突破时空限制进行直接的交流，操作简单、高效，并且费用低廉。Internet 的这一特点使得在网上开展促销活动十分有效，但必须遵循在网上进行信息交流与沟通的规则，特别是遵守一些虚拟社区的礼仪。网络广告是进行网络营销最重要的促销工具，网络广告作为新兴的产业已经得到了迅猛的发展。网络广告作为在第四类媒体上发布的广告，其交互性和直接性的特点具有报纸杂志、无线电广播和电视等传统媒体发布无法比拟的。

7)网络营销管理与控制

网络营销依托 Internet 开展营销活动,必将面临传统营销活动碰不到的许多新问题。例如,网络产品的质量保证问题、消费者隐私的保护问题以及信息的安全问题等,这些都是网络营销必须重视和进行有效控制的问题。否则,企业开展网络营销的效果就会适得其反。

9.1.3 网络营销的特点

市场营销的本质是在组织和个人之间进行信息广泛传播和有效的交换,如果没有信息的交换,任何交易就会变成无本之木。现代通信技术与互联网技术发展的成熟以及互联网的方便性和成本的低廉性,使得任何企业和个人都可以很容易地将自己的计算机或计算机网络连接到 Internet 网上。遍布全球的各种企业、团体、组织以及个人通过 Internet 网跨时空地连接在一起,使得相互之间信息的交换变得“唾手可得”。互联网具有营销所要求的某些特性,使得网络营销呈现出以下特点:

1)跨越时空

通过互联网络能够超越时间约束和空间限制进行信息交换。因此,使得企业脱离时空限制达成交易成为可能。企业能有更多的时间和在更大的空间中进行营销,每周 7 天,每天 24 小时随时随地向客户提供全球性的营销服务,以达到尽可能多地占用市场份额的目的。

2)多媒体性

互联网络可以传输文字、声音、图像等多种媒体的信息,从而使为达成交易进行的信息交换可以采用多种形式进行,能够充分发挥营销人员的创造性和能动性。

3)良好的交互性

企业可以通过互联网向客户展示商品目录,通过连接资料库提供有关商品信息的查询,可以和顾客进行双向互动式的沟通,可以收集市场情报,可以进行产品测试与消费者满意度的调查等。因此,互联网是企业进行产品设计、提供商品信息以及提供服务的最佳工具。

4)人性化

在互联网上进行的促销活动具有一对一、理性、消费者主导、非强迫性和循序渐进式的特点,这是一种低成本的、人性化的促销方式,可以避免传统的推销活动所表现的强势推销的干扰。而且,企业可以通过信息提供与交互式沟通,与消费者建立起一种长期的、相互信任的良好合作关系。

5)显著的成长性

遍及全球的互联网上网者的数量飞速增长,而且上网者中大部分是年轻的、具有较高收入和高教育水准的,由于这部分群体的购买力强,而且具有很强的市场影响力。因此,网络营销是一个极具开发潜力的市场渠道。

6)系统性与整合性

在互联网上开展营销活动,可以完成从商品信息的发布到交易的收款和售后服务的全过程,这是一种全程的营销渠道。同时,企业可以借助互联网将不同的营销活动进行统一设计规划和协调实施,通过统一传播咨询向消费者传达信息,从而可以避免不同传播渠道中的不一致性产生的消极影响。

7)前瞻性

互联网兼具渠道、促销、电子交易、互动顾客服务、市场信息分析与提供信息等多种功能,是一种功能强大的营销工具。并且,它所具备的一对一的营销模式,正迎合了定制营销与直复营销的未来趋势。

8)高效性

网络营销运用电脑储存大量的信息,可以帮助消费者进行查询,所传送的信息数量与精确度远远超过其他传统媒体。同时,能够适应市场的需求,及时更新产品陈列或调整商品的价格,因此能及时有效地了解和满足顾客的需求。

9)明显的经济性

网络营销具有快捷性,因此将极大地降低经营成本,提高企业利润。形成和促成网络营销经济性的原因有许多,如资源的广泛性、地域价格的差异性、交易双方的最短连接性、市场开拓费用的锐减性、无形资产在网络中的延伸增值性以及所有这一切对网络营销经济性的关系和影响,它们都将极大地降低交易成本,给企业带来经济利益。

10)技术性

建立在以高技术为支撑的互联网络基础上的网络营销,使企业在实施网络营销时必须有一定的技术投入和技术支持,必须改变企业传统的组织形态,提升信息管理部门的功能,引进既懂营销又懂电脑技术的复合型人才。只有这样,才能具备和增强本企业在网络营销市场上的竞争优势。

9.1.4 中国网络营销的发展变化

1)中国网络营销发展的几个重要阶段

我国网络营销起步较晚,直到1996年才开始被我国企业尝试。10多年来,网络营销在中国的发展经历了以下几个阶段。

中国网络营销的传说阶段(1997年之前)。在国外,网络营销起源于著名的"律师事件",而在中国网络营销也有类似的"神话故事":1996年山东青州农民李鸿儒首次在国际互联网上开设"网上花店",年销售收入达950万元,客户遍及全国各地,但公司没有一名推销员。

传说阶段的特征:基本概念和方法不明确,互联网未曾普及,多数企业对上网一无所知,上网是少数人的一种奢侈性消费。

[背景案例]

"律师事件"——网络营销的开端

美国的亚利桑那州有两位从事移民签证咨询服务的律师夫妻,他们在进行移民签证咨询服务的过程中,起先收取和其他大型咨询机构一样的价格,即2500美元;后来为了更好地招徕业务，他们决定以1500美元的价格提供咨询服务，但并没有收到很好的效果；最后两人决定采用抽奖的方式进行业务推广。于是他们于1994年4月12日把一封“绿卡抽奖”的广告信发到每一个他们可以发现的新闻组，承诺凡是参与抽奖的顾客在中奖后均可获得1500美元的咨询优惠价格。他们的“邮件炸弹”让许多服务商的服务一时处于瘫痪状态，引起了轩然大波。这对律师夫妻从网上赚钱后半年多时间，网络营销广告才正式诞生，此后15个月全球著名的亚马逊网上商店才成立。据这两位律师在其后所著的《网络赚钱术》中说，他们只花费了20美元的上网通信费，就吸引来25000个客户，赚了10万美元。

中国网络营销的萌芽阶段(1997～2000年)

1997年3月，chinabyte. com 468 * 60像素动画旗帜广告的出现标志着网络广告的诞生。

1997年2月，chinabyte开通新闻邮件服务，订阅用户3万；1998年12月，索易(Soim)获得第一个邮件赞助商，标志着专业E-48为代表的mail营销服务诞生。

1995年4月，第一家中文商务网站“中国黄页”(chinapages)开通，实现了最基本的网络营销手段——发布供求信息；1999年以后，以8848为代表的电子商务概念开始炒作，间接宣传了网络营销。

网站建设是网络营销的重要基础，1999年前后的大力宣传，使企业对网站有了初步的认识，企业网站建设进入现实操作阶段。

1997年前后，出现了一批影响力较大的中文搜索引擎，为企业利用搜索引擎开展网络营销提供了可能。

中国网络营销的应用和发展阶段(2000年至今)

网络营销服务市场初步形成。万网、新网、中国频道等域名、虚拟主机市场快速扩张；首创、中国电信等IDC提供的互联网接入、服务器托管及租用业务迅猛发展；门户网站(综合类、行业类)如新浪、搜狐、网易等大量出现并快速成长，促进了信息发布、网络广告市场的形成与发展；Google、百度、新浪、搜狐、网易等搜索引擎市场进一步走向繁荣。

网站建设已成为企业网络营销的基础。2000年4月，纳斯达克崩盘，网络企业硬着陆，网络经济跌入低谷，行业经历了一次大洗盘，大量网络企业被淘汰，也造就了一批真正的强者。

“鼠标＋水泥”概念的提出，使人们认识到互联网要联合传统企业，走为传统企业提供服务的道路。网络经济走出低谷，迎来又一轮的蓬勃发展。

网上销售环境日趋完善。网上支付、网络安全、物流配送日趋完善，B2B、B2C电子商务市场形成，网上产品分销渠道点的建立成为可能，网上交易额将随着相关技术瓶颈的解决而迎来快速增长。

2)目前发展我国网络营销面临的主要问题

(1)网络发展水平不高，覆盖率低。在我国，电脑还不是大众消费品，互联网未深入千家万户，尤其是占人口大多数的中小城市和广大农村。不过，截至2014年6月30日，我国网民规模达到6.38亿人，普及率达到了85.5％。网民规模较2014年底增长34000万人，半年增长率为 63.4%,中国网民规模依然保持快速增长之势。

尽管我国的网民规模和普及率持续快速发展,但是由于人口基数大,互联网普及率在全球各个国家和地区中只排在第 47 位。

网络基础设施水平较低,网络服务市场竞争不充分,网络传输速度慢,用户使用成本较高。按绝对价格计算,我国人均收入不过美国的 1/20,但要付出比美国人高 20 倍的价格才能拥有同样多的网上信息量。据调查,用户的意见主要集中在网络速度太慢、收费太高等一些关键问题上。低水平设施的网络与高水平的收费限制了用户上网,束缚了网络市场的健康发展,并已成为制约网络营销发展的瓶颈。

(1)安全、方便的网络支付机制还不健全。目前,虽然出现了以支付宝为代表的网络交易第三方,各大商业银行也相继建立了网上银行,但我国网络支付的技术手段还不能令人放心,安全通用的电子货币还不成熟,在目前信用卡消费未占主导地位的情况下,网络分销的现金交割很多靠用户事前(后)交费才能完成。网络分销成了一种“网上订货,网下付款”的四不像交易方式,极大地影响了网络分销的效率。即便凭信用卡实现网上支付,对消费者、对企业也均有一个安全保障的问题。多数的网络用户认为目前网上购物的最大问题是没有安全方便的网上付款方式。因此,目前在网络安全支付方面存在的技术与观念是网络营销发展的核心与关键障碍。

(2)消费者传统购物观念的束缚。有超过一半的人认为网上商品无实体感,对其质量不放心,而宁愿选择自己去商场购买。这种眼见为实的购买心态及对新事物的不信任感,多少也制约了网络营销的发展。

(3)物流网络不配套。网络营销虽然缩小了企业在信息虚拟市场上的竞争差距,但对企业的物流水平与能力提出了更高的要求,而目前我国第三方物流的发展仍处在初级阶段,拥有全国物流能力的企业寥寥无几,特别是广大中小企业,物流能力不强,效率不高,不能及时与网络用户进行实物交割,已成为阻碍其网络营销发展的主要因素。因此,发展网络营销,物流先行是可行之路。同时,企业信息管理与分析能力低,缺乏既懂网络技术又懂网络营销管理的复合型人才等,也是制约网络营销发展的一大障碍。

9.1.5 网络营销的发展趋势

根据互联网发展的特点以及市场营销环境的变化,可以预测网络营销将呈现出以下发展趋势。

1)网络媒体和网络技术将更有利于产品的销售

网络的防火墙技术、信息加密技术将更加成熟,这将有助于提高网络系统在产品销售方面的效率。电子货币等网上支付方式的安全推行,使网络消费者感到不安的网上付款的安全问题将会迎刃而解,从而必然会带来网上销售的大发展。电子邮件技术将会趋于完善,使得营销人员可以调控邮件的字体和颜色,网络企业将能够根据不同受众来设计销售信息的式样和感觉,电子邮件将能够发送声音、图像和立体效果,增强对顾客的吸引力。

电话通信技术与国际互联网络的结合,使网络用户可以通过因特网发送和接收电话信息，其成本仅为本地ISP的电话费用，是长途电话费用的一小部分。商家可以利用广播传达信息，也可以在顾客个人的信息中留言，即使打电话时对方不在，客户也能在方便的时候收到信息。

以上技术的结合，将有助于网络企业获得非常好的促销效果。

2)营销决策趋于理性化

20世纪70年代，美国的西蒙和马奇等人创立的科学决策理论提出了许多有意义的模型，但因计算方法、计算机和通信技术等因素的制约，特别是决策对象往往和人相关联，使得商家在追求最优决策目标方面困难重重。互联网技术的发展，使现代决策理论有了实现的可能，主要表现在企业服务对象和市场调研效率两个方面。

企业服务的对象。网络消费者的理性化购买行为增强，头脑冷静、擅长理性分析是网络用户的一个显著特征，他们不易受潮流影响和舆论左右，善于综合分析如价格、性能、质量、维护、可靠性等许多因素之后再做决策。因此，忽视顾客理智与情感的传统型营销策略必然会受到强烈冲击。

市场调研效率的提高为理性决策奠定了基础。在信息科技高度发展的今天，因特网为企业的市场调研提供了强有力的工具，其优势表现为：网络上的信息传输速度非常快，保证了网络信息的准确性和及时性；工作人员只要拥有计算机、调制解调器、电话线等硬件，就可以在公司站点上发出电子调查问卷，提供相关的信息；然后，利用计算机对访问者反馈的信息进行整理和分析，这无疑会大大减少公司的人力、物力耗费且快速高效；公司站点的访问者一般都对公司产品有一定的兴趣，这种基于顾客的市场调研结果更为客观真实，能较准确地反映消费者的消费心态和市场发展趋向。

3)网络商城将进一步兴旺发达

将商场或企业的商品以多媒体信息的方式通过互联网络供全球消费者浏览和选购，是国内外许多大商场和大企业正在使用的促销方式。通过互联网络，顾客虽然无法获得亲临现场的感觉，但可以看到商品的图像、文字介绍、技术参数指标、同类产品比较等，价格和售后服务内容也一目了然，最主要的是将大大节省顾客的时间和精力。对企业来说，网络商城与传统的商场相比具有不需店面租金，可以减少商品库存的压力，降低销售、管理、发货等环节的成本，经营规模不受场地的限制，便于收集顾客的信息等很多优点。例如，国内著名的网上书店——当当网即是网上商店的成功者，它经营的图书达几百万种。而易趣网、淘宝网、天猫等购物服务网站能提供从微波炉、汽车到玩具和床上用品等几十万种品牌的商品，消费者网上注册后就能以低于零售价10%～50%的优惠价购买物品。上述种种绝非传统销售容易做到的。

4)网络广告将大有作为

与传统广告相比，网络广告所表现出来的优势是明显的：网络广告的空间几乎是无限的，其传播范围远远大于传统广告，如因特网可以把网络广告传播到本身所覆盖的所有国家和地区；网络广告成本低廉，大约仅相当于传统媒体的1/10；网络广告实现了即时互动，克服了传统广告强势灌输的缺点，实现了发达者和受众之间的即时双向交流；网络广告促成消费者采取行动的机制主要是靠逻辑性的、理性的说服力，因此具有更高的效率。

网络广告的这些优势决定了其在网络营销中将有很大的发展空间，在互联网上发布网络广告将成为企业最重要的网络营销活动。根据 IDC 的互联网与新媒体市场模型和预测，2008 年全球互联网广告开支总额将达 625 亿美元，占所有媒体广告开支的近 10%。预计在整个预测期内将有 15%～20%的年增长率，到 2011 年这一份额将达 13.6%；与此同时，全球互联网广告支出将增长至 1066 亿美元。所以，网络广告将成为企业营销者特别关注的促销方式。

任务 9.2 掌握网络营销的基本工具

9.2.1 网络应用行为及网络应用使用率

从网民的使用目的来看，网络应用行为可以划分为信息获取类、交流沟通类、网络娱乐类、商务交易类四种，基本涵盖了目前的网络新闻、搜索引擎、即时通信、博客、网络游戏、网络音乐、网络购物、网上支付、网络金融等具体应用类型。整体来看，目前中国网民在网络娱乐、信息获取和交流沟通上使用比例比较高，除了论坛/BBS 外，这三类网络应用在网民中的普及率均在 50%以上。商务交易类使用仍然处于较低的水平，其中网络购物普及率为 26%。表 9-1 为截至 2009 年 6 月 30 日，网络应用使用率的排名和类别。

表 9-1 网络应用使用率和类别

排名	应用	使用率(%)	类别
1	网络音乐	85.5	网络娱乐类
2	网络新闻	78.7	信息获取类
3	即时通信	72.2	交流沟通类
4	搜索引擎	69.4	信息获取类
5	网络视频	65.8	网络娱乐类
6	网络游戏	64.2	网络娱乐类
7	电子邮件	55.4	交流沟通类
8	博客应用	53.8	交流沟通类
9	论坛/BBS	30.4	交流沟通类
10	网络购物	26.0	商务交易类
11	网上支付	22.4	商务交易类
12	网络炒股	10.4	商务交易类
13	旅行预订	4.1	商务交易类

9.2.2 常用的网络营销工具

在网络营销活动中，常用的网络营销工具包括企业网站、搜索引擎、电子邮件、即时信息、网络实名、博客、病毒性网络营销、电子书和软文营销等。只有借助于这些手段，才可以实现营销信息的发布、传递以及与用户之间的交互，为实现营销创造有利的环境。

1)企业网站

企业网站是一个综合性网络营销工具，也是开展网络营销的基础，网站建设是网络营销策略的重要组成部分。有效地开展网络营销离不开企业网站功能的支持，网站建设的专业水平同时也直接影响着网络营销的效果。没有企业网站，许多网站营销方法将无用武之地，企业网站的出现，在给世界经济带来无限生机的同时，也将引起企业营销策略的变革。

2)搜索引擎

互联网最基本的功能即提供信息。目前互联网上的信息已是海量，搜索引擎则是网民在汪洋中搜寻信息的工具，是互联网上不可或缺的工具和基础之一。目前我国3.38亿网民中使用搜索引擎的比例是69.4%，即已有2.35亿人从搜索引擎中获益，在美国，搜索引擎使用率已经达到91%。因此，了解搜索引擎的工作原理及掌握搜索引擎在网络营销中的作用是十分必要的。

搜索引擎是指自动从Internet上搜集信息，经过一定整理后提供给用户进行查询的系统。

从使用者的角度看，搜索引擎提供一个包含搜索框的页面，在搜索框输入词语，通过浏览器提交给搜索引擎后，搜索引擎就会返回与用户输入的内容相关的信息列表。

(1)搜索引擎的分类。搜索引擎按其工作方式主要可分为三种，分别是全文检索搜索引擎(Full Text Search Engine)、目录索引(Search Index/Directory)和元搜索引擎(Meta Search Engine)。

①全文检索搜索引擎。全文检索搜索引擎是名副其实的搜索引擎，国内著名的有百度(Baidu)，国外具有代表性的有Google，Fast/All The Web，Alta Vista，Wise Nut，Inktomi等。它们都是通过在从互联网上提取的各个网站的信息(以网页文字为主)而建立的数据库中，检索与用户查询条件匹配的相关记录，然后按一定的顺序将结果返回给用户。因此，它们是真正的搜索引擎。

全文检索搜索引擎的优点是信息量大、更新及时、无须人工干预；缺点是返回信息过多，可能有很多无关信息，用户必须从结果中进行筛选。

②目录索引。目录索引虽然有搜索功能，但在严格意义上算不上真正的搜索引擎，仅仅是按目录分类的网站链接列表而已。用户完全可以不用进行关键词(Keywords)查询，仅靠分类目录也可找到需要的信息。目录索引中最具代表性的是Yahoo(雅虎)，其他著名的还有About，Open Directory Project(DMOZ)等。国内的搜狐、新浪、网易搜索也都属于这一类。

目录索引搜索引擎的优点是信息准确、导航质量高；缺点是需要人工介入，维护量大，信息量少，信息更新不及时。

③元搜索引擎。元搜索引擎在接受用户查询请求时，同时在其他多个引擎上进行搜索，并将结果返回给用户。著名的元搜索引擎有 Info Space，Vivisimo 等(元搜索引擎列表)，中文元搜索引擎中具有代表性的有搜星搜索引擎。在搜索结果排列方面，有的直接按来源引擎排列搜索结果，如 Dogpile，有的则按自定的规则将结果重新排列组合，如 Vivisimo。

元搜索引擎的优点是返回结果的信息量更大、更全；缺点是不能够充分发挥所采用的搜索引擎的功能，用户需要做更多的筛选。

除上述三大引擎外，还有集合式搜索引擎、门户搜索引擎和免费链接表等。

(2)搜索引擎的工作原理。搜索引擎并不是真正地搜索互联网，而是搜索预先整理好的网页索引数据库。真正意义上的搜索引擎，通常指的是收集了因特网上几十亿甚至上千亿个网页并对网页中的每一个词(即关键词)进行索引，建立索引数据库的全文搜索引擎。当用户查找某个关键词的时候，所有在页面内容中包含了该关键词的网页都将作为搜索结果被搜索出来。在经过复杂的运算进行排序后，这些结果将按照与搜索关键词的相关度高低，依次排列。

互联网虽然只有一个，但各搜索引擎的能力和偏好不同，所以抓取的网页各不相同，排序算法也各不相同。大型搜索引擎的数据库储存了互联网上几亿至几十亿的网页索引，数据量达到几千 G 甚至几万 G。即使最大的搜索引擎建立超过 20 亿网页的索引数据库，也只能占到互联网上普通网页的 30%左右，不同搜索引擎之间的网页数据重叠率一般在 70%以下。我们使用不同搜索引擎的重要原因，就是因为它们能分别搜索到不同的内容，而互联网上有更大量的内容是搜索引擎无法抓取索引的，也是我们无法用搜索引擎搜索到的。

(3)搜索引擎的登录。企业在进行网站推广时，会希望著名的搜索引擎能收录自己的网站。目前 Google，Yahoo，Baidu 等主要互联网搜索引擎网站提供了企业网站在搜索引擎中登录和更新的服务。

Google 会经常在网上漫游，搜寻新的资料，加入企业的网页。同时，Google 也接受企业提供新的网站信息。但是 Google 会分析网站内容，以决定是否使用由企业提交的网站信息，而且所用时间也长短不一。Google 还提供了免费的公共服务搜索等。

Yahoo 提供的登录方式是，企业网站如果能加入 Yahoo 中国的网站分类目录，就可以让其他客户找到自己。为了加入 Yahoo 中国的网站分类目录，企业网站可以先找到最适合自己网站的 Yahoo 中国类目进入，并点击该类目右上方或页面最上方的“登录网站”链接来建立登录自己的网站。

Baidu 搜索引擎提供的自动收录站点服务是企业网站直接到网站登录提交网址。提交时，只需提交网站首页、内部页面，Baidu 会自动抓取。Baidu 还提供了一种按效果付费的网络推广方式——Baidu 竞价排名。这种方式用少量的投入就可以给企业带来大量潜在客户，有效提升企业销售额。每天有超过 1 亿人次在 Baidu 查找信息，企业在 Baidu 注册与产品相关的关键词后，就会被查找这些产品的潜在客户找到。

(4)搜索引擎的技巧。不同的搜索引擎的使用方法大不相同，我们必须学会一些搜索引擎的使用技巧。比如，选择合适的搜索工具、选择合适的关键词、正确使用布尔检索、注意搜索条件的使用和养成有效的搜索习惯等。

3)电子邮件

电子邮件是互联网上的另一个基础应用,是一种非即时的信息传递方式,给网民的工作、生活带来较多便利。目前我国电子邮件使用率是55.4%,有1.87亿中国网民在使用电子邮件。

电子邮件(Electronic Mail),简称E-mail,是以电子的格式通过互联网为世界各地的网络用户提供一种极为快速、简单和经济的通信及交换信息的方法。

现在,电子邮件已成为互联网上最常用的服务之一,电子邮件不仅作为一种交流工具,同时也日益变得与企业经营活动密不可分。

电子邮件是一个基本的互联网通信工具,几乎应用于网络营销中的各个方面,主要功能在于信息收集、传递和交流。

(1)E-mail营销的定义。

电子邮件营销是在用户事先许可的前提下,通过电子邮件的方式向目标用户传递有价值信息的一种网络营销手段。

(2)E-mail营销的特点。

范围广。随着国际互联网的迅猛发展,中国的上网总人数已达3亿多,全球已达数十亿。面对如此巨大的用户群,作为现代广告宣传手段的E-mail营销正日益受到人们的重视。商家只要拥有足够多的E-mail地址,就可以在很短的时间内向数千万目标用户发布广告信息,营销范围可以是中国全境乃至全球。

操作简单,效率高。使用专业邮件群发送软件,单机可实现每天数百万封的发信速度。操作不需要懂得高深的计算机知识,不需要烦琐的制作及发送过程,发送上亿封的广告邮件一般几个工作日内便可完成。

信息多样化。电子邮件发送的信件内容除普通文字内容外,还可以是软件、数据,甚至是录音、动画、电视或各类多媒体信息。

收发方便。与电话通信或邮政信件发送不同,E-mail采取的是异步工作方式,它在高速传输的同时允许收信人自由决定在什么时候、什么地点接收和回复,发送电子邮件时不会因“占线”或接收方不在而耽误时间,收件人无须固定守候在线路另一端,可以在用户方便的任意时间、任意地点,甚至是在旅途中收取E-mail,从而跨越了时间和空间的限制。

成本低廉。E-mail营销是一种低成本的营销方式,所有的费用支出就是上网费,成本比传统广告形式要低得多。

针对性强,反馈率高。电子邮件本身具有定向性,可以针对某一特定的人群发送特定的广告邮件,可以根据需要按行业或地域等进行分类;然后,针对目标客户进行广告邮件群发,使宣传一步到位。这样做可使营销目标明确,效果非常好。

更为广泛的交流对象。同一信件可以通过网络极快地发送给网上指定的一个或多个成员,甚至召开网上会议进行互相讨论,这些成员可以分布在世界各地,但发送速度则与地域无关。与任何一种其他的Internet服务相比,使用电子邮件可以与更多的人进行通信。

安全。E-mail软件是高效可靠的,如果目的地的计算机正好关机或暂时与Internet断开，E-mail软件会每隔一段时间自动重发；如果电子邮件在一段时间之内无法递交，电子邮件会自动通知发信人。作为一种高质量的服务，电子邮件是安全可靠的高速信件递送机制，Internet用户一般只通过E-mail方式发送信件。

(3)E-mail营销的分类。

根据E-mail营销定义，规范的E-mail营销是基于用户许可的，但实际上还存在着大量的不规范现象。因此，我们首先应当明确有哪些类型的E-mail营销以及这些E-mail营销分别是如何进行的。

①按照是否经过用户许可分类，可分为许可E-mail营销(PEM)和未经许可的E-mail营销(UCE)。未经许可的E-mail营销又被称为垃圾邮件。

②按照E-mail地址资源的所有权分类，可分为内部列表，即一个企业、网站利用注册用户的资料开展的E-mail营销；外部列表，即利用专业服务商或者其他可以提供专业服务的机构提供的E-mail营销服务，投放电子邮件广告的企业本身并不拥有用户的E-mail地址资料，也无须管理和维护这些用户资料。

③按照营销计划分类，可分为临时性的E-mail营销，如不定期的产品促销、市场调查、节假日问候、新产品通知等；长期的E-mail营销，即通常以企业内部会员资料为基础，主要表现为新闻邮件、电子杂志、顾客服务等各种形式的邮件列表。

④按照E-mail营销的功能分类，可分为顾客关系E-mail营销、顾客服务E-mail营销、在线调查E-mail营销、产品促销E-mail营销。

⑤按照E-mail营销的应用方式分类，可分为经营性E-mail营销和非经营性E-mail营销。

(4)E-mail营销的常见问题。

E-mail营销常见的问题有滥发邮件，邮件没有主题或主题不明确，隐藏发件人姓名，邮件内容繁杂，邮件内容采用附件形式，发送频率过于频繁，没有目标定位，邮件格式混乱，不及时回复邮件，对主动来信的顾客抬高价格等。

(5)E-mail营销的发展趋势。

据CNNIC最新统计，根据用户对“经常使用的网络服务功能”回答结果显示，因特网的八大热门服务依次是网络音乐(85.5%)、网络新闻(78.7%)、即时通信(72.2%)、搜索引擎(69.4%)、网络视频(65.8%)、网络游戏(64.2%)、电子邮件(55.4%)、博客应用(53.8%)。与前几年相比，电子邮件由第1位滑落到第7位。与其他国家相比，中国电子邮件应用率不高，目前中国电子邮件应用率为55.4%，即有1.87亿中国网民在使用电子邮件。同期，美国电子邮件使用率为91%，是美国第一大互联网应用，韩国的电子邮件使用率也已达82.1%，都比中国的使用率高出许多。中国网民对即时信息的使用率很高，部分代替了电子邮件的功能，这也是我国近年来电子邮件使用率低的原因之一。但由于使用电子邮件的中国网民还有1.87亿人。因此，电子邮件还有着巨大的传播发展潜力。

4)即时通信

即时通信(Instant Messaging，简称IM)是基于互联网网络通信协议产生的点对点或点对面通信的一种软件，可以提供即时文件、文字、图像、语音、视频等多种格式的媒体数据，使人们方便地进行沟通。

即时通信的创始人是三个以色列青年，他们是在 1996 年做出来的，并取名为 ICQ。1998 年当 ICQ 注册用户数达到 1200 万时被 AOL 看中，以 2.87 亿美元的天价买走。到 2003 年底，全球的 ICQ 用户数量超过 15 亿，主要市场在美洲和欧洲，已成为世界上最大的即时通信系统。

2009 年 12 月 8 日，中国互联网络信息中心(CNNIC)发布了《2009 年中国即时通信用户调研报告》。数据显示，截至 2009 年底，我国即时通信用户规模已突破 2.77 亿，同比增长 23.7%，其中手机即时通信用户占总体用户的 1/3，规模达 9141 万。

(1)常用的即时通信工具。即时通信目前排名第三，超过了搜索引擎及电子邮件。我们常用的即时通信工具有以下三种：

①腾讯 QQ。这一最早的国产即时通信先驱，在娱乐即时通信领域已经非一般“战士”堪比。它的用户数量和技术水平，从全球范围看都已将其起家时模仿的老牌 ICQ 远远地抛在身后。集图文消息实时发送和接收功能于一体的 QQ，还为用户提供了游戏社区、开放型聊天室的服务。而且，在网络硬盘、彩信 DIY、图文随心混排、QQ 群中群、文件传送、音乐中心等功能上都受到用户的欢迎。因此，QQ 以目前的成就，在未来娱乐即时通信领域的竞争中有着压倒性的竞争优势。

②微软 MSN。微软的技术力量和服务体系毋庸置疑，从这方面看，MSN 应当属于世界范围内最强势的即时通信软件。它不但可在 PC 机的主流操作系统 Windows XP 上进行，而且在掌上电脑、智能手机上也有相应的客户端可供使用。

除了基本的实时图文发送、接收功能，用户还可通过 MSN 从 PC 机上与其他联系人进行语音交谈，或者通过电脑给其他联系人拨打电话、发送文件、召开多人联机会议并一起玩 MSN Zone 网络游戏。同时，用户还可收到 hotmail 的新邮件到达通知以及最新的 MSN BC 新闻头条等。这些与 QQ 提供的某些功能有极多相似但又表现出不同的设计，经微软公司以其雄厚的资金、技术实力不遗余力地推广，MSN 在即时通信市场，尤其是娱乐 IM 市场对霸主 QQ 已经显露出咄咄逼人的势头。

③雅虎通(Yahoo Messenger)。Yahoo Messenger 的出现，掀开了门户网站在即时通信市场屯兵布阵的序幕。这一在国外有着大规模用户数量，对 MSN 形成极大威胁的“门户型”IM 产品，在中国市场的开发上却并未获得足够的成功，目前仅以 2.7%的市场占有率排在 QQ 的 77.7%和 MSN 的 17.3%之后，只比老牌产品 ICQ 的 2.4%景象稍好。但是，因为其集合了主流即时通信软件的绝大多数优点，而且首次实现了即时通信产品与搜索工具的融合，通过其搜索产品“一搜”与“雅虎通”的巧妙整合，推动了搜索向桌面的扩展。因此，当 IM 的各大主流功能不再是各类即时通信软件的比拼焦点时，及早涉足 IM 与搜索的并拢应当是一个十分具有前瞻性的决定。

(2)即时通信在网络营销中的应用。即时通信在网络营销中的应用主要有：实时交流，增进顾客关系；在线顾客服务；在线销售中的导购服务；网络广告媒体；病毒性营销信息传播工具。

(3)即时通信的发展趋势。随着互联网用户成熟度的增加，用户使用即时通信的时间越来越长，即时通信使用习惯也逐步形成，用户黏性不断强化，即时通信的网络效应也就越发显著。

随着即时通信市场用户的不断成熟，市场细分趋势明显，拥有资本、技术和用户群优势的其他互联网企业不断加入对于细分市场用户的竞争之中。

5）网络实名

网络实名是新一代的网络访问技术。它帮助客户用现实世界中企业、产品、商标等的名字，通过浏览器、搜索引擎、各地信息港等多种途径，简单快速地找到企业、产品信息，无须使用复杂的域名、网址，也不必在搜索引擎成千上万的结果中反复查找。

90%以上的中国网民每天都在使用实名服务。据统计，将近1亿的中国网民已经养成了在地址栏使用实名查找网站的习惯；几乎所有的门户网站（新浪、网易、搜狐、中华网、FM365及TOM）都集成了网络实名系统，加上210家地方信息港的每日访问量，网络实名系统覆盖了中国绝大多数的用户。

（1）网络实名的功能。

①代替网址，在地址栏输入网络实名便可准确直达企业网站。

②在中国各大门户网站的搜索引擎中脱颖而出。

③中国电信各地近200家信息港、热线网站都采用了实名技术，在搜索框中查找企业和产品时，拥有实名的企业将被方便地找到。

（2）网络实名的价值。

①带来客户和商业机会。网络实名是中国使用量最大、覆盖面最广的客户寻找企业的网络访问方式，能为企业带来有商业价值的客户。

②降低营销推广成本。无须注册各种后缀组合的域名，节省注册费；无须花费巨资宣传域名，节约宣传成本。

③建立网上招牌，倍增无形资产。网络实名保护品牌资源，让原品牌的网下影响力顺利转化为网上影响力，企业、产品在搜索结果中显著、突出，树立“品牌行业领先”的形象。

（3）网络实名的分类。

网络实名分为两大类：企业实名（又称标准实名）和行业实名（又称网络王牌）。

①企业实名是企业、产品、品牌、网站的名称和简称。

②行业实名是指行业、产品（或服务）类别的统称、通用词汇、常用词以及地名、风景名胜名称和国家名称。

（4）网络实名访问方式。

网络实名提供四种实名访问方式：

①中文网址。输入企业、产品的全称或简称即可直达目标，如“平安保险”。

②英文网址。输入“SINA”即可访问新浪网。

③拼音网址。输入拼音、拼音字头如“pabx”即可访问平安保险的网站。

④数字网址。输入企业的电话号码、股票代码即可直达。

（5）网络实名的使用方法。

网络实名有五种方式：

①在浏览器地址栏中，无须输入 http://www.…….com 等复杂难记的域名、网址，只需输入企业、产品、商标的名字(即实名)即可直达企业网站，找到产品信息。

②在各大搜索引擎中输入企业、产品等名称查找时，网络实名会出现在搜索结果的最显著位置。

③在中国电信各地近 200 家信息港皆可使用。

④在地址栏输入拼音、拼音字头都可找到相关网站。

⑤智能查询保证客户输入的方便性，不论错字、多字、少字、字序颠倒，都能找到企业网站。

(6)智能查询功能的使用。

网络实名以人工智能技术为基础，除了在地址栏输入实名关键字就可找到相关网站外，输入拼音、同音字都可找到相关网站。比如，地址栏输入 xinlang，xl 都可以找到新浪网。

(7)网络实名和域名的区别。

①域名只是一堆充满技术符号的英文串，与企业、产品、商标等名称无法直观对应，难以记忆；而网络实名让客户能直接用现实世界中的企业、产品、商标等名字，找到企业、产品信息，无须记忆和学习。

②域名必须精确输入，即使错一个字符就会找不到企业网站，难以使用；而网络实名使用自然，输入中文或拼音，无须担心拼写错误，都能快速找到企业网站。

③域名只能在浏览器地址栏中使用，而网络实名则可以在浏览器、各大搜索引擎及各地信息港中使用。

(8)网络实名选名技巧。

①网络实名命名原则。网络实名服务的目的是为了互联网用户更简单、更方便地在互联网上浏览，每个网络实名选名都必须遵守三项原则：一是不能抢注已被他人拥有了合法知识产权的专有词汇；二是关于转让与买卖，对于标准实名，注册人对已注册网络实名只能使用，不能转让与买卖，而对于通用词汇(通用实名)则可以转让和买卖；三是遵守法律和道德规范，不允许含有违背所在国家法律法规、道德规范的内容的实名注册。

②企业网站网络实名的命名形式。如果要登记的是企业网站，可以登记为以下几种形式：一是企业全称(地域＋单位名称＋行业)，如“吉林修正药业集团”；二是企业简称(单位名称＋行业)，如“富腾纺织”“LG 电子”；三是企业产品(品牌＋产品类别)，如“东升地毯”“红双喜牌电饭锅”；四是企业电话(区号＋电话号码)，如“01065812445”“8008103720”；五是企业分支机构，如“中国民生银行广州分行”；六是网站名，如“中国保险网”；七是广告语，如“科技以人为本”。

[背景案例]

网络实名加速万通“戴尔梦”

在众多的房地产大鳄之中，万通更欣赏的是迈克尔·戴尔在美国建立的计算机直销模式，他们要把这种模式运用在中国的房地产开发中，如同在网上定制计算机一样从万通定制自己的独立式住宅。

万通具体的“戴尔梦”是在全球有一个庞大的供应链，在标准化基础上把客户资源规模化和个性化，按需建房，网上直销，并协助万通进行全球采购。如此，在日益丰富的互联网上，万通的地产市场将逐步贴近更加切合实际众多的客户。

但万通甚至于筑巢网在互联网上的招牌却和现实中的位置并不相当：如果不费点儿力气记住该网址，要想在浩如烟海的互联网上找到并定制符合自己理想的“独立住宅”并不是件容易的事情。如果真的是这样，万通和筑巢网的命运将和其他触网的企业命运一样：费心劳力地在互联网上建造了自己的网站，却因为没有响应的推广而藏在深闺中无人识。

如何让现实中的招牌在互联网上继续使用成为包括万通在内的众多触网大企业思考的问题。而这一问题随着3721公司推出的网络实名服务正在逐步得到解决。

如何适应网络时代的发展，在网络上直接使用自己在现实中响当当的“金字招牌”访问准确企业网站，它以特有的优势吸引了众多企业包括万通的关注。

其实，一项成熟的网络访问技术必须具备两个“条件”：第一，帮助客户使用企业的品牌等标识并以自己最喜欢的方式在网上便捷、准确地找到企业；第二，必须符合用户的使用习惯，确保客户得到真实有效的企业和产品信息，并且这种技术在浏览器、搜索引擎等任何网络环境下都可以使用。

在详细地进行分析和比较之后，万通最终选择了国内最大、最成熟的客户查找企业和产品的网络访问方式——3721的网络实名解决方案，作为客户在网上定制“独立住宅”等业务的主要手段。

现在，在浏览器地址栏、搜索引擎甚至是遍布全国各地任何一家信息港中输入“万通”，最先震撼人心地进入视觉的就是万通集团的网站。

如此，客户不用费心去记烦琐的网址，万通也无须刻意推广，两者的连接是在自然语言中不经意间完成的。万通董事局主席冯仑预计这块业务3到5年内每年将超过100%的增长，营业额有望超过国内目前最大的开发商(10亿元)。这正如同万通地产的发展一样。

万通要成为中国首家在网上提供独立住宅的房屋供应商，或许以后就会使其享受到无库存、无负债，大流量、利益均衡的回报。而这一切，随着网络实名的采用将会使现实和网络衔接更加紧密。

6)博客

2014年6月，中国互联网络信息中心(CNNIC)发布了《2008—2013博客市场及博客行为研究报告》。报告显示，截至2013年6月底，拥有个人博客或个人空间的用户规模已经达到3.81亿人，博客空间的规模已经超过3亿人。报告表明：博客使用率在长期高速增长后趋于稳定，半年用户增长率为12%。博客活跃程度进一步提高，经常更新博客的用户比例为62.7%，活跃博客的作者规模达到1.13亿。博客内容的更新受益于SNS氛围，获得了良好的成长。从用户群体来看，我国博客表现出十分显著的年轻化特征，白领阶层的用户比例上升。

Blog的全名应当是Web log，中文意思是“网络日志”，后来缩写为Blog，而博客(Blogger)就是写Blog的人。从理解上讲，博客是一种“表达个人思想、网络链接、内容按照时间顺序排列，并且不断更新的出版方式”。简单地说，博客是一类人，这类人习惯于在网上写日记。

Blog是继E-mail,BBS,ICQ之后出现的第四种网络交流方式,是网络时代的个人“读者文摘”,是以超级链接为武器的网络日记,它代表着新的生活方式和新的工作形式,更代表着新的学习方式。具体来说,博客这个概念解释为使用特定的软件,在网络上出版、发表和张贴个人文章的人。

一个Blog其实就是一个网页,它通常是由简短且经常更新的帖子所构成的,这些张贴的文章都按照年份和日期倒序排列。Blog的内容和目的有很大的不同,从对其他网站的超级链接和评论,有关公司、个人构想到日记、照片、诗歌、散文,甚至科幻小说的发表或张贴都有。许多Blog是个人心中所想之事情的发表,其他Blog则是一群人基于某个特定主题或共同利益领域的集体创作。

由于沟通方式比电子邮件、讨论群组更简单和容易,Blog已成为家庭、公司、部门和团队之间越来越盛行的沟通工具,同时它也逐渐被应用在企业内部网络(Intranet)中。

[背景案例]

低成本博客营销的经典——Stormhoek葡萄酒

Stormhoek,一家小葡萄酒厂家,其产品是“Freshness Matters”牌葡萄酒。其在Blog空间设置议程,只要博客满足以下两个条件就可以收到一瓶免费的葡萄酒:

(1)住在英国、爱尔兰或法国,此前至少三个月内一直写博。读者多少不限,可以少到3个,只要是真正的博客。

(2)已届法定饮酒年龄。

给博客们送出大约100瓶葡萄酒,同时声称“收到葡萄酒并不意味着你有写博义务——你可以写,也可以不写,可以说好话,也可以说坏话”。

3个月后,公司在Google的检索结果从500达到20000,估计有30万人通过Blog开始知道这家公司。一年以后,Stormhoek葡萄酒销量翻倍。

资料来源:根据网上资料改编

7)病毒性营销

(1)病毒性营销的含义。病毒性营销并非真以电脑病毒形式进行营销,它其实不过是利用用户口碑传播的原理,在互联网上进行营销。病毒性营销是利用互联网独有的即时性、开放性,迅速将有价值的信息和服务免费传递给主动接受信息的用户群体的一种网络营销方法。常用于网站推广和品牌推广等,这种营销方式的信息就像病毒一样,会迅速蔓延和扩散,利用快速复制的方式传向数以千计,万计的受众。病毒性营销既可以看作一种网络营销方法,也可以认为是一种网络营销思想。

(2)病毒性营销与病毒的关系。病毒是一种能够实现自身复制且借助一定载体存在的具有潜伏性、传染性和破坏性的程序,病毒性营销是借鉴病毒传播的方式进行信息传播的网络营销思想和方法,它本身并不是病毒,不仅不具有任何破坏性,相反还能为传播者带来好处;另外,它们的传播过程也有区别,病毒是在传播者不知情的情况下无意识地传播,而病毒性营销则是在它自身价值和魅力的感染下,传播者主动传递信息的。因此,病毒性营销和病毒存在本质区别，它们之间没有任何直接的联系。

(3)实现病毒性营销的原则。

①正确把握病毒性营销的“病毒”界限。病毒性营销中的核心词是“营销”，“病毒性”只是描述营销信息的传播方式，其实和病毒没有任何关系。但在病毒性营销的实际操作中，如果没有认识到病毒性营销的本质是为用户提供免费的有价值的信息和服务这一基本问题就有可能成为真正的病毒性传播，尤其利用一些技术手段来实现的病毒性营销模式，如自动为用户电脑安装插件、强制性修改用户浏览器默认首页等，这些其实已经不能称为病毒性营销，而是传播病毒了。

②合理应用病毒性营销战略的基本要素。美国电子商务顾问 Ralph F. Wilson 博士将一个有效的病毒性营销战略的基本要素归纳为六个方面：提供有价值的产品或服务；提供无须努力地向他人传递信息的方式；信息传递范围很容易从很小向很大规模扩散；利用公共的积极性和行为；利用现有的通信网络；利用别人的资源进行信息传播。根据这一基本规律，在制定和实施病毒性营销计划时，应当进行必要的前期调研和针对性检验，以确认自己的病毒性营销方案是否满足这六个基本要素。同时也要分析在具体的营销战略方案中是否需要包含每一个要素，切忌生搬硬套，应根据营销战略方案的需要进行合理的应用，以取得良好的效果。

③突出病毒性营销的特点。网络营销的方式方法很多，其实现的策略也各不相同、各具特色。但不论采取什么样的策略和方式，要想取得良好的预期效果，就必须熟练掌握各种网络营销的特点，在具体方案中突出其特点才能实现营销的目的。一般来讲，病毒性营销策略具有如下特点：

一是需求价值。病毒性营销战略要素之一是提供有价值的产品和服务，这对营销只是必要条件，寻求合适的载体将有价值的产品和服务信息快速地传播出去，是营销的充分条件，病毒性营销就是利用作为传播信息的载体，对广大用户来说具有需求价值的特点，从而吸引众多用户自觉地参与并成为病毒性营销的受众。例如，hotmail. com 就是基于网络的免费 E-mail 服务对受众的需求价值达到信息传播的目的。

二是信息伪装。“信息伪装”并非恶意造假，它只是一种营销策略，是在无公害的前提下进行的一种信息包装。商家作为第一传播者传递给目标群的信息不能是赤裸裸的广告信息，而应当是经过“伪装”后的产品和品牌信息。正是披在广告信息外面的、具有亲和力的“伪装外衣”打动了消费者，突破了消费者戒备心理的“防火墙”，促使其完成从纯粹受众到后续传播者的变化。

三是品牌效应。结合我国的实际传播环境，进行病毒性营销应以“品牌效应”作为切入点，首先是借助别人品牌的影响力发展自己的消费体，第一批接受者必须是最有可能的产品使用者，因为需要依靠他们进行后续的传播活动；其次是在自己的消费群体中打造自己的品牌。

四是易感染性。由于病毒性营销依靠的是受众可以利用的传播渠道，因此感染渠道首先必须具有易得性，能够被受众轻易获得；同时，传播的载体必须足够廉价，廉价到受众可以忽略不计，如短信、网络、口语等；另外，传播的形式应具有娱乐性、激励性。传播的信息应围绕传播的这些特点进行组织。

五是无噪音接受。大众媒体投放的广告往往有一些难以克服的缺陷,如信息干扰强烈、接收环境复杂、受众戒备抵触心理严重。以电视广告为例,同一时段的电视有各种各样的广告同时投放,其中不乏同类产品"撞车"现象,这种干扰十分强烈,因此受众会对商业广告产生反感情绪。病毒性营销则不同,它所传播的信息是经过"伪装"的、具有亲和力的商品和品牌信息,受众多是从熟悉的人那里获得"病毒",这本身就有了人际传播(口碑效应)的可信性;受众不是被动接收信息的,而是主动搜索而来的,在接收过程中自然会有积极的心态;接收渠道也比较私人化,如手机短信、电子邮件、封闭论坛等。

以上方面的优势,使得病毒性营销尽可能地克服了信息传播中的噪音影响,增强了传播的效果。

病毒性营销具有自身的特点,成功的病毒性营销策略必须遵循病毒性营销的基本思想和方法,并充分认识其一般规律。病毒性营销作为一种独特的推广策略越来越引起营销界的注意,但迄今为止在我国的成功案例并不多见,尚待随着业界的深入实践,推动其进一步成熟与完善。相信这种独具魅力的传播方式会在未来的商业竞争中大放异彩。

[背景案例]

最经典的病毒性营销——热邮公司(Hotmail)

在它开办以来的一年半时间里,热邮公司已经为它开设的由免费广告支持的电子邮件服务征集到近1000万个客户。它的诀窍是,人们每次给朋友发电子邮件时,邮件末都有一条附注:邀请他们订购免费收到电子邮件的服务。热邮公司的电子邮件网址之所以能每天增加多达10万个新用户,是因为每个使用者都在给它做一种用不着怀疑其可靠性的广告:当你发出一个电子邮件的时候,你的签名就包含了你对已经使用过的这种服务的评价,就包含了你愿意与这个网址保持联系。热邮公司通过病毒式营销带来的高速成长,获得了巨大的经济效益。1997年12月,微软公司以首期付款达4亿多美元的天价买下了这家公司。

8)电子书

电子书又称e-book,是将书的内容制作成电子版后,以传统纸质书籍1/3至1/2的价格在网上出售。购买者用信用卡或电子货币付款后,即可下载并使用专用浏览器在计算机上离线阅读。电子图书不同于现在网上的免费线上阅读,它是与纸质版同步推出的最新书籍,所以阅读它要支付一定的费用;另外,电子书与光盘图书不同,e-book是基于因特网购买的。

(1)电子书的功能。

电子书功能体现在四个方面:

①可以订阅诸多电子期刊、书和文档。

②从网上自动下载所订阅的最新新闻和期刊。

③显示整页文本和图形,并通过搜索、注释和超链接等增强阅读体验,采用翻页效果,类似于纸质书的翻页。

④可随时将网上电子图书下载到电子阅读器上,也可以将自己购买的电子书和文档储存到电子阅读器上。

（2）电子书营销。

电子书营销是指在网络上发布有价值的电子书，提供免费下载，并鼓励人们再次传播，利用书中加插的广告链接达到宣传企业及其产品和服务、获得新用户的营销手段。这种网络营销方式受到关注的重要原因就在于它是一种有效的病毒性营销载体。电子书在网络营销中发挥了积极作用，主要用于网站推广、产品推广、顾客服务等。利用电子书开展网络营销具有以下特点：

①信息完整并可长期保存。电子书与网页不同，不需要一个页面一个页面地逐个打开，一部电子书的内容是一个完整的文件，读者下载后书中所有的信息都将完整地被保留，而且书中内容不会因为原提供下载的网站发生变动而改变，只要读者不从电脑等设备上删除，电子书就可以长期保存，随时阅读。

②可以离线阅读。从网上下载后，电子书即可用各种阅读设备离线阅读，这样不必像其他网上信息一样必须在线浏览。而一本有价值的书往往会得到读者的反复阅读，并有可能在多人之间传播。正是在这样的阅读和传播中，电子书实现了其病毒性营销，达到了宣传和获得新用户的目的。

③便于继续传播。获得尽可能多的用户阅读是电子书营销的关键，而电子书下载后可以方便地通过电子邮件、P2P 等方式向别人继续传播，甚至可以在一定范围内共享，如果书中内容对读者有足够的吸引力，这种继续传播就会自发实现，效果也会更好。

④促销和广告信息形式灵活。由于电子书本身具有平面媒体的部分特征，同时又具有网络媒体的部分优点，如具有超链接功能、显示多媒体信息等，因此促销和广告信息可以采用多种形式，如文字、图片、多媒体文件等，读者在线阅读时还可以点击书中的链接，直接到达广告目的网页。

⑤营销效果可以测量。由于电子书所具有的互联网媒体特征，其中的电子书广告具有网络广告的一般优点，比如，可以准确地记录每部电子书的下载次数，并可记录统计下载者的分布等，这样便于对潜在读者做进一步的研究。

电子书之所以受到重视，除了电子书本身所具有的上述五项特点外，还可从用户使用网络营销服务的行为特点方面来看。CNNIC 的调查表明，电子书籍是用户在网上经常查询的信息内容之一，有价值的电子书可以获得用户的关注，并且用户会主动查找电子书信息，这也是为什么一些提供电子书下载的网站通常具有较高访问量的原因所在。

9）软文营销

（1）软文的概念。

软文是基于特定的概念诉求与问题分析，对消费者进行针对性心理引导的一种文字模式。从本质上说，它是企业软性渗透的商业策略在广告形式上的实现，通常借助文字表达与舆论传播，使消费者认同某种概念、观点和分析思路，从而达到企业品牌宣传和产品销售的目的。

相对于硬性广告而言，软文由企业的市场策划人员或广告公司的文案人员撰写文字广告。与硬性广告相比，软文的精妙之处就在于一个“软”字，好似绵里藏针，藏而不露，克敌于无形。当消费者发现这是一篇软文的时候，已经掉进了被精心设计的软文广告陷阱中。软文广告追求的是一种“春风化雨、润物无声”的传播效果。如果说,硬性广告是少林功夫,那么软文则是以柔克刚的武当拳法,只有软硬兼施、内外兼修,才是最有力的营销手段。软文之所以备受推崇,第一个原因就是成本比硬广告要低很多,在资金不是很雄厚的情况下软文的投入产出比较科学合理。所以,企业从各个角度出发都愿意以软文试水,以便使市场快速启动。

(2)软文的定义。

软文的定义有两种:一种是狭义的,另一种是广义的。狭义的软文是指企业花钱在报纸或杂志等宣传载体上刊登的纯文字性的广告。这是早期的一种定义,也就是所谓的付费文字广告。广义的软文,是指企业通过策划,在报纸、杂志或网络等宣传载体上刊登的可以提升企业品牌形象和知名度,或可以促进企业销售的一种宣传性、阐释性文章,包括特定的新闻报道、深度文章、付费短文广告、案例分析等。软文广告就是用较少的投入,吸引潜在消费者的眼球,增强产品的销售力,提高产品的美誉度,在软文的潜移默化下,达到产品的策略性战术目的,引导消费群购买的广告。

(3)软文的种类。

软文虽然千变万化,但是万变不离其宗,主要有以下几种方式:

①悬念式,也可以称为设问式。核心是提出一个问题,然后围绕这个问题自问自答。例如,“人类可以长生不老?”“什么使她重获新生?”“牛皮癣,真的可以治愈吗?”等,通过设问引起话题和关注是这种方式的优势。但是用这种方式必须掌握“火候”,提出的问题要有吸引力,答案要符合常识,不能作茧自缚、漏洞百出。

②故事式。通过讲一个完整的故事带出产品,使产品的光环效应和神秘性给消费者心理造成强暗示,使销售成为必然。例如,“1.2亿买不走的秘方”“神奇的植物胰岛素”等。讲故事不是目的,故事背后的产品线索才是文章的关键。听故事是人类最古老的知识接受方式,所以故事的知识性、趣味性、合理性是软文成功的关键。

③情感式。情感一直是广告的一个重要媒介,软文的情感表达由于信息量大、针对性强,当然更可以称为人心相通。例如,“老公,烟戒不了,洗洗肺吧”“女人,你的名字是天使”“写给那些战痘的青春”等,情感最大的特色就是容易打动人,容易走进消费者的内心,所以情感营销一直是营销百试不爽的灵丹妙药。

④恐吓式。恐吓式软文属于反情感式诉求,情感诉说美好,恐吓直击软肋。如“高血脂,瘫痪的前兆!”“天啊,骨质增生害死人!”“洗血洗出一桶油”。实际上恐吓形成的效果要比赞美和关爱更具备记忆力,但是也往往会遭人诟病,所以一定要把握好度,不要过火。

⑤促销式。促销式软文常常比上述几种软文更能见效。如“北京人抢购×××”“×××,在香港卖疯了”“一天断货三次,西单某厂家告急×××”这样的软文或者是直接配合促销使用,或者就是使用“买托”造成产品的供不应求,通过攀比心理、影响力效应多种因素来促使消费品产生购买欲。

上述五类软文不是孤立使用的,是企业根据战略整体推进过程的重要战役,如何使用就是布局的问题了。

(4)软文营销的条件。

软文营销至少具备以下几个要点：

①本质是广告，追求低成本和高回报，不要回避商业的本性。

②关键是要把产品卖点说得明白透彻。

③着力点是兴趣和利益。

④重要特性是口碑传播性。

技能训练

技能训练 1：网上信息搜集训练

[实训性质]专业技能训练。

[场地器材]网络机房或网络营销模拟实训室；电脑接入国际互联网，可以正常浏览网页，使用国内外主要搜索引擎、电子邮箱。

[实训目标](1)知识目标：充分认识利用网络信息的必要性，了解信息搜索的主要途径，补充网络营销相关知识。

(2)能力目标：掌握使用搜索引擎搜索特定信息的方法，了解不同主题词在搜索结果上的差异，认识和掌握利用网络搜索结果完成实际任务的技巧。

[实训内容]通过网络搜索相关信息资料，写一篇介绍网络营销的短文(1000 字左右)。

[实训准备]学生事先了解使用互联网的基本知识，了解网络的登录设置，主页的选择与设置，网上文档不同格式的特点及下载方法等；教师给学生准备一些必要的网络基础知识，确定任务的要求，制作一个参考性范例。

[实训流程]登录互联网并选择搜索工具→搜索“网络营销”相关信息→通过不同搜索渠道搜索有关网络营销的信息→选择下载相关资料并建立专门文件夹存储→利用下载资料撰写短文→在规定的时间内通过网络将短文提交给老师。

[操作要点](1)知识点：互联网的连接与登录，常用信息搜索工具，资料下载与保存。

(2)能力点：特定信息搜索能力、资料分析和利用能力。

(3)控制点：课堂氛围、正确操作、完成任务的速度。

(4)考核点：出勤情况、实训态度、实训内容完成情况。

技能训练 2：以小组为单位模拟一家公司，分角色训练

[实训性质]专业技能训练。

[实训目标](1)让教师迅速掌握全班学生的情况，以便以后有针对性地组织教学与实践活动。

(2)通过角色扮演锻炼学生的口头表达能力、应变能力及逻辑思维能力。

[实训内容](1)各小组 CEO 就自己模拟的公司如何在网上开展营销发表见解。

(2)小组其他成员就自己承担的角色进行就职演说。

[实训准备]学生事先分组，各小组开会讨论本模拟公司如何在网上开展营销活动，准备一些简单的资料；教师给学生提供一些模拟公司的资料，教会学生网络营销的基本技能。

[实训流程]教师确定演练顺序→每组总经理(CEO)发言→财务主管(CFO)→采购主管→营销主管→生产主管→其他成员。

[操作要点](1)知识点：企业管理人员的综合素质与能力。

(2)能力点：普通话水平、行为礼仪、口头表达能力、应变能力、综合能力。

(3)控制点：课堂氛围及时间控制。

(4)考核点：演讲的神态、举止(语音语调、站姿、表情、肢体动作)，新颖性、完整性、连贯性、时间控制。

技能训练3：认识常用网络营销工具的模拟训练

[实训性质]专业技能训练。

[场地器材]网络营销模拟实训室，电脑接入国际互联网，可以正常使用国内外主要搜索引擎、电子邮箱、浏览网页。

[实训目标](1)了解用户通过企业网站搜索引擎、电子邮件等常用网络营销工具获取商品/服务信息的特征，提高学生学习积极性。

(2)认识各网络营销工具的作用及其信息传递的特点，为接下来的课程学习增加感性认识。

(3)通过企业网站获取信息和通过搜索引擎获取信息方式的区别和联系，并且分析企业网站和搜索引擎两者在传递网络营销信息方面的特征。

(4)分析网络营销各种工具的优势与劣势，为后期网络营销推广的学习打下基础。

[实训内容](1)从备选商品/服务名称中选择一种，假设你希望购买这种产品/服务，或者希望了解更多相关信息。

(2)利用该关键词分别在3～5个常用搜索引擎上进行检索，观察检索结果第一页的信息差异情况。

(3)从检索结果中选择你感兴趣的网页，点击进入该网站。

(4)对比该网页在搜索引擎检索结果中的信息，是否可以在网站上立即发现比这些相关信息更为详细的内容。

(5)完成实训调查报告。

[实训准备]学生事先熟悉三种以上搜索引擎搜索信息的方法，教师准备如何正确引导学生实训过程。

[实训流程]教师确定模拟情景→根据备选商品/服务需求，通过不同的搜索引擎进行搜索→对搜索结果进行比较→点击进入相应网站→再通过其他网络营销工具进行相应操作→分析网络营销各种工具的优势与劣势→教师点评。

[操作要点](1)知识点:了解和掌握网络营销常用工具,利用这些常用工具进行网上操作,比较各种常用工具的优缺点,培养学生分析问题的能力。

(2)能力点:分析和解决问题能力。

(3)控制点:课堂氛围、正确操作。

(4)考核点:考勤情况、实训态度、实训内容完成情况。

课后训练

1)单项选择题

(1)目前发展我国网络营销面临的主要问题是(　　)。

A. 物流网络不配套　B. 上网人数少　C. 网络运营商规模小　D. 网速慢

(2)常用的网络营销工具包括(　　)。

A. 企业网站　B. 搜索引擎　C. 电子邮件　D. 软文营销

(3)一般来讲,病毒性营销策略的特点包括(　　)。

A. 信息伪装　B. 需求价值　C. 品牌效应　D. 易感染

(4)软文的种类包括(　　)。

A. 悬念式　B. 故事式　C. 情感式　D. 促销式

2)第二课堂

按5~8名同学一个小组进行划分,分组讨论网络营销对企业营销活动的影响。

请在学习网络营销的基础上,针对自己所熟悉的一家企业网络营销进行分析,并提交一份最优网络营销方案分析报告。